BIBLIOTHÈQUE DES MERVEILLES

LE

JOURNALISME

PAR

EUGÈNE DUBIEF

ANCIEN SECRÉTAIRE GÉNÉRAL
DE LA DIRECTION DE LA PRESSE AU MINISTÈRE DE L'INTÉRIEUR
SECRÉTAIRE DE LA LIGUE FRANÇAISE DE L'ENSEIGNEMENT

OUVRAGE ILLUSTRÉ DE 36 VIGNETTES

PARIS
LIBRAIRIE HACHETTE ET Cie
79, BOULEVARD SAINT-GERMAIN, 79

1892

Droits de traduction et de reproduction réservés.

BIBLIOTHÈQUE
DES MERVEILLES

FONDÉE SOUS LA DIRECTION
DE M. ÉDOUARD CHARTON

LE JOURNALISME

22949. — PARIS, IMPRIMERIE LAHURE
Rue de Fleurus, 9.

LE JOURNALISME

LE JOURNAL AUTREFOIS

> Rien de nouveau sous le soleil.
> SALOMON.

CHAPITRE I

LES JOURNALISTES D'AVANT LE JOURNALISME

Les nouvellistes d'Athènes.— Copies des *Philippiques* répandues par toute la Grèce. — *Acta diurna* des Romains. — Certains discours de Cicéron qui ne furent jamais prononcés. — Ce que les Grecs appelaient *Éphémérides*. — Propagande de saint Paul et des Pères de l'Église. — Chansons et satires du moyen âge, pamphlets et chroniques.

Le journalisme, devenu une puissance si formidable, un des rouages les plus étonnants de la civilisation, date à peine de trois siècles. Sa naissance est obscure, sa croissance fut difficile. Mais on pourrait soutenir sans paradoxe qu'il y a eu des journalistes bien avant le journalisme : il y en eut de tout temps, et en tout lieu.

Imprimerie à part, en effet, qu'exigent les journaux? Chez le lecteur, une curiosité éveillée, la soif des nouvelles; chez l'écrivain, le goût des affaires publiques, un tour d'esprit vif et rapide.

toujours prêt à gloser sur l'imprévu, à jeter de séduisantes broderies sur des trames plus ou moins solides, à apprécier vaille que vaille, mais au pied levé, l'événement de chaque jour. Où et quand ces conditions firent-elles défaut?

Sûrement ce n'est pas à Athènes. Chez ce peuple d'oisifs servis par un peuple d'esclaves, n'ayant d'autre affaire que de parler et d'écouter, de courir la ville en tous sens, de se poser les uns aux autres l'éternelle question : « Quoi de nouveau? » chez ce peuple de patriotes et d'artistes, traités par la nature en enfants gâtés, où tous se passionnent pour la chose publique, où les marchandes d'herbes peuvent juger, dit-on, des finesses de grammaire et d'accent, que d'articles de toutes sortes ont dû être semés, sur le Pnyx ou sur l'Agora, auxquels il n'a manqué que d'être recueillis! quels articles légers, éloquents n'eussent pas aimé à jeter dans les gazettes, pour éclairer ou flageller leurs contemporains, un Aristophane ou un Périclès, un Aristide ou un Platon! Et ce Démosthène, si sévère aux badauds athéniens, n'eût-il pas usé avec fougue, dans son admirable campagne contre Philippe, d'un tel instrument de propagande? Sans doute il travaillait lentement, « il sentait l'huile » : il n'eût pas écrit chaque matin son « premier-Athènes ». Mais, en revanche, que de force dans son argumentation, que de concision dans son style, quelle spécialité des coups droits! Quels articles de fond, comme on dit maintenant, cela aurait produits! Ses foudroyantes *Philippiques* furent faites surtout pour être prononcées; mais on sait aussi qu'il ne laissait pas de les faire transcrire et d'en répandre des copies dans toute la Grèce. Ces copies, de l'aveu du Macédonien, donnaient plus de mal à celui-ci que les armes d'Athènes : quel vif copiste le journalisme eût offert!

Les Romains n'ont pas le prime-saut, la grâce des Grecs; mais c'est un peuple d'affaires : ils ont tant à gouverner, tant à administrer, tant et de si importantes nouvelles à communiquer au bout du monde, que les feuilles publiques seraient chez eux un besoin, un moyen de règne. Aussi y pensèrent-ils; ils firent mieux que d'y penser : ils les créèrent. Du Cange, Bœttinger, Beckmann, et plus récemment Victor Le Clerc, ont montré qu'une sorte de journaux existaient dans l'ancienne Rome. Chose non moins curieuse, on les appelait déjà d'un nom qui est presque le nôtre : *acta diurna.* C'étaient de petites affiches sur parchemin, qu'on collait dans les carrefours, sous les portiques, ou données en lecture chez les barbiers; souvent aussi expédiées dans les provinces. Imaginez quelque chose comme le moderne *Bulletin des communes* : des nouvelles sans appréciation. Pline et Dion y relèvent, notamment sur certain chien qui accompagna Titus Sabinus au supplice, des anecdotes que nous classerions aujourd'hui dans les *faits divers.* Parfois aussi des mots plaisants, des boutades, où la malignité populaire coudoie la vérité officielle. Il y a là, à n'en pas douter, un véritable embryon de journal. Pour que la ressemblance soit complète, Pline avoue que ces feuilles sont sujettes « à mentir », et il se permet de douter, malgré leur témoignage, que « l'an 800 (de la fondation de Rome), sous la censure de Claude, le Phénix fût venu dans la ville annoncer le nouveau siècle ».

Comme le théâtre, ce journalisme primitif était sorti du Temple. Il succédait aux *annales des Pontifes,* ou *grandes annales,* qui remontaient jusqu'aux premiers temps de Rome. « Le grand pontife, afin de conserver les souvenirs publics, recueillait tous les événements de chaque année, et les écrivait sur une table blanchie, qu'il exposait dans sa maison pour que le peuple pût les consulter. Ces tablettes portaient en tête le nom des consuls et des autres magistrats; elles relataient également les principaux actes publics. On vit plus tard se produire des *actæ publicæ,* qui donnaient le procès-verbal des assemblées du Sénat et du peuple, et dont le cadre s'agrandit bientôt »; peu à peu ces « actes » deviennent quotidiens.

Suétone, si curieux d'anecdotes, cite aussi, à plusieurs reprises, les *Actes du Sénat* et les *Actes du peuple.* Tacite, qui ne dédaignait aucun moyen d'approfondir la honte des Césars, paraît de même avoir compulsé soigneusement ces recueils populaires de matériaux historiques : il y avait trouvé, entre autres, des documents sur les funérailles de Germanicus, et il nous montre avec quelle avidité les *actes diurnaux* (ou journaux) étaient suivis dans les provinces, dans les armées. On se les faisait lire jusque pendant les repas, les dames prenant leur part de ce passe-temps. Sénèque constate que, de son temps, « elles ne craignaient plus le scandale de leurs nombreux divorces », annoncés dans ces bavardes feuilles. « On y relatait également, dit M. Le Clerc, les prodiges, les nominations de magistrats, les paroles des tribuns du peuple, les édits, les spectacles, les incendies, les bruits de ville, les mariages, les naissances, les cérémonies funèbres, les exécutions, les pluies de pierres, les banqueroutes, les longévités ou fécondités extraordinaires, le récit des événements militaires, les jeux publics, les rivalités des cochers du cirque, le succès ou la chute des acteurs. »

En revanche, on n'y insérait pas d'articles, et les « actes » étaient soumis à la censure du pouvoir. Sans quoi, le même Suétone, le même Tacite, si acharnés contre la Rome impériale, et qui ont condensé leur indignation en pages immortelles, n'eussent-ils pas été tentés de la répandre en lignes fugitives ? Salluste et Tite-Live, amoureux de faire parler aux tribuns et aux capitaines un si beau langage, qui peut-être ne fut jamais tenu, ne se fussent-ils pas empressés, en leur temps, de communiquer à la presse leurs *bonnes feuilles* ? Et César, au style si nerveux, si alerte, quelles merveilleuses correspondances militaires n'eût-il pas adressées aux gazettes ! On peut croire du moins que, parmi les déclassés de tout genre dont il aimait s'entourer, figuraient des *diurnarii*[1], ardents à parler de lui au peuple.

Cicéron se berce parfois de la musique de sa parole, se plaît à balancer de longues et sonores périodes. Mais quelle légèreté

---

1. Rédacteurs d'*acta diurna*.

dans ses épîtres familières, quels traits de feu dans ses harangues ! N'eût-il pas aimé, lui aussi, à exhaler cet esprit dans des commentaires quotidiens ? Plusieurs de ses harangues, qu'on ne l'oublie pas, parurent en feuilles volantes sans avoir été prononcées à aucune tribune. Son *Caton* est une simple satire contre César, d'autres sont des satires contre Antoine : quelles ailes le journalisme moderne a prêtées à l'ancienne satire !

Ces *acta diurna*, soumis à une surveillance de plus en plus étroite, durèrent, semble-t-il, jusqu'à la dissolution de l'Empire. Leur trace se perd ensuite : ils avaient rempli, en somme, toute l'existence politique du peuple romain.

Le plus ancien historien qui en ait parlé est Sempronius Asellio, dans sa jeunesse tribun militaire, et un des héros du siège de Numance. Il en avait tiré, en y ajoutant ses souvenirs personnels, toute une histoire des Gracques et des guerres puniques. Or voici le plus piquant : Aulu-Gelle, mentionnant l'ouvrage, fait cette réflexion : « Écrire l'histoire, non par années, mais par jour, c'est ce que les Grecs appellent une Éphéméride, mot dont nous trouvons la traduction latine dans le premier livre de Sempronius Asellio lorsqu'il établit ainsi la différence entre des annales et une histoire : « Les annales « indiquaient seulement, dit-il, le fait et l'année du fait, comme « ceux qui écrivaient un journal (*diarum*), que les Grecs nomment « *Éphémérides* ».

Que furent ces *Éphémérides* ? Fut-ce, comme chez nous au moyen âge, des chroniques privées, tenues à jour par de bons bourgeois ou de timides historiens ? fut-ce, comme chez les Romains, une émanation de la puissance administrative ? On l'ignore, et peut-être l'ignorera-t-on toujours. Mais n'est-il pas curieux, là encore, de retrouver le mot de Salomon ? n'est-il pas curieux que ces *acta diurna* des Romains, qui ont devancé nos journaux de tant de siècles, fussent, eux aussi, en quelque mesure, renouvelés des Grecs ? Et qui sait si les Grecs eux-mêmes n'imitaient pas les Égyptiens ou les Asiatiques ? qui sait si les monuments mégalithiques, semés en tant d'endroits par une civilisation antérieure à toutes les autres, ne sont pas, à leur façon, de gigantesques articles de nécrologie ou d'apologie? Pourquoi non? Beaucoup de poteries assyriennes, égyptiennes, étrusques sont bien de véritables caricatures que ne désavoueraient pas nos petites feuilles satiriques. Les Babyloniens, si l'on en croit Flavius Josèphe, auraient même eu des historiographes chargés d'écrire *jour par jour* le récit des événements publics, et ce serait d'après ces matériaux que Bérose aurait rédigé son histoire de Chaldée.

Dans la civilisation juive, que représentent les *nabis*, les *voyants*, ou, selon le mot grec, les prophètes? Non pas, comme on pourrait croire, des ecclésiastiques s'enfermant dans les mystères du temple, mais de pieux laïques, de nobles citoyens, des tribuns de Dieu parlant devant Israël. Ne leur eût-il pas été autrement commode de porter la parole dans un journal? Parfois on les acclame; parfois on leur jette des pierres : c'est moins coûteux que de construire des Bastilles.

Et les Apôtres! Et les Pères de l'Église! Quelqu'un qui se connaissait particulièrement en grec et en pamphlets, Paul-Louis Courier, l'a remarqué avec justesse : les épîtres de saint Bazile, de saint Justin sont, au point de vue littéraire, de vrais pamphlets grecs. Les épîtres de saint Paul, qu'on dirait écrites avec des charbons ardents, n'eussent-elles pas fait, dans une feuille de propagande chrétienne, les plus retentissants articles?

« Deux choses, disait Caton, distinguent les Gaulois : bien combattre et finement parler. » Que de nouvelles de tous genres ces parleurs et ces batailleurs ne devaient-ils pas se transmettre! Que de gazettes rimées ne devaient pas dire les bardes! Quelles gazettes rimées ne durent pas chanter leurs successeurs, trouvères et troubadours, ménestrels et chevaliers de la *gaye science*! Qu'étaient-ce encore, au moyen âge, que tant de rapsodies portant le titre générique de *Bible* (le livre) : la Bible Guyot, la Bible Hugues de Brégi,... etc.? Qu'était-ce que le Roman du *Renard*, ou le Roman de la *Rose* ? Qu'étaient-ce que tant de satires, tant de chansons, tant de contes où se complaisait la verve gauloise de nos aïeux ? Qu'étaient-ce, sinon un moyen d'agir vite et fort sur les masses ? Et qu'étaient leurs auteurs, sinon des journalistes d'avant le journalisme ?

Que furent encore, dans un genre plus sévère, nos vieilles chroniques et nos vieux chroniqueurs[1] ? Qu'eussent été, en notre siècle, et le moine de Saint-Gall, et Guillaume de Nangis, et Robert Wace ; et le bon Villehardouin ; et le naïf Joinville, gazetier de saint Louis ; et Froissart, qui passait sa vie à courir les villes « pour entendre et ouïr des nouvelles » ; et l'anonyme religieux de Saint-Denis, si initié aux affaires de son temps ; et Monstrelet, « baveux comme un pot à moutarde » (Rabelais) ; et Jean de Troyes, greffier de l'hôtel de ville de Paris, avec son recueil anecdotique du règne de Louis XI ; et Louis XI lui-même, se gaudissant à écrire quelques-unes des pages les plus fortes d'un recueil licencieux ; et J. Molinet, et Mathieu de Coucy ; et Comines ? Il y a mieux : quelques-unes de ces précieuses narrations prennent déjà pour titre, quoi ? le mot « journal » lui-même ! Témoin le fameux *Journal d'un Bourgeois de Paris* ; ou celui de François de Lorraine, sous la Ligue ; ou encore, sous Henri IV, le journal de Pierre Lestoile, ennemi juré des Ligueurs, qui a relevé un par un les Faits-Paris d'alors et en a composé une des œuvres les plus curieuses qui se puissent lire.

Qu'est-ce encore, sous d'autres titres, que la *Chronologie novenaire* de Palma Cayet, et les *Commentaires* de Monthuc, et les *Chroniques* de Brantôme, et les *Histoires* de d'Aubigné, et cette foule de Mémoires du XVIᵉ et du XVIIᵉ siècle où l'histoire se met avec tant de passion au service de la politique ? Qu'est-ce que Bassompierre, se consolant d'un séjour forcé à la Bastille en tenant registre de vives anecdotes ? qu'est-ce que le cardinal de Retz, dont le style si alerte coule si limpidement

---

1. Voir *l'Histoire de France d'après les contemporains*, Hachette.

sur toutes les intrigues? et « le léger, le vif Hamilton, toujours armé d'un trait qui blesse »? et Gui Joly? et Mlle de Lafayette? et Gourville? et Bussi? et La Rochefoucauld? et d'autres, et tant d'autres?....

Oui, qu'est-ce que tous ces auteurs, la plupart sans prétention littéraire, sinon des journalistes sans journal? Quelle feuille d'aujourd'hui n'insérerait avec joie des *Souvenirs* comme ceux de Mme de Caylus, si caractéristiques et si complets; ou des lettres parisiennes comme celles de Mme de Sévigné, ou des *Mémoires secrets* comme ceux de Duclos? Et de Saint-Simon chroniqueur, que diriez-vous, s'il vous plaît? Et de Pascal polémiste?

Quels tempéraments de journaliste que Rabelais, que La Boëtie! qu'Érasme! Quel journaliste de naissance que ce Ulric de Hutten, surnommé un des « éveilleurs » du genre humain! Et ce Luther, dont les célèbres « propositions » parurent sous la forme d'un placard et qui, à l'occasion, a fait éclater sa grosse verve en tant de libelles! Et ce Calvin qui découvre la langue de Pascal cinquante ans avant Pascal, Calvin qui n'a pas seulement à polémiquer mais à régenter, Calvin qui gouverne la démocratique Genève par la Bible et par sa parole, n'eût-il pas été heureux, à l'aventure, de consigner ses instructions dans une sorte d'*officiel*? La même plume qui ne dédaigne pas de s'amuser à écrire de petits traités ou de gros brocards, la même plume n'eût-elle pas signé encore des articles de controverse?

Pendant les guerres de Religion, pendant la Ligue, les partis ne se combattent pas seulement par le fer et par le feu, par le poignard et par l'intrigue; ils se combattent à coups de sermons et de libelles : quelle arme supplémentaire leur eût été le journal! Qu'est-ce du reste que la *Ménippée*, sinon une série de discours et d'articles? Enfin, quel charmant polémiste n'eût pas fait l'alerte, le pétillant, l'éloquent, l'aventureux, le gasconnant Henri IV!

Tout ce XVIe siècle a le diable au corps, le rire ou la colère énormes ; il jette sa gourme par toutes sortes de pamphlets, de placards, de chansons, de satires : quoi d'étonnant qu'il en ait jeté une partie dans les gazettes?

Dira-t-on que c'est un jeu d'esprit de recruter ainsi au journalisme, par hypothèse, la plupart des militants et des conteurs du passé? Quand on l'a vu depuis attirer les Bayle, les Voltaire, les Diderot, les Mirabeau, les Barnave, Mme Roland, et, de nos jours, les Thiers, les Mignet, les Guizot, les Chateaubriand, les Benjamin Constant, les Quinet, les Rémusat, les Lamartine, les Victor Hugo, les Jules Simon, les About, tant d'autres encore, quand on voit les écrivains les plus délicats de tous les partis confier leurs idées à ce merveilleux véhicule, est-il téméraire de croire que ceux de leurs devanciers portés comme eux à agiter l'esprit public auraient été tentés par le même instrument?

L'instrument n'existait pas ou était encore trop peu à la mode, voilà tout.

CHAPITRE II

PREMIERS BÉGAIEMENTS DU JOURNALISME

L'invention de l'Imprimerie créant le journal. — Question de priorité : une supercherie anglaise. — Les *Notizie scritte* de Venise ; nouvelles à la main de France et d'Allemagne vers 1460. — La race des nouvellistes. — Les almanachs, les recueils historiques annuels, les placards. — Une complainte française de 1492. — Pamphlets illustrés : Tortorel et Perrissin. — *Mercure François* (annuel), 1605. — Le premier journal hebdomadaire à Anvers. — *Mercurius gallo-belgicus, Francfurter Oberpostamtszeitung*. — Apparition des gazettes dans les divers pays d'Europe. — Celle de Troyes. — Étymologie du mot. — Les plus anciens journaux existants.

L'instrument avait été deviné, entrevu, ébauché de tout temps et partout ; mais il fallait, pour lui donner sa vraie forme, sa trempe définitive, une invention supplémentaire : il fallait l'imprimerie. C'est l'imprimerie qui, au vrai sens du mot, a fait le journalisme ; elle seule pouvait le faire. Le germe était dans l'air : elle lui a creusé le sillon indispensable. Les ouvriers étaient prêts : elle a donné à l'œuvre un branle plus général, un intérêt plus populaire, plus passionnant. On tournait autour d'un nouveau monde : avec elle on y pénètre en plein.

Où et quand parut le premier journal ? C'est une question très embrouillée par l'amour-propre de chaque peuple : Venise, la Hollande, l'Allemagne, l'Angleterre se sont disputé l'honneur de l'initiative. Très longtemps, sur la foi de George Chalmers, c'est l'Angleterre qui semblait l'emporter. Le célèbre érudit, après avoir enseigné lui-même que les pères du journalisme sont les Vénitiens, tomba tout à coup, au British Museum, sur quelques numéros d'un *English Mercurie*, remontant à 1588, et où se trouvaient en toutes lettres d'abondants détails sur « l'Invincible Armada ». Il s'empressa d'annoncer *urbi et orbi* sa découverte. Les premiers auteurs du premier journal devinrent ainsi la grande Elizabeth et le ministre Burleigh, qui avaient imaginé l'*English Mercurie* (ou *Mercurius britannicus*) pour ameuter l'opinion contre Philippe II. Cela s'est longtemps enseigné; cela s'enseigne encore.

Au vrai, il y faut voir une simple supercherie, dont Chalmers fut la première dupe; c'est du reste un autre Anglais, M. Watts, qui en a fait justice. Dans une lettre adressée au conservateur du British Museum en 1839 (quinze ans après la mort de Chalmers), il établissait que le prétendu journal de 1588 est une mystification du xviiie siècle; il a depuis, en 1850, révélé le mystificateur: lord Hardwicke, deuxième du nom. Les feuilles introduites par celui-ci au British Museum consistent, par endroits, en une traduction mot pour mot des gazettes de Hollande.

Les plus anciens « papiers-nouvelles » dont on trouve trace authentique en Angleterre datent de 1622 et étaient aussi (de l'aveu même des auteurs) une traduction de papiers semblables, qui paraissaient en Hollande depuis trois ou quatre ans.

Dans ses belles et savantes études sur l'*Histoire de la presse politique* et la *Bibliographie de la Presse*, M. Eugène Hatin s'est appliqué à démêler aussi lumineusement que possible l'écheveau des prétentions contraires. Ses conclusions seront les nôtres.

Pour bien se rendre compte de ce qui s'est passé, il faut un léger retour en arrière.

Avant le journalisme imprimé, public, plus ou moins toléré ou même plus ou moins utilisé par les gouvernements, il y eut longtemps en Europe un journalisme manuscrit, souvent clandestin.

La plus ancienne trace qui en soit connue est dans les *Notizie scritte* ou *foglietti* (petites feuilles), ou *fogli d'avvizi*, que la République de Venise adressait (bien avant la découverte de l'imprimerie) à ses ambassadeurs et à un certain nombre d'autres agents, pour les tenir au courant de la situation générale, les mettre à même d'exercer plus utilement leur initiative. Il y a là, en quelque manière, mais avec moins de publicité, quelque chose comme les *Acta* de l'ancienne Rome. Comme à Rome aussi, le cercle des initiés dut s'élargir peu à peu, puis la malignité populaire se mêler peu à peu à la publicité officielle; il y eut ainsi au xvie siècle des *Nouvelles à la main* d'une tout autre allure, où des épigrammes, des dénonciations analogues à celles de la *gueule de bronze* s'étalaient sans vergogne.

Les malheurs publics ont souvent fait la fortune du journal: ces *notizie* se répandirent surtout à l'occasion de la guerre contre les Turcs.

En Allemagne, les Fuggers, ces Rothschild du xvie siècle, dont la maison de banque avait un doigt dans toutes les grandes affaires d'Europe, entretenaient, à leur usage et à celui de leurs correspondants, une organisation semblable. Un érudit, M. Sichel, a prétendu qu'une collection de ces feuilles, à la fois politiques et commerciales, existe à la Bibliothèque impériale de Vienne. Personne, que nous sachions, n'a été admis à vérifier le fait.

En revanche, la Bibliothèque de l'université de Leipsick montre le plus ancien exemplaire de nouvelles à la main que l'on connaisse: il porte la date de 1494.

Selon une note marginale trouvée sur un livre par M. Emmanuel Gochet, et écrite de la main d'Adrien de But, non seulement l'usage de ces nouvelles remontait plus haut, mais il y en aurait déjà eu d'imprimées. « Dans ces jours-là (de 1447 à 1460), dit cette note, les libraires et les imprimeurs ont déployé une étonnante promptitude pour répandre *à bon marché* les dernières annonces concernant les savants et les plus fraîches nouvelles; ceux qui sont avides d'en recevoir par ce canal donnèrent bien volontiers leur argent. De là vient que les gestes des Turcs ont été sitôt divulgués dans nos Pays-Bas; mais ces mêmes annonces *ont surtout été colportées dans la ville de Paris,* cette mère et nourrice de toutes les études. »

Les champignons, en une nuit d'orage, poussent dans tous les coins de la forêt; de même dans ce XVe et ce XVIe siècle, remués par tant de faits, tant de passions, tant d'idées, les nouvelles à la main, ou, comme on dit plus tard, les *gazetins,* durent pulluler partout à la fois : la causticité gauloise n'était pas faite pour leur nuire, au contraire.

Ces *nouvelles* françaises du XVe et du XVIe siècle n'ont pas été conservées; mais, au commencement du XVIIe, elles étaient encore en pleine vogue. Beaucoup de grands seigneurs entretenaient à leurs frais un nouvelliste. Bien frisé, en manteau court, mêlé aux pages, aux écuyers, aux valets de livrée, celui-ci apportait au maître toutes sortes de nouvelles divisées par chapitres, de contes, de bruits de ville, d'anecdotes scandaleuses ou édifiantes. On trouve dans les dépenses de la maison du duc de Mazarin cette note, qui n'est pas un fait isolé, mais un trait de mœurs : « Au sieur Portail, pour les nouvelles qu'il fournit toutes les semaines par ordre de Monseigneur, et pour cinq mois, à dix livres par mois, cinquante livres ». C'était à peu près, à consulter un autre chapitre, le salaire du portier. Parfois aussi, permission de dîner à l'office : on en usait sans trop de discrétion. « Le devoir du nouvelliste, écrivait le moqueur La Bruyère, est de dire : — Il y a un tel livre qui court et qui est imprimé chez Cramoisy (Imprimerie royale), en tel caractère; il est bien relié et en beau papier, il se vend tant.... Le sublime du nouvelliste est le raisonnement creux sur la politique. Le nouvelliste se couche le soir tranquillement sur une nouvelle qui se corrompt la nuit et qu'il est obligé d'abandonner le lendemain à son réveil. » Nargue des moqueries! ces écouteurs aux portes, tantôt gens de lettres malheureux, tantôt petits abbés accourus en foule vers le Paris d'alors surnommé la « ville des abbés », y formaient presque une corporation; il y en avait plusieurs centaines. Il existait même des bureaux où, moyennant quelques deniers, Monseigneur Public était admis, à son tour, à entendre de ses oreilles ces coureurs de rues ou de ruelles quand ils venaient faire leur *rapport*[1], ou, s'ils étaient sortis, à prendre connaissance de leurs nouvelles à la main.

Il y a mieux: même quand le journalisme imprimé eut été inventé, quand il fut passé dans les mœurs, ce journalisme manuscrit, clandestin, continua de vivre, surtout dans les pays où la presse était le moins libre. Louis XIV, Louis XV se débattent vainement contre ces concurrents licencieux de l'officieuse *Gazette*, et parfois, ne pouvant avoir raison, malgré le feu et la hart, des gazetiers à la main, en arrivent à composer avec eux, à canaliser le mal, à en faire un moyen de police[2]. Dans une autre sphère, les *Mémoires secrets* dits de Bachaumont, qui se fabriquaient dans un salon à la mode, celui de Mme Doublet de Persan, ne sont pas autre chose, au beau milieu du xviiie siècle, que des nouvelles à la main rédigées à la diable par les habitués de ce bureau d'esprit; on y trouve, d'un style léger et parfois plus que gaillard, l'histoire anecdotique la plus complète de la cour et de la littérature. Il y eut aussi des nouvelles à la main d'un ton grave et sérieux: par exemple le *Bulletin* de Mme de Beaumont, qui se poursuivit jusqu'à la Révolution française.

Comment passa-t-on de ces journaux manuscrits aux journaux imprimés, de ces gazetins aux gazettes? Il y eut vraisemblablement trois genres de transition.

D'abord l'Almanach. L'industrie de Gutenberg, tour à tour

---

1. En anglais, *report*; d'où *reporter*.
2. Principaux centres de nouvelles: le Luxembourg, point de ralliement des nouvellistes littéraires, ou, comme les appelait Gresset, des *chenilles de théâtre*; le Jardin des Tuileries; celui du Palais-Royal, dessous *l'arbre de Cracovie*, ainsi nommé des bourdes qui s'y débitaient; la salle du Palais de Justice, etc.

Assemblée de vieux nouvellistes. — D'après une caricature du XVIIIe siècle.

protégée ou entravée et persécutée par les princes, put s'emparer de l'almanach dès le début, sans trop de difficultés. A l'art de compter *le temps* (traduction littérale des deux mots arabes *al manach*), aux supputations astronomiques, à l'indication des fêtes ecclésiastiques, se joignirent alors les prédictions astrologiques, les nouvelles de l'année, les histoires de sorcières et de juifs, les apparitions merveilleuses, etc.... Bientôt après s'y ajoutèrent encore des commentaires, des digressions, des exhortations, dont les sectes religieuses et les partis se servirent pour répandre leurs idées dans les masses. On avait ainsi une sorte de journal annuel.

Deuxième transition : on eut aussi des recueils historiques relatant les faits de l'année, rédigés jour par jour. C'était l'application de l'imprimerie à l'ancien genre des chroniques manuscrites. Ces recueils parurent un peu partout, presque à la fois. En Allemagne, voici le *Relationum historicarum pentaphus*, publié à Cologne à partir de 1588, et dont la chronologie va de 1576 à 1609; voici le *Mercurius gallo-belgicus*, rédigé à Francfort, et qui, publié annuellement à partir de 1604, nous donne jour par jour l'intervalle compris entre 1588 et 1609; voici même, à Francfort, les *Relationes semestrales*, rédigées en latin et en allemand, et qui paraissaient deux fois par an à l'époque des grandes foires (1587 à 1650). En Italie, voici le *Memorie recondite* de Vittorio Siri (1601-1640), mine de renseignements précieux; voici du même le *Mercurio*, qui va de 1635 à 1655. En France, nous avons vu tout à l'heure la *Chronologie septennaire* de Cayet, donnant les éphémérides du règne de Henri IV, de 1598 à 1605 : ce livre continuait la *Chronologie novenaire*, du même auteur, contenant « les choses les plus mémorables advenues par le monde depuis 1589 jusqu'en 1598 »; il eut lui-même une suite : le *Mercure françois*, publié année par année, à partir de 1611, « pour faire suite, dit le titre, à Palma Cayet ». De fait, il y eut une table chronologique raccordant l'année 1605 à l'année 1611. Le *Mercure françois*, auquel

Richelieu et Louis XIII communiquèrent des documents, se continua jusqu'en 1638; il fut rédigé d'abord par son fondateur, l'imprimeur Jean Richer, « fort *stilé* à cette manière d'ouvrage », nous apprend l'historiographe Sorel, et qui, avec son fils Étienne, « y employait d'assez bonnes instructions pour les affaires de paix et de guerre »; puis, par Olivier de Vergennes; puis, à partir de 1635, par Théophraste Renaudot, qui venait de fonder la *Gazette*. « Il y a un tome ou deux de plus qui ont été faits par le sieur Malingre. Ce continuateur prétendait y introduire la seule narration *faute de mémoires secrets*; mais cela ne lui a point réussi, de sorte que notre *Mercure français* a trouvé là son tombeau, etc..... » — Du moins en demeura-t-il un titre, qui, repris par Visé en 1672, nous vaudra le fameux *Mercure galant*.

Il y eut aussi, dans un ordre d'idées à peu près semblable, des *courriers* qui racontaient en vers blancs les événements de l'année précédente.

Troisième ordre de transition : les « papiers-nouvelles », ce que nous appellerions aujourd'hui les placards, ou, en argot d'imprimerie, les *canards*; il est à croire qu'on y pensa au moins en même temps qu'aux almanachs. Quoi de plus naturel, pour frapper les imaginations, pour tirer argent de la curiosité populaire, que de publier des détails sur tel ou tel fait de guerre, tel ou tel assassinat? C'est ce qui se fait encore de nos jours, sous forme de récits, de chansons, de complaintes; c'est ce qui se fit dès l'aurore du xvie siècle, et même à la fin du xve.

En France, on retrouve de ces publications populaires, datées de 1492, et relatant « l'entrée du Roi notre sire à Romme, la bataille qui a été faicte à Naples et comment le roi Ferrand a été desconfit »,... etc.; en Allemagne, d'autres nous apprennent la découverte de l'Amérique, les guerres contre les Français et les Allemands dans la haute Italie, les tremblements de terre, orages, inondations, miracles, meurtres des enfants par les Juifs, histoires de sorcières, et surtout les faits de guerre contre les Turcs.

Le titre sous lequel ces récits ou « relationen » se présentent le plus souvent est celui de *Neuve Zeitungs* (nouveaux événements); ce dernier mot (en allemand du Nord, *Theiding*, en flamand *Tydinge*, en anglais *Thidings*) est resté longtemps ou reste encore le titre de beaucoup de journaux étrangers.

Coïncidence assez piquante, un des nombreux écrits de Luther porte un titre tout à fait semblable : *Neuve Zeitung vom Rein*, 1542 (les nouvelles de Rome).

Chez nous, les placards destinés aux masses portent des noms assez divers : *Récits, discours, Recueil* de ceci ou de cela ; *nouvelles, mémoires*, etc.... On pense bien que les partis ne négligèrent pas une telle arme. Les cavaliers huguenots étaient d'intrépides colporteurs. Cachées sous le cuir de la selle ou dans la doublure des manteaux, ces feuilles circulaient d'Allemagne en France, mêlées aux pamphlets, aux libelles, aux sermons, aux psaumes de Clément Marot, et servaient à la correspondance des Réformés de tous pays.

Parfois, la gravure s'en mêle. Ainsi, par exemple, les estampes publiées à Genève par deux Lyonnais, Tortorel et Perrissin, estampes devenues à peu près introuvables de nos jours et rééditées tout récemment avec beaucoup de luxe, qui portaient aux quatre coins de l'Europe, avec légende explicative, « le Supplice d'Anne du Bourg », « le Massacre de Vassy », « la Bataille de Dreux », etc.... En Flandre, les catholiques répondent par des moyens analogues, et font imprimer le « Théâtre des principales cruautés des hérétiques ».

Ces « papiers-nouvelles » donnant les plus menus détails sur les faits du temps, ou empreints de la passion des partis, sont-ils des journaux? Pas encore, mais il s'en faut de bien peu. Ce qui manque entre eux, c'est l'idée de suite, la conformité du titre, la « numérotation ». Que quelqu'un s'avise un jour de leur donner une appellation commune, la filiation apparaîtra forcément, le dernier pas sera franchi ; nous aurons le journal proprement dit.

D'après les recherches les plus modernes, c'est à Anvers que cette innovation fut réalisée pour la première fois. Un imprimeur du nom d'Abraham Verhœven y fut autorisé, à partir de 1605, par les archiducs Albert et Isabelle. On en a la preuve dans un document daté de 1620 et qui renouvelle le privilège primitif. Les archiducs y donnent permission « d'imprimer et graver sur bois ou sur métal et de vendre, dans tous les pays de la juridiction, toutes les nouvelles récentes (*Alle de nieuwe Tydingen*), les victoires, les sièges et prises de villes que lesdits princes feraient ou gagneraient ». On voit que les défaites ne sont pas prévues.

La Bibliothèque de Bruxelles, qui possède ce document, possède aussi des numéros remontant à la date de 1616. Le 17 avril 1617, un avis de l'imprimeur avertit que dorénavant il fera paraître régulièrement, tous les huit ou neuf jours, les principales nouvelles. En 1621, les cahiers ont souvent huit pages, dont la dernière occupée par une vignette. Voilà le vrai journal créé. Les Belges ont été assez souvent taxés de contrefaçon pour qu'on note cette fois leur originalité.

Sous la domination espagnole, chaque commune un peu importante eut bientôt sa gazette.

Il paraît qu'une idée semblable vint, en 1615, à un libraire de Francfort, Egenolph Emmel, qui publia hebdomadairement des feuilles numérotées, et il y avait eu aussi, dit-on, un *Aviso*, ou *gazette de ce qui est arrivé ou s'est passé en Allemagne, en Italie, en Espagne, en France, aux Indes orientales et occidentales*, publié à partir de 1612, à intervalles irréguliers; mais le fait est moins bien établi.

A l'imitation de Emmel, Jacques de Birghden, alors administrateur des postes impériales dans la même ville, y fonda, l'année suivante, la *Francforter Oberpostamtszeitung*, ou gazette de l'office des postes de Francfort. Elle se serait continuée sans interruption jusqu'en 1852, époque où elle prit le titre de *Francforter postzeitung*; toutefois le plus ancien numéro qu'on en possède ne remonte pas au delà de 1658.

Maintenant l'idée est tout à fait lancée : elle va faire en peu d'années son tour d'Europe.

En 1617, 1619 et 1622, les premières gazettes de Hollande font leur apparition à Amsterdam, Leyde, la Haye : toutefois, la plus ancienne publication un peu régulière qui soit conservée dans les bibliothèques ne va pas au delà de 1626.

En 1622 paraissent en Angleterre, on l'a déjà dit, les *Weekley News*, traduction des gazettes de Hollande. Une mauvaise langue, Ben Johnson, les définira : « Une attrape-nigaud hebdomadaire, pour soutirer l'argent du public ».

En 1626, affirme-t-on, *Gazette d'Espagne*.

Et en France? En France, la *Gazette*, la fameuse gazette de Renaudot, paraît en 1631.

Y fut-elle la première?

Les érudits champenois, si fiers des œuvres de xylographie publiées au xve siècle par leurs compatriotes, si fiers de voir le nom de *Chroniques de Troyes* sur le plus ancien livre imprimé en France *avec date certaine*, ont disputé à Paris la priorité du journal.

Dans une plaquette intitulée *le journalisme à Troyes*, publiée en 1877 par M. Émile Socard, bibliothécaire de la ville, on lit notamment :

« Troyes peut revendiquer la gloire d'avoir imprimé une *gazette* plus ancienne que celle de Renaudot. A la vérité, je ne l'ai jamais tenue ; mais son existence m'est révélée par le n° 15 956 du *catalogue Lavallière*, où je lis cette indication : *La gazette française pour le temps présent. Troyes 1626. In-12.* — Je sais encore qu'elle était rédigée en vers, mais par qui? je l'ignore.... Ainsi, Troyes avait une gazette, et une gazette en vers, lorsque chaque ville de province, Paris même, attendait encore la sienne. »

Resterait à savoir s'il n'y a pas dans le catalogue Lavallière erreur de date, à savoir surtout si cette gazette était vraiment imprimée. Quelques-uns des journaux manuscrits dont nous avons parlé parurent sous ce nom en divers endroits. Renaudot avouera plus tard n'avoir choisi ce mot que précisément « parce qu'il est plus connu du vulgaire avec lequel il faut parler ».

Et ce mot si usité, d'où venait-il ? De Venise encore ; de Venise où il désignait une pièce de monnaie, la *gazzetta*, frappée en 1536[1], et « qui était, disent nos premiers lexicographes, le prix ordinaire du cahier de nouvelles courantes. Ce nom a été depuis transporté au cahier même » (Ménage). Nos vieux dictionnaires, peu galants, ajoutent : « On appelle communément gazette une femme qui sçait toutes les nouvelles de son quartier et qui les va publier en tous les lieux de sa connaissance ».

Cette étymologie, peut-être trop simple, n'a pas satisfait tous les auteurs. Les uns, peu respectueux, dérivent encore le mot de l'italien, mais y ont vu un diminutif de *gazza*, petite pie. « D'autres, disait déjà Furetière, dérivent du mot hébreu corrompu et retourné, « izgad », qui signifie *nuntiæ* (édition de 1690). » Enfin, dans notre siècle, un orientaliste, M. Garcin de Tassy, est allé chercher le secret jusqu'en Perse, où le mot « Käged, Kägiz », signifie littéralement papier ; et « papiers », il faut en convenir, a été souvent dans bien des langues le synonyme de « journaux ».

Disons encore qu'il y eut longtemps entre *gazette* et *journal* une nuance assez sensible. Le journal, d'après la quatrième édition du Dictionnaire de l'académie (1672), s'imprimait *tous les mois* pour rendre compte des livres nouveaux et des nouvelles publiques ; la gazette, d'après le même ouvrage et les dictionnaires déjà cités, se donne au public, à certains jours de la semaine. La nuance, un peu modifiée, dura jusqu'au xviiie siècle. « Dans une gazette, écrivait Mallet du Pan à la fin de 1789, on recueille les premiers récits ;.... que l'on répète sans avoir le temps de les apprécier.... Il en est autrement d'un journal : le rédacteur a une semaine devant lui pour réfléchir.... Une feuille

---

1. Le premier journal imprimé à Venise sous ce titre n'a paru qu'en 1760.

publique parle à la curiosité de chacun, et ne tend qu'à l'entretenir; un journal, au contraire, s'adresse à la curiosité éclairée.... »
En d'autres termes, le mot *journal* n'était encore appliqué qu'aux revues, aux mercures; celui de *gazette*, aux feuilles de nouvelles, même quotidiennes.

De nos jours, le mot *gazette* est tombé peu à peu en désuétude; celui de *journal* l'a entièrement remplacé.

En résumé, l'imprimerie, inventée de 1440 à 1450, et qui mit quelques années à pénétrer dans le domaine public, s'est appliquée presque immédiatement à la diffusion des nouvelles et aux agissements de l'esprit de parti; mais si l'on entend par *journal* une feuille plus ou moins régulière, périodiquement publiée, il faut attendre 150 ans, c'est-à-dire jusqu'aux premières années du xviie siècle, pour trouver quelque chose vraiment digne de ce nom.

La Russie, au xviie siècle, fait à peine partie de la vie européenne; aussi n'aura-t-elle son premier journal qu'en 1701, à l'aurore du xviiie siècle.

A titre de curiosité, et pour finir avec ce rapide coup d'œil sur la naissance des feuilles périodiques, voici, d'après M. Hatin, les plus anciens journaux existant aujourd'hui en Europe :

La *Francfurter Postzeitung* (si l'on s'en rapporte à la tradition citée plus haut);

La *Gazette de France*, 1631, dont il existe plusieurs collections complètes;

La Gazette officielle de Suède, *Postochinrikes Tidning*, fondée en 1644, sous la reine Christine, fille de Gustave-Adolphe;

Le *Haarlemsche Courant*, 1656;

La *Gazette de Leipsik*, 1660;

La *Gazette de Londres*, 1665.

Voilà le journal sorti de ses langes; nous allons le voir se développer et devenir une puissance.

CHAPITRE III

LE JOURNAL SE DÉVELOPPE ET S'AFFRANCHIT

Théophraste Renaudot : ses talents, ses succès, ses revers. — Le bureau d'adresse, la *Gazette de France*. — Deux préfaces. — Ordinaires et extraordinaires; prix de l'abonnement. — Richelieu et Louis XIII collaborateurs de la *Gazette*. — Comment elle se fait concurrence à elle-même : le *Courrier français*. — Autres mazarinades : la *Muse historique*. — Mayolas et la première idée du roman-feuilleton. — Vogue des Gazettes. — *La Feuille d'avis du bureau d'adresse* donnant naissance aux *Petites Affiches*. — Renaudot père aussi des revues littéraires, scientifiques, philosophiques. — Deux fils et un petit-fils. — Le *Journal des savants*. — Le *Mercure galant*. — La comédie de Boursault. — Colletet et le premier *Journal de Paris*. — Gazettes de Hollande. — *Nouvelles de la République des lettres* et Bayle. — Croissance de la presse anglaise; Milton, Daniel de Foë, Swift, Addison, Junius. — Le premier journal quotidien : *The Daily Courant*. — Marivaux et Franklin. — *L'Année littéraire*. — Le *Journal de Paris* quotidien. — Voltaire journaliste. — La veille de la Révolution, l'*Almanach des Muses*.

« Enfin Malherbe vint !... » Enfin, pourrait dire aussi l'historien de la presse, enfin paraît Renaudot. S'il n'est pas, comme on l'a cru quelquefois, l'inventeur des gazettes imprimées, s'il n'en fut que l'*importateur*, il assura d'emblée à la presse française, par le charme du style, par l'ingéniosité des détails, une supériorité incontestée. Il lui ouvrit des voies nouvelles, il eut, plus que personne, une vue nette et prophétique de l'avenir qui lui était réservé.

La presse périodique, qui a produit tant de types singuliers, n'en a pas vu de plus original que cet être ondoyant et divers, ce touche-à-tout du xviie siècle plein d'inspirations dignes du nôtre, « ce médecin très savant en plus d'un genre[1] », ce Figaro d'avant Beaumarchais, grand intrigant, grand homme de bien, toujours allant, remuant, taillant sa plume, demandant de quoi il est question : tour à tour chirurgien de la ville de Paris, puis médecin de la faculté de Montpellier et par là même, du jour où il a coiffé le bonnet, dénoncé à l'animadversion des confrères de la capitale; se riant de leur colère et sans cesse prêt à polémiquer contre eux, en français ou en latin, en prose ou en vers; entamant contre leur cohorte une kyrielle de procès qu'il gagne ou qu'il perd sans répit; promené du Conseil au Châtelet, et du Châtelet au Parlement; nommé à la barbe de ses persécuteurs, grâce à la protection de Richelieu et de la reine, médecin ordinaire du roi, mais « non couché sur l'état » et par conséquent sans gages; créant à Paris, « sur l'autorité d'Aristote et du sieur de Montaigne[2] », un *bureau d'adresse*, bureau conçu en 1612, mais « advenu en 1630 », et constituant ce qu'on appellerait aujourd'hui une maison de placement et de commission, « où l'on s'assemblait à jours réglés »; y fondant, avec la permission du roi, un Mont-de-Piété où l'on prête au taux charitable de 3 pour 100, recevant pour la peine le titre « de maître et intendant général du bureau d'adresse et de commissaire général des pauvres », et en même temps accusé de recel et d'usure par ses confrères; donnant des consultations gratuites

---

1. Voltaire, *Siècle de Louis XIV.*
2. « Feu mon père, homme pour n'estre aydé que de l'expérience et du naturel d'un jugement bien net, m'a dict aultrefois qu'il avait désiré mettre en train qu'il y eût ès-villes certain lieu désigné auquel ceulx qui auroient besoing de quelque chose se pussent rendre, et faire enregistrer leur affaire à un officier estably pour cet effest, comme : « Je cherche des perles à vendre; Tel veut compagnie pour aller à Paris; Tel s'enquiert d'un serviteur de telle qualité;..... qui cecy qui cela, chacun selon son besoing;... à touts coups, il y a des conditions qui s'entr'cherchent, et, pour ne pas s'entr'entendre, laissent les hommes en extrême nécessité. » (Montaigne, *Essais.*)

aux indigents et se permettant même de les guérir, ce qui le fait taxer de sortilège ; inaugurant, dans ce même bureau universel, deux cents ans avant le xixe siècle, des conférences scientifiques, littéraires, philosophiques, « sorte d'académie ouverte à tous les bons esprits qui y venaient conférer en public de toutes les matières de physique, des morales, des mathématiques et autre discipline » ; y imprimant, entre deux procès, l'oraison funèbre de Scévole de Sainte-Marthe (1623), ou la Vie et la Mort du maréchal Gassion, ou la Vie et la Mort de Michel de Mazarin, cardinal de Sainte-Cécile, frère du ministre; y créant la *Gazette de France* et, deux ans plus tard, la *Feuille d'avis du bureau d'adresse*, qui deviendra les *Petites affiches*; initiant ses fils à la double profession de médecin et de journaliste; recevant, en 1644, défense de prêter sur gages, puis voyant « saisir ses hardes », et finalement, après avoir joui en plein de la faveur de Richelieu, de Mazarin, mourant « gueux comme un peintre », au dire de Guy-Patin, le 25 octobre 1653, dans sa soixante-douzième année.

Il était né à Loudun en 1684, et y avait connu son grand compatriote, Richelieu. Celui-ci, homme de lettres à ses heures, aimait les gens de lettres. Premier ministre, et très fier de ce titre qui fut créé pour lui, il faisait des pièces avec le pauvre grand Corneille, sauf à le jalouser ensuite; il exigeait que Gombault et Chapelain se couvrissent devant lui. Ou bien, le jour de la reddition de Montauban, les pasteurs ayant demandé à lui être présentés, il refusait de les admettre comme « corps d'église », mais les recevait avec honneur comme « gens qui faisaient profession de lettres ». Renaudot était lettré, lui aussi; et de plus médecin; et de plus d'une humeur remuante : trois titres d'amitié auprès d'un dictateur malade : « le fameux cardinal » ne les oublia jamais.

Une légende du xviie siècle, reproduite au xviiie par Sainte-Foix et longtemps répétée, assigne aux gazettes une singulière origine. Elle prétend que Renaudot, très lié avec le généalogiste

Theophrastus Renaudot Iulioduneñsis Medicus et Historiographus Regius, ætatis año 58 salutis 1644.

Iuvenisse iuvat, magis exequi: At ultima laus est
Postremam inventis apposuisse manum.

Théophraste Renaudot

d'Hozier, et recevant de lui ou d'autres amis de fréquentes nouvelles des pays étrangers, avait pris l'habitude d'amuser ses malades de la lecture de ces lettres. Voyant le succès de ces causeries, il songea à les faire imprimer et à les vendre à ceux qui se portaient bien. Le journalisme n'eût été ainsi, à l'origine, qu'une drogue de renfort.

L'histoire peut être piquante; elle n'est pas vraie. Il suffit, pour s'en convaincre, de lire, dans le *Recueil des gazettes de* 1631, la sonore dédicace adressée au roi par Renaudot lui-même.

« Sire,

« C'est bien une remarque digne de l'histoire que, dessous soixante-trois roys, la France, si curieuse de nouveautés, ne se soit point avisée de publier la Gazette, ou recueil *par chaque semaine*[1] des nouvelles tant domestiques qu'étrangères, à l'exemple des autres États et mesme de tous ses voisins. »

Ainsi, ce qui paraît merveilleux au créateur de la *Gazette*, ce n'est pas d'avoir songé à la nouvelle invention; c'est que d'autres Français n'y aient pas songé avant lui. Il est vrai qu'en habile courtisan, il se félicite de la rencontre et y voit presque une preuve des desseins de la Providence : « Ce ne peut être sans mystère qu'elle (la France) ait attendu pour ce faire le vingt et uniesme an du Règne de Votre Majesté, célèbre par les avantages qu'elle a remportez sur tous ses ennemis.... Jusques ycy l'heur[2] et la valeur de Votre Majesté (Sire) ont mis les affaires de ce Royaume à un poinct qui lui sert de Panégyrique éternel et d'apologie effective à son premier Ministre. »

Après d'autres éloges non moins hyperboliques, il conclut :

« Sire, la mémoire des hommes est trop débile pour luy fier toutes les merveilles dont V. M. va remplir le septentrion et tout le Continent. Il la faut désormais soulager par des écrits qui volent comme en un instant du Nord au Midy, voire par tous les

---

1. C'est nous qui soulignons.
2. Le bonheur.

coins de la terre. C'est ce que je fay maintenant[1], Sire, d'autant plus hardiment que la bonté de Votre Majesté ne dédaigne pas la lecture de ces feuilles. Aussi n'ont-elles rien de petit que leur volume et mon stile. C'est, au reste, le journal des Roys et des puissants de la terre. J'offre à V. M., en toute humilité, ce recueil *de toutes mes gazettes de cette année*, laquelle je finiray par mes prières à Dieu. Ce sont les vœux et l'espérance de cinquante millions d'âmes, et entre elles, Sire, du très humble, très fidelle et très obéissant serviteur et sujet de V. M.

« THÉOPHRASTE RENAUDOT. »

La vérité est donc formelle : jaloux d'imiter les gazettes étrangères, dont il paraît même s'exagérer l'antiquité, Renaudot avait parlé de son dessein à Richelieu. Richelieu, comme toutes les natures fortes, tenait à l'estime publique, avait souci de l'opinion, mais à la condition de la diriger. Il sentit que la nouvelle et hebdomadaire gazette pourrait être d'un bien autre secours que l'annuel *Mercure François*; il lui accorda un privilège *exclusif et perpétuel* pour l'impression et la vente: perpétuel ou à peu près, car il fallait le faire renouveler tous les six ans. Mais il se réservait de surveiller l'œuvre de près et de n'y laisser passer que ce qui servirait sa politique.

Ainsi le même règne où se fonde l'Académie française voit aussi la naissance du journalisme : il ne devait pas être pourtant un Conservatoire de la langue.

Le 1ᵉʳ numéro de la *Gazette* est du 30 mai 1631 : « au bureau d'Adresse, au Grand Coq, rue de la Calendre, sortant au Marché neuf, près le Palais, à Paris ». Un journaliste ne touche pas sans quelque émotion ces pages jaunies, germe sacré d'une frondaison immense. L'émotion redouble quand on lit, en tête du recueil de 1631, la préface « servant à l'intelligence des choses qui y sont contenues », préface adressée au public, que Renaudot traite aussi en majesté.

---

1. Plus rigoureusement, ce qu'il avait fait dans le courant de l'année.

« La nouveauté de ce dessin, son utilité, sa difficulté et son sujet, (mon lecteur), vous doivent une préface.

« La publication des Gazettes est à la vérité nouvelle, mais en France seulement.... Surtout seront-elles maintenues pour l'utilité qu'en reçoivent le public et les particuliers : le public, pour ce qu'elles empeschent plusieurs faux bruits qui servent souvent d'allumettes aux mouvements et séditions intestines.... Les particuliers, chacun d'eux ajustant volontiers ses affaires au modèle du temps. Ainsi, le marchand ne va plus trafiquer en une ville assiégée ou ruinée, ni le soldat chercher employ dans les pays où il n'y a point de guerre; sans parler du soulagement qu'elles apportent à ceux qui écrivent à leurs amis, auxquels ils estoient auparavant obligés, pour contenter leur curiosité, de descrire laborieusement des nouvelles le plus souvent inventées à plaisir et fondées sur l'incertitude d'un simple ouy-dire.... Du moins sont-elles en ce point exemtes de blasme, qu'elles ne sont aucunement nuisibles à la foule du peuple, non plus que le reste de mes *innocentes inventions*: estant permis à un chacun de s'en passer, si bon luy semble.

« La difficulté que je dise rencontrer en la composition de mes gazettes et nouvelles n'est pas icy mise en avant pour en faire plus estimer mon ouvrage.... c'est pour excuser mon stile s'il ne répond pas toujours à la dignité du sujet, le sujet à votre humeur, et tous deux à votre mérite. Les capitaines y voudroient rencontrer tous les jours des batailles et des sièges levés ou des villes prises; les plaideurs, des arrêts en pareil cas; les personnes dévotieuses y cherchent les noms des prédicateurs, des confesseurs de marque.... Tel, s'il a porté un paquet en cour sans perte d'homme, ou payé le quart de quelque médiocre office, se fâche si le roi ne voit son nom dans la Gazette.... Il s'en trouve qui ne prisent qu'un langage fleuri, d'autres qui veulent que mes relations semblent à un squelette décharné....

« Et si la crainte de déplaire à leur siècle a empesché plusieurs bons auteurs de toucher à l'histoire de leur âge, quelle doit être la difficulté d'écrire celle de la semaine, voire du jour même où elle est publiée ? Joignez-y la brièveté du temps que l'impatience de votre humeur me donne, et je suis bien trompé si les plus rudes censeurs ne trouvent digne de quelque excuse *un ouvrage qui doit se faire en quatre heures du jour*, que la venue des courriers me laisse, toutes les semaines, pour assembler, ajuster et imprimer ces lignes.

« Mais non, je me trompe, estimant, par mes remontrances, tenir la bride à votre censure. Je ne le puis; et si je le pouvois (mon lecteur), je ne le dois pas faire, cette liberté de reprendre n'étant pas le moindre plaisir de ce genre de lecture, et votre plaisir et divertissement, comme l'on dit, étant l'une des causes pour lesquelles cette nouveauté a été inventée....

« En une seule chose ne céderai-je à personne, en la recherche de la vérité, de laquelle néanmoins je ne me fais pas garant, étant malaisé *qu'entre cinq cents nouvelles écrites à la hâte*, d'un climat à l'autre, il n'en n'échappe quelqu'une à nos correspondants qui mérite d'être corrigée par son père le temps. Ceux qui se scandalizent possible de deux ou trois faux bruits qu'on nous aura donnez pour vérités seront par là incitez à débiter au public par ma plume (que je leur offre à cette fin) les nouvelles qu'ils croiront plus vraies, et comme telles, plus dignes de lui être communiquées. »

Est-il possible, dit avec raison M. Hatin, qui reproduit cette préface presque *in extenso*, « est-il possible, au début d'une entreprise si nouvelle, si compliquée, avec des moyens si peu éprouvés et un avenir si incertain, de tracer en moins de lignes un prospectus plus complet des devoirs, des difficultés, des déceptions et des misères du métier de journaliste ? »

Après l'épître au lecteur, un résumé chronologique des premiers mois de 1631 ; puis, les nouvelles du jour. Chose piquante : la première vient de Constantinople, avec la date du 2 avril ; la seconde, de Rome, 26 avril ; puis, c'est de la Haute Allemagne, 30 avril ; « de Freistad, en Sylésie, 1er may » ; de Venise, 2 mai ;

GAZETTE

E Roy de Perse auec 15. mille cheuaux & 50. mille hommes de pied assiege Dille à deux iournées de la ville de Babylone : où le grand Seigneur a fait faire commandement à tous ses Ianissaires de se rendre sous peine de la vie, & continuë nonobstant ce divertissement-là à faire tousiours vne aspre guerre aux preneurs de Tabac, qu'il fait suffoquer à la fumée. *De Constantinople le 2. Avril 1631.*

Sa Sainéteté a finalement receu les articles & conditions accordées concernant la paix si long-temps attenduë en Italie. Il est survenu dans Madrid vn accident de feu qui a fort endommagé l'hostel du Comte Olivarez, & le Palais Royal. Sa Majesté Catholique a pourveu le Marquis d'Ayton de la charge de General de la marine en la coste de Flandres, & a envoyé Dom Ferdinand Contieras pour haster le partement de la flotte de Vestindé. Le Clergé contribuë en Portugal deux cens vingt-cinq mil escus pour subvenir à la necessité presente des affaires. *De Rome le 26. Avril*

La ville d'Vlm a refusé ouvertement la contribution que le Commissaire Imperial luy demandoit, & respondu au Magistrat qu'ils acceptoyent la resolution de l'assemblee de Lipsic. On fait marcher contr'eux les Regimens d'Italie : Mais on croit que le passage leur sera refusé par ceux de Sueve & Franconie, qui ont desia leué force Soldats. *De la haute Allemagne le 30. Avril*

Les Imperialistes se sont icy arrestez apres la prise de Francfort sur Oder, & attendent mille Hongrois que le Palatin leur doit envoyer, qui se ioindront à la garnison de Landsberg, & autres trouppes dont Tilly les doit grossir, capables de resister desormais aux Suedois entrez en la Sylesie. *De Frustad' en Sylesie le 1. May.*

Les Espagnols ne sont point contents, & ne trouvent point seur pour l'Estat de Milan que les passages de Savoye soyent gardez par les Suisses, & dit-on que les Grandes promettent d'entretenir 40000. hommes si l'on continuë la guerre. A quoy les François repliquent, sans se haster, qu'ils ne rendront point ce qu'ils tiennent sans vne bonne execution du traitté de la part des autres. *De Venise le 2. May*

On leve des gens de guerre par toute l'Autriche, Sylesie, Moravie, Boheme, Bavieres, & païs circonvoisins, qui donneront bien des affaires au Roy de Suede. Le Burgraue de Dona est retourné en Sylesie y prendre la conduitte des armees. On ne doute plus de la paix d'Italie, ny de celle de Transsilvanie. On a icy publié vn Edict portant que chaque maison payera deux florins dans le premier de May prochain. Le fils de l'Empereur assisté du Duc de Fridland, s'en va en qualité de Generalissime conduire les trouppes qui retournent d'Italie, ausquelles se doivent ioindre 24. mille hommes que ledit Duc de Fridland *De Vienne le 3. May.*

A

Fac-similé du premier numéro de la *Gazette de France*.
(Réduction aux deux tiers.)

3

d'Amsterdam, 17 mai; d'Anvers, 24 mai,... mais pas un seul mot de la France. Même silence sur les événements français dans les numéros qui suivent : 6 juin, 13 juin, 20 juin, 27 juin. Enfin, dans le numéro du 4 juillet, quelques lignes sur Saint-Germain, où était la Cour, lignes exaltant la vertu des eaux minérales (particulièrement celles de Forges, mises à la mode par les médecins Martin et Bonnard), et qui déjà laissent percer une pointe de réclame ; à la suite, dix autres lignes sur Paris où « il y a des fièvres continues et fort fréquentes », et où « l'on imprime une Bible en neuf volumes et huit langues ».

Étant données la curiosité d'esprit de Renaudot et sa hardiesse à tout conter, il y a là une preuve trop évidente des lisières étroites où étaient tenus les premiers pas du journalisme. Même quand Renaudot eut un peu plus de liberté, les Gazettes commencèrent toujours par les nouvelles des pays les plus éloignés, pour finir par la Cour et la bonne ville de Paris. Il avait adopté cette marche « pour se conformer à la suite du temps et à l'ordre » ; sauf, ajoutait-il avec une plaisante bonhomie, « sauf à ceux qui voudraient suivre la dignité à commencer leur lecture par la fin, à la mode des Hébreux ».

Les gazettes parurent d'abord dans un format de 21 centimètres 1/2 sur 15 (légèrement agrandi vers 1635). Les premiers numéros sont de quatre pages, mais ils furent portés dès la seconde année à huit, quelquefois à douze. Ces huit ou douze pages étaient divisées en deux cahiers : l'un, *la Gazette*, l'autre, Nouvelles ordinaires de divers endroits. « Cela, pour la commodité de la lecture, qui est plus facile à diverses personnes, étant en deux cahiers, et aussi à cause de la diversité des matières et lieux d'où viennent les lettres y contenues ; les *nouvelles* comprenant les pays qui nous sont septentrionaux et occidentaux, et *la Gazette* ceux de l'Orient et du Midi. »

Sous le titre de *Relations des nouvelles du monde reçues dans tout le mois*, Renaudot publia pendant quelque temps un numéro supplémentaire, qui complétait et résumait les nouvelles déjà données. Mais ces commentaires ne furent pas du goût de de l'autorité: il fallut y renoncer. « Le roi a tout droit, se disait le gazetier : donc celui de reprendre mon privilège. » Cette idée d'un commentaire mensuel n'en fit pas moins son chemin; elle sera reprise par Doneau de Visé, et nous vaudra le *Mercure*. Elle sera aussi l'origine des revues littéraires et politiques.

Renaudot, du reste, remplaça bientôt (1634) ce supplément mal en cour par des *extraordinaires* qui paraissaient suivant les circonstances et qui étaient généralement consacrés à la publication des documents officiels : ainsi tout péril était conjuré. Quelquefois le volume des *extraordinaires* (nous dirions aujourd'hui *suppléments*) dépassait de beaucoup celui des ordinaires. Ils manquent à la plupart des collections.

Quel était le prix de tout ce papier? Il n'est pas marqué sur les exemplaires. Mais on sait, par d'autres sources, que la *Gazette* se vendait « un parisis », c'est-à-dire quinze deniers, ou environ 6 centimes, représentant une valeur actuelle de près du triple. Pour le temps, c'est du bon marché; et si notre homme était jaloux de son privilège, s'il le disputa avec sa passion ordinaire à tous les contrefacteurs ou concurrents, il faut avouer qu'il faisait de son mieux pour justifier les faveurs du public.

Parmi ses collaborateurs, nous avons déjà vu Richelieu lui communiquer des documents officiels ou des nouvelles; il lui donna aussi de véritables « articles » : récits de capitulations, de faits militaires, traités, manifestes, exposés de conduite. Louis XIII lui-même imita son ministre : il faisait porter au gazetier, par son valet de chambre Lucas, des communications parfois assez caustiques, où tantôt il disait son mot sur les affaires générales, et tantôt, ce qui est moins royal, mais fort humain, il laissait entrevoir les misères de son ménage. « Lui qui n'osait guère avoir de volonté,... il écrivait ce qu'il n'avait pas osé dire et riait sous cape en voyant circuler sa vengeance anonyme et en étudiant ses effets sur l'âme altière de la reine. » (Hatin.) Les manuscrits, avec quantité de ratures et de corrections au crayon ou à la plume, ont été conservés à la Bibliothèque du roi, devenue aujourd'hui la Bibliothèque nationale.

Il faut même dire que cette collaboration flatteuse faillit coûter cher, plus tard, au pauvre Renaudot. Louis XIII était mort, Anne d'Autriche devenue régente. On demanda compte au gazetier des médisances de sa gazette, on menaça de lui ôter son privilège. Le père des journalistes, a dit Amans Monteil, ne pouvait pas être un sot. Renaudot le prouva. Il se défendit en révélant tout le mystère. « Chacun sait, écrivit-il dans une requête adressée à la reine, que le roi défunt *ne lisait pas seulement mes gazettes, et n'y souffrait pas le moindre défaut;* mais qu'il m'envoyait presque ordinairement des mémoires pour y employer.... Était-ce à moi à examiner les actes du gouvernement?... Ma plume n'a été que greffière. » Il eut gain de cause : le privilège fut maintenu.

Peu après, pendant la Fronde, il se tira non moins dextrement d'un autre mauvais pas. La cour avait dû fuir à Saint-Germain, Renaudot l'y suivit avec ses presses. Or, la *Gazette* était déjà si entrée dans les mœurs, si nécessaire au public, que forcément, en son absence, d'autres allaient se créer à Paris. Et alors que deviendrait le privilège? Renaudot, prévoyant le mal, y porta préventivement le remède. Il prit les devants sur les envieux, et, laissant ses deux fils à Paris, fit faire par eux un *Courrier français*, du prix d'un *sol*, où, pour plaire aux Parisiens, Mazarin et la cour étaient daubés de la bonne façon. La guerre finie, Renaudot fit semblant, au nom de son privilège, de réclamer contre une indigne usurpation, et ses fils, semblant de lui résister ; mais tout s'arrangea en famille, et Mazarin, à qui les ruses ne déplaisaient pas, donna aux deux fils des marques signalées de de sa faveur. Quant au père, il fut plus avant encore dans son esprit que dans celui de Richelieu. On fit une farce du tout, et il y avait de quoi : cela s'appela *le Commerce des nouvelles rétabli* ou *le Courrier arrêté par la Gazette* (1649). Renaudot, y lisait-on, avait su « faire ses orges », et accablé son imprimeur de « sous bossus ».

Puisque nous voici à la Fronde, disons qu'en dehors des *mazarinades*, imprimées ou manuscrites, qui remplirent Paris comme un vol de mouches, la *Gazette* vit naître des concurrences moins intimes que celle du *Courrier français*, mais dont elle sut aussi avoir raison (*Courrier de la Cour*, *Courrier en vers burlesques*, *Courrier du temps*, *Courrier burlesque*, etc., etc...). Il faut citer à part la fameuse *Muse historique* ou Gazette en vers burlesques (4 mai 1650-28 mars 1665), de Loret. Bel esprit qui ne manquait ni de gaieté, ni même d'esprit, Loret, à vrai dire, était un nouvelliste aux gages de la Grande Demoiselle. Il eut l'idée de lui adresser, en vers libres, les nouvelles de la semaine. Il datait ces « épîtres gazetières » :

> . . . . De ma chambre,
> Le deuxième jour de décembre.

Il y recueillait :

> Les bruits qui courent quelquefois
> Parmi la cour et les bourgeois.

Il y contait indifféremment les nouvelles de la rue, les choses du camp, les chansons à la mode, tout ce qui se passait dans les faubourgs, ou tout ce qui lui passait par la tête. Il décorait chaque lettre d'un titre plus ou moins bizarre, *la séduisante*, *la sévère*, *la longuette*, *l'intempérante*, etc., etc., amusant ainsi sa bienfaitrice et le cercle de l'hôtel de Longueville. « La curiosité de certaines gens fut cause que l'on en fit bientôt plusieurs autres copies manuscrites », en sorte que l'auteur volé « se détermina à les livrer à l'impression, afin de faire pièce aux copistes », et même aux plagiaires qui :

> . . . débiteurs de faux papiers
> Pires cent fois que des fripiers,
> Faisaient imprimer ses gazettes
> Sans craindre ni loi, ni syndic,
> Pour en faire un lâche trafic.

C'est ainsi, après deux ans d'existence, que la vraie *Gazette burlesque* parut imprimée pour la première fois, le 29 décembre 1652, et fut envoyée à un certain nombre de grands seigneurs. Loret ne voulait pas se commettre avec le grand public, et avait dit à son imprimeur :

> . . . . . Observez cette loi
> De n'en tirer, chaque semaine,
> Qu'une unique et seule douzaine,
> Tant pour mes amis que pour moi.
> Après cela, point de copie,
> En dût-on avoir la pépie.

Depuis cette époque, les feuilles de Loret parurent régulièrement tous les samedis. En 1663, la première année du recueil fut réunie sous le titre, quelque peu ambitieux, de *Muse historique*. Les seize années de sa publication forment 16 livres, en 3 volumes in-folio, devenus très rares, mais réimprimés en ces derniers temps.

Si les Muses, n'en déplaise à Loret, n'ont guère à voir dans ces rimes burlesques, l'Histoire y peut trouver une foule de faits curieux, d'usages, d'anecdotes comiques ou scandaleuses. La politique même s'y glisse parfois ; car le Parlement, offensé peut-être par la façon peu solennelle dont le poète interprétait ses actes, lui défendit

> . . . . D'écrire politiquement.

De quoi il fit ses doléances à Mlle de Longueville, en lui disant :

> Désormais mes tristes gazettes
> Ne seront plus que des sornettes.

Tel fut le premier type de nos chroniques parisiennes.

L'exemple de Loret suscita un grand nombre d'imitateurs, et son journal fut continué jusqu'au XVIIIe siècle par du Laurens et Hauteville.

Un mot d'une de ces imitations : les *Lettres en vers et en prose* (1672-1676), dédiées au Roi par le sieur Lagrete de Mayolas. Retenez ce nom, c'est aussi celui d'un précurseur. Si la disposition de ses lettres est la même que chez Loret, il s'arrange à ne leur donner que trois pages : la quatrième, au lieu d'être blanche, contient une partie en prose, un roman sous forme épistolaire qui se continue de numéro en numéro ; ce sera, cent cinquante ans plus tard, « le roman-feuilleton ».

En somme, la *Muse* de Loret n'ayant pas de débit commercial, Renaudot sortit de la Fronde comme il y était entré : avec l'intégrité de son monopole.

Si le public avait ri de sa fougue à prévenir la concurrence, il n'admirait pas moins le fameux gazetier et son *invention innocente*. Elle fit d'emblée une vive impression. De cela les témoignages abondent. Nos premiers lexiques, qui ne prodiguent pas cet honneur aux contemporains, lui ouvrent une place dans leurs colonnes. « Théophraste Renaudot, médecin, est celuy, dira Richelet au mot *Gazetier*, qui a établi la *Gazette de Paris* dans son bureau d'adresse. » « Il commença à la donner en 1631, ajoutera le dictionnaire de Trévoux. Il était naturellement éloquent, et ses gazettes étoient bien escrites et agréables. » Théophraste lui-même, fier de ses talents, constate, à maintes reprises, que le public s'arrache ses feuilles et les met très au-dessus de ce qui s'imprime ailleurs. Il avertit ceux qui « maintenant (1633) contesteraient l'utilité de ses gazettes qu'on ne les menacerait rien moins que des petites-maisons ». Il fait aux « princes et aux États étrangers » cette prière hardie, « de ne point perdre inutilement le temps à fermer passage à ses nouvelles, veu que c'est une marchandise dont le commerce ne s'est jamais pu défendre, et qui tient cela de la nature du torrent, qu'il se grossit par la résistance ».

Boileau et Molière, chacun à sa façon, nous montrent aussi dans des vers connus la vogue du journal :

> D'éloges on regorge, à la tête on les jette,
> Et mon valet de chambre est mis dans la Gazette,

dit le Misanthrope.

> . . . cherchant sur la brèche une mort indiscrète,
> De sa folle valeur embellit la Gazette,

écrit l'auteur des *Satires*.

Ce qui est encore plus significatif, c'est que la gravure s'en mêla. Une estampe allégorique, dont la Bibliothèque nationale possède un exemplaire, nous présente la *Gazette*, dès son apparition, assise entre le *Mensonge* et la *Vérité*, et Renaudot écrivant pour celle-ci, tandis qu'un quatrain gravé en marge lui prête ces paroles :

> Mille peuples divers parlent de mon mérite;
> Je cours dans tous les lieux de ce vaste univers;
> Mon sceptre fait régner et la prose et les vers,
> Et pour mon trône seul la terre est trop petite.

Le crieur de la *Gazette*, avec son panier de numéros, demande à l'historien :

> . . . . des emplâtres
> Pour nourrir les cancers des cerveaux curieux.

Les cadets de la faveur disent à l'oreille du fondateur de la presse, qui les écoute à peine :

> . . . .
> Vous aurez de notre or en nous faisant faveur;
> Dites que nos grands coups font les Mars disparaître.

Enfin des courriers de diverses nations, castillans, indiens, italiens, etc., apportent des nouvelles et remettent des lettres à la nouvelle déesse.

Les colporteurs de la *Gazette*, que cette gravure nous présente, étaient en effet fort recherchés. « On lit les gazettes chez Ribou et Loison, et autres regrattiers du Pont-Neuf » (dit Richelet, édition de 1680). « On appelle aussi gazetier celui qui vend ou donne la gazette à lire, qui va acheter la gazette au bureau pour la donner aux personnes qui veulent la lire. » Dans ce sens il y avait également des gazetières « pauvres femmes qui vont acheter la gazette au bureau de la grand'poste, qui la distribuent par mois aux personnes qui veulent la lire pour trente sols » (édition de 1732). Multipliez ce chiffre par douze : le prix de l'abonnement à cette époque était donc de 18 francs. Toutefois il n'était pas marqué sur les exemplaires : c'est seulement en 1750 qu'on songea à l'y imprimer.

On a vu Renaudot s'associer ses deux fils. Après sa mort, ses travaux furent continués par son fils Isaac Rénaudot, qui avait eu la précaution de se faire inscrire à la Faculté de médecine de Paris, et qui se fit aider par son frère puîné Eusèbe. Ce dernier, médecin de Monseigneur le dauphin, mourut le 19 octobre 1679. L'aîné le suivit de près, en mai 1680. Il fut remplacé par son neveu, Eusèbe, second du nom, plus connu sous l'appellation d'abbé Renaudot, et qui a laissé la réputation d'un savant orientaliste. « Il possédait, dit Moreri, jusqu'à dix-sept langues, dont il parlait le plus grand nombre avec facilité. » Il eut avec Bayle, dont on le chargea de censurer le dictionnaire, des démêlés restés célèbres et auxquels se mêla en Hollande le pasteur Jurieu.

La *Gazette* demeura sans doute, dans tout le xviiie siècle, la propriété de la famille, et fut l'organe officieux du gouvernement. Le 1er janvier 1762, elle en devint l'organe officiel. En 1787, le privilège en fut donné à bail au libraire Panckoucke.

Père de la publicité politique avec la *Gazette*; père de la publicité commerciale avec sa feuille du Bureau d'adresses, le fécond Théophraste avait fondé encore les suppléments mensuels qui furent l'origine de la presse littéraire et philosophique; enfin il créa les conférences du Bureau d'adresse[1] d'où devait sortir le *Journal des Savants*. Son influence sociale fut considérable, et on s'étonne que sa mémoire soit restée si longtemps dans un oubli profond. Il y a cinquante ans, son nom était à peine connu

---

1. Publiées en deux formats, 5 vol. in-8 et 6 vol. in-12.

Théophraste Renaudot entre le Mensonge et la Vérité.

de cinquante personnes : c'est par de récents travaux qu'il a été remis en lumière[1].

Après la mort de Renaudot, ses fils Isaac et Eusèbe eurent à lutter contre les concurrents et les imitateurs. En vain ils invoquèrent le privilège exclusif concédé à leur père; il fallut composer. En 1655, première transaction; le monopole leur reste pour les nouvelles politiques, il est entamé sur d'autres chapitres; l'historien Mézeray obtient permission de publier un journal littéraire, mais n'en use pas; presque aussitôt, Louis XIV concède un autre privilège d'impression pour le *Journal des Savants*. Ce privilège, selon l'usage du temps, était donné au rédacteur même, le conseiller au Parlement Denis de Sallo, qui publia d'abord le journal sous le nom de son valet de chambre, le sieur Hédouville.

Dans les dix lignes du *Siècle de Louis XIV* consacrées à la presse, Voltaire s'exprime ainsi : « Sous lui, les journaux s'établissent. On n'ignore pas que le *Journal des Savants*, qui commence en 1655, est le père de tous les ouvrages de ce genre dont l'Europe est aujourd'hui remplie, et dans lesquels trop d'abus se sont glissés comme dans les choses les plus utiles. »

Le *Journal des Savants* parut d'abord en une feuille et demie in-4. Le concessionnaire essayait naïvement de dire la vérité aux auteurs, d'être équitable, impartial; il n'en eut pas pour trois mois. Dès le premier jour, clameur des écrivains; puis les Jésuites s'en mêlent, et le journal est interrompu. Mais, sur l'ordre de Colbert,

---

1. Voici la notice nécrologique que lui consacrait la *Gazette* du 1er novembre :

« Le 25 du mois dernier mourut, au quinzième mois de sa maladie, en sa soixante-douzième année, Théophraste Renaudot, conseiller médecin du roi, historiographe de Sa Majesté, d'autant plus recommandable à la postérité que, comme elle apprendra de lui les noms des grands hommes qu'il a employés en cette histoire journalière, on n'y doit pas taire le sien, d'ailleurs assez célèbre pour son grand savoir et la capacité qu'il a fait paraître durant 50 ans en l'exercice de la médecine, et par les autres productions de son esprit, si innocentes que, les ayant toutes destinées à l'utilité publique, il s'est toujours contenté d'en recueillir la gloire. »

il fut repris le 4 janvier 1666 par l'abbé Gallois, et, presque aussitôt, *illustré* de gravures dans le texte et de planches tirées à part. Après plusieurs changements de propriétaires, il passe en 1701, dans les attributions du chancelier de France et il est doté sur la caisse du sceau des titres. Interrompu de nouveau en 1795, il est ressuscité, vers la fin du siècle, par Sainte-Croix, Sylvestre de Sacy, etc., et nous le retrouvons, en 1816, placé de nouveau sous la direction du garde des sceaux. Aujourd'hui, le *Journal des Savants* est publié par le Ministère de l'instruction publique; il a vu passer, parmi ses collaborateurs, une foule de célébrités.

A l'origine et malgré ce que pourrait faire supposer son titre, il était surtout consacré à ce qu'on appellerait de nos jours l'analyse des livres; théologie, morale, philosophie, histoire, astronomie, mathématiques, tous les genres de sciences et de littérature se trouvaient ainsi de son domaine. Les journaux qui se fondèrent à son imitation durent lui payer un tribut de cent écus (300 livres).

En 1672, nouvelle concurrence à la *Gazette* : le *Journal du Palais*, ou Recueil des principales décisions de tous les Parlements et Cours souveraines, par MM. Blondeau et Guéret.

En 1673, nouvelle concurrence encore. Doneau de Vizé s'entend avec le libraire Barbin; et, à la condition de payer un certain nombre de pensions à de vieux officiers, obtient un nouveau privilège. Il publie le fameux *Mercure galant*. Le premier numéro parut « à Paris, chez Claude Barbin, au Palais, sur le second perron de la Sainte-Chapelle », avec un grand luxe de majuscules, plus une épître au roi, « dont les actions passent celles des plus grands héros », pour le remercier du privilège, et un avis dithyrambique « du libraire au lecteur », pour vanter les gentillesses de l'auteur anonyme et assurer « que le livre a de quoy plaire à tout le monde ».... « Ceux qui n'aiment que les Romans y trouveront des histoires divertissantes; les curieux des nouvelles; etc.... On en donnera tous les *trois mois* un volume et dans le second on marquera les temps auxquels on les devra donner, afin que le public les ait doresnavant à jour nommé.... Ceux qui auront quelque chose de curieux qui méritera d'être sçeu, pourront me l'apporter et je ferai en sorte que l'Autheur en entretienne la personne à qui il adresse ses lettres.... Il n'est pas toujours nécessaire d'écrire pour avoir de l'esprit et l'on a souvent des preuves du contraire. »

Eh ! Monsieur Barbin, comment l'entendez-vous?

L'auteur, feignant d'écrire à une dame à qui il adresse toutes sortes de douceurs, entre ensuite en matière et promet également monts et merveilles ; « et toutes sortes de choses que les Gazettes ne vous apprendront pas ».... « Morts et mariages de conséquence, belles actions de l'armée, bienfaits du grand monarque, procès extraordinaires, pièces galantes, sonnets, madrigaux, jugement porté sur les comédies nouvelles et les livres de galanterie, aventures nouvelles en formes, et jusqu'aux modes nouvelles. »

Qui ne croirait lire, au style et au format près, le prospectus d'un de nos journaux « boulevardiers » ?

Chaque série trimestrielle était divisée en trois chapitres : un pour chaque mois. Dans le premier volume, contenant 170 pages, se trouvent de curieux détails sur l'état des armées et une analyse de *Tartuffe*. « Le livre » était d'abord des plus mignons : 12 centimètres sur 7 (le format du papier à lettres anglais); il fut agrandi en 1673, mais imprimé en plus gros caractères. Plus tard aussi, il deviendra mensuel, sera souvent orné de gravures, et finira (janvier 1717) par changer de titre pour s'appeler le *Nouveau Mercure*, chez Pierre Ribou (prix 30 sols, relié en veau, et 25 sols, broché); puis, finalement, avec Panckoucke, le *Mercure de France*.

Une autre preuve du succès du *Mercure* fut la comédie de Boursault. Doneau de Visé, ancien faiseur de pièces, avait eu un jour la velléité de mettre en scène, pour en rire, les visiteurs qui affluaient chez lui; mais il ne rit plus quand le poète de Mussy-l'Évêque eut réalisé la même idée. Boursault, menacé d'un procès, pour avoir pris trop textuellement le nom du journal, fut forcé d'appeler sa pièce « *Comédie sans titre* ». Il explique du reste « que son dessin (*sic*) n'était point de donner atteinte à un livre que son débit justifiait assez, mais seulement de satiriser un nombre de gens de différents caractères qui prétendent être en droit d'occuper dans le *Mercure galant* la place qu'y pourraient légitimement tenir des personnes d'un véritable mérite »[1].

En 1676, autre menace de concurrence contre les Renaudot : le poète François Colletet, rendu immortel par Boileau, s'avise lui aussi de se faire gazetier. Il fonde le *Journal de Paris*, « contenant ce qui se passe de plus mémorable pour la curiosité et avantage du public » (juin 1676, in-4). Pour prouver que les poètes peuvent être gens pratiques, il imagine d'y placer des annonces, et même, comme le feront plus tard les Anglais, des annonces en première page, des annonces avant le titre. Vains efforts, ingéniosité perdue! La *Gazette* et le *Mercure* se plaignent, on supprime le *Journal de Paris* dès son premier numéro. Il chercha peu après à reparaître sous d'autres titres et dut également disparaître : on vit de nouveau le pauvre Colletet,

. . . . crotté jusqu'à l'échine,
Allant chercher son pain de cuisine en cuisine.

Des journaux commerciaux ne finirent pas moins par se fonder. Puis, en 1679, un journal de médecine (supprimé cinq ans après) que rédigeait Nicolas de Bligny, « artiste ordinaire du Roi »; puis le *Journal ecclésiastique* (1680), d'abord interdit par le chancelier Séguier et repris en 1687; puis le *Journal chrétien* (1685); puis, de plus en plus, le journal s'étendra à toutes les branches de la philosophie, du commerce, de l'industrie, de l'agriculture, etc....

---

1. Une des scènes du premier acte, consacrée au guerrier là Rissolle, fameux par tant de combats *navaux* et la prise de deux vaisseaux *principals*, figure souvent dans les recueils de morceaux choisis.

Une autre concurrence, devenue bientôt insoutenable pour la *Gazette* de France, fut celle des feuilles étrangères, et principalement des gazettes de Hollande.

La Lecture de la Gazette.
(D'après un tableau de Van Ostade appartenant au Musée du Louvre.)

Surtout après la révocation de l'Édit de Nantes, il y eut nombre de ces gazettes écrites par des Français. Bible en main, elles commentent hardiment, avec Jurieu, le principe de la souveraineté populaire; elles tournent et retournent l'idée déjà émise par Hotman (dans *Franco-Gallia*) et que reprendront bientôt les Encyclopédistes : que *les États généraux, représentant la nation, ont le droit d'appeler au trône celui qu'ils jugent le plus digne.*

Même quand il s'agit des affaires des Pays-Bas, la hardiesse de ces gazettes va souvent jusqu'à la violence. Elles se passionnent pour ou contre le Stathouder, le grand pensionnaire. Saint-Simon nous apprend aussi qu'elles avaient le don d'irriter Louis XIV, et Michelet ira plus tard jusqu'à dire que le Roi-soleil fit la guerre à la Hollande pour réduire ses gazetiers au silence. Mais le tout-puissant roi a beau tenter : les gazettes de Hollande — dire *les* et non pas *la*, comme on le fait d'habitude — ont à la frontière une organisation qui leur permet de pénétrer dans le royaume. Renaudot et ses fils protestent en vain : elles sont moins bien écrites peut-être, mais mieux renseignées, plus malignes ; on les lit sous le manteau de la cheminée, on se les passe de main en main.

Toutes, du reste, ne font pas de la politique. Parmi celles qui s'adonnent à la littérature, brille surtout une publication imprimée à Amsterdam, mais essentiellement française : *Les Nouvelles de la République des lettres*, par Bayle. Le grand philosophe, retiré depuis peu en Hollande (1684), promit dans sa préface de « se tenir dans un raisonnable milieu entre la servitude des flatteries et la hardiesse des censures » ; il fut pendant trois ans, dit M. Hatin, « le rapporteur universel de l'Europe, et se plaça au premier rang par une critique savante, nourrie, modérée, pénétrante ». L'état de sa santé le força à s'arrêter en 1687 ; la revue mensuelle fut continuée jusqu'en 1718 par La Roque, Barrin, Jacques Bernardet et surtout le savant Jean Leclerc.

En Angleterre aussi, les journaux croissaient à vue d'œil. Non pas, comme on est tenté de le croire, que la presse y fût plus libre que chez nous : nulle part il n'y a eu plus de lois restrictives, et qui aient duré plus longtemps ; on pourrait même dire qu'elles durent toujours, mais paralysées par l'opinion publique et les mœurs du pays. Il n'y a pas soixante ans qu'on put voir, dans les rues de Londres, un journaliste exposé au pilori pour délit de presse. La ténacité des Anglais eut raison de tout. En vain les Stuarts avaient-ils bâillonné le *Mercurius Britannicus* ; en vain Cromwell et les parlementaires, qui avaient tant protesté contre la Chambre étoilée, en renouvelèrent toutes les rigueurs contre les opposants. Pendant la guerre civile, Milton journaliste écrit en faveur de la liberté de la presse et convainc l'opinion. En vain, la monarchie rétablie, Charles II et Jacques II persécutent-ils le journalisme : il renaît avec Guillaume d'Orange (1694) ; puis avec la reine Anne s'ouvre une ère glorieuse. Daniel de Foë, l'auteur de *Robinson*, condamné au pilori pour ses idées non conformistes, n'en défend pas moins ses coreligionnaires dans sa *Revue*; Richard Steele fonde *le Babillard, le Mentor, l'Anglais*, etc. ; Addison, son collaborateur, rédacteur du *Freeholder*, devient ministre ; Swift fait siffler sa plume dans plusieurs journaux ; l'impénétrable Junius envoie ses chefs-d'œuvre au *Public Advertiser* (1767-1771). Le *Spectateur*, suivi de divers Magazines, est imité en France, en 1722, par Marivaux, et il aura bientôt un autre mérite : celui d'inspirer à Boston l'imprimeur Franklin, qui va écrire *la Science du bonhomme Richard* et fonder la *Gazette de Pennsylvanie*.

Le 11 mars 1702, Londres a vu paraître aussi le premier des journaux quotidiens : le *Daily courant*. Son prospectus, peu respectueux pour les confrères, s'exprime ainsi : « *Le Courant...* se propose de donner les nouvelles aussitôt l'arrivée de chaque courrier, et il est réduit à la moitié du format habituel, afin d'épargner au public au moins la moitié des impertinences que contiennent les journaux ordinaires ». — Il paraissait, en effet, sur une demi-feuille imprimée d'un seul côté : cette page unique était divisée en deux colonnes.

En France, c'est toujours dans le mouvement littéraire, et bientôt dans le mouvement philosophique, que se réfugie la hardiesse des esprits. La *Gazette de France* est toujours rédigée à merveille, mais toujours aussi insignifiante. En revanche, les *Nouvelles de la République des lettres* et le *Journal des Savants* voient surgir imitations sur imitations, qui iront, « sous toutes les formes et sous tous les drapeaux, instruire, endormir ou agiter la république des lettres de Paris à Moscou, et de Londres à Calcutta ».

Voici, en Angleterre, les *Philosophical transactions* (1657), à Leipsick les *Acta eruditorum* (1682), en Italie *Bibliotheca volante*; puis la *Bibliothèque universelle* de Jean Leclerc (1686-1693), les *Mémoires pour servir à l'histoire des sciences et des arts recueillis par ordre* de S. A. S. Monseigneur de Trévoux (1701), qui deviendront, sous un titre plus court, le *Journal de Trévoux* et serviront d'antidote, entre les mains de la compagnie de Jésus, au journal de Bayle et de ses continuateurs; puis l'*Europe savante*, la Haye (1718), de Saint-Hyacinthe, le piquant auteur du *Chef-d'œuvre d'un inconnu*; puis le *Nouvelliste du Parnasse* (1730), de l'abbé Guyot-Desfontaines; puis les *Lettres sur quelques écrits de ce temps*, de Fréron, qui deviennent, cinq ans après (1754), *l'Année littéraire*; puis la *Gazette littéraire* de MM. Arnaud et Suard (1764-1766); la *Renommée littéraire* (1762), de Lebrun; le *Journal des Dames* (1759), l'*Esprit des Journaux*, créé en 1772 et qui se continuera, à travers bien des vicissitudes, jusqu'en 1818.

En 1730 Bayle écrivait déjà : « Le nombre des gazettes qui se publient par toute l'Europe est prodigieux ». « Tout écolier au sortir du collège, dit Voltaire, sans être en état d'écrire dix pages sur aucun objet de littérature, de philosophie, se croit en état d'annoncer par souscription son journal, où il juge d'un ton tranchant les plus grands écrivains et les meilleurs philosophes.. »

Toutes ces feuilles étaient ou mensuelles ou hebdomadaires. Enfin la France voit naître, à son tour, une feuille quotidienne. Elle prend le titre entrevu jadis par le pauvre Colletet, *Journal de Paris*, et a pour directeurs Dussieux, homme de lettres,

Corancez, imprimeur, Romilly et le célèbre pharmacien Cadet de Gassicourt. La profession de ce dernier donna lieu à nombre de quolibets, dont quelques-uns rimés. Le premier numéro parut le 1er janvier 1777. La nouvelle feuille, par respect pour le privilège de la *Gazette*, devait rester étrangère à toute question politique ; elle ne pouvait même fournir les nouvelles de la cour. Elle rendait compte des livres nouveaux, rapportait les faits relatifs aux arts et aux sciences, donnait le programme des spectacles, l'analyse des nouveautés dramatiques. La spéculation fut heureuse, et procura cent mille francs par an de bénéfice. « Monsieur » (depuis Louis XVIII) fut du nombre des collaborateurs. En 1785, le journal faillit être supprimé pour avoir inséré une jolie chanson du chevalier de Boufflers. — Le prix de l'abonnement était de 24 livres, le format celui d'un volume in-8.

Comme la France avait ouvert la voie pour la presse littéraire et la presse commerciale, elle l'ouvrit encore pour la presse économique et artistique : en 1754 paraît le *Journal économique*, ou Mémoires, notes et avis sur les arts, l'agriculture, le commerce ; en 1759, *la Feuille nécessaire*, sorte de bulletin des sciences, des arts et de l'industrie, et le *Journal du commerce* ; en 1765, les *Éphémérides du citoyen*, ou *Bibliothèque raisonnée des sciences morales et politiques*, par l'abbé Baudeau, le marquis de Mirabeau, Dupont de Nemours, etc....

En 1762, l'*Observateur des spectacles*, par Chevrier (à la Haye) ; en 1770 (à Paris), le *Nouveau Spectateur*, qui deviendra bientôt le *Journal des théâtres* et où écrira le fameux gourmet Grimod de la Reynière.

Le roi du siècle, Voltaire, qui s'incline en souriant devant les flatteries de nombreux journalistes et affecte de rire très haut des piqûres des autres, Voltaire qui fait flèche de tout bois contre « ces insectes de la littérature », est aussi journaliste à ses heures. Il ne se borne pas à répandre les pamphlets et les libelles, à semer contre ses adversaires des facéties comme les *oh! oh!* les *ah! ah!* les *quand*, les *car*, qui, aujourd'hui encore, feraient de lui le modèle des petits chroniqueurs : il envoie de *vrais articles*, articles de bibliographie ou de philosophie, à la *Nouvelle Bibliothèque*, au *Journal encyclopédique*, etc.... Entre temps, il adresse aussi « à un journaliste » *des conseils* qui prouvent quelle noble idée il se fait de cette profession : « Vous me demandez comment il faut s'y prendre pour plaire à notre siècle et à la postérité. Je vous répondrai en deux mots : *soyez impartial*. Vous avez la science et la force ; si avec cela vous êtes juste, je vous prédis un succès durable. »

A l'exemple du patriarche, Diderot, Turgot, d'Alembert mêlent aux articles de l'Encyclopédie, ce vaste journal aux dates irrégulières, des articles fugitifs pour telle ou telle feuille littéraire ; Beaumarchais fait ses premières armes en Hollande, Diderot perfectionne ou, pour mieux dire, crée la critique d'art.

La Révolution approche, ceux qui vont y jouer un rôle s'affilent le bec ou la plume : Jean-Paul Marat, médecin du comte d'Artois, s'essaye à faire une révolution dans la physique et écrit des livres que daube Voltaire ; Mirabeau dépense sa fougue et son génie dans les écrits les plus divers et dans maintes petites feuilles ; Robespierre envoie des vers à l'*Almanach des Muses* ; Saint-Just rime des poèmes licencieux et Rivarol, le futur auteur des *Actes des Apôtres*, persifle tous les poétereaux dans le *Petit Almanach de nos grands hommes*.

CHAPITRE IV

LE JOURNAL DEVIENT UNE PUISSANCE

Mirabeau créant la véritable presse politique : le *Courrier de Provence*. — Brissot, Mounier, Barère. — Le *Moniteur universel*. — Prodigieuse croissance de la presse. — Loustalot, Rivarol, André Chénier, Camille Desmoulins. — Un Marat royaliste. — Le Directoire et Bonaparte. — Le *Journal des Débats*. — La Restauration : Louis XVIII collaborateur du *Nain jaune* ; Chateaubriand et le *Conservateur* ; Paul-Louis Courier, Béranger ; le *Globe* des doctrinaires ; *Revue des Deux Mondes* ; le *National* : Thiers, Mignet, Armand Carrel. — La monarchie de Juillet : le journal à bon marché, le *Siècle* et la *Presse*. — Même révolution en Angleterre. — Les journaux à un sou, leur développement. — L'ancien et le nouveau journalisme ; l'industrie du papier-nouvelles.

Pour le journalisme aussi, 89 est une explosion.

Malgré l'accumulation antérieure des matières inflammables, il fallait quelqu'un qui apportât l'étincelle. Ce quelqu'un fut Mirabeau. C'est lui, en fait, qui a conquis la liberté de la presse ; c'est lui qui, dans la force du terme, a fondé la presse politique. Le premier journal de discussion toléré en France l'eut pour éditeur. Il le fit paraître deux jours avant l'ouverture de l'Assemblée, sous le titre de *Journal des États généraux* et avec la collaboration de quelques-uns de ses amis, Clavière, Dumont, etc.... Cette feuille fut supprimée dès le second numéro, qui portait la date du 5 mai 1789, par arrêt du Conseil. L'assemblée des électeurs de Paris protesta, et l'audacieux tribun, escomptant en quelque sorte à son profit l'immunité parlementaire, qu'il devait faire proclamer plus tard, continua sa publication en l'intitulant : *Lettres du comte de Mirabeau à ses commettants*. L'autorité, cette fois, n'osa plus en entraver l'impression.

La liberté de la presse ayant été ensuite reconnue par la loi, Mirabeau prit définitivement, au lendemain de la prise de la Bastille, le titre de *Courrier de Provence*. Il rédigea cette publication assez régulièrement jusqu'au 103ᵉ numéro ; après quoi, il se borna à l'inspirer. Le journal, né avec l'Assemblée constituante, disparut aussi avec elle, le 30 septembre 1791, et survécut ainsi de six mois à son fondateur. Il paraissait sous la forme d'une brochure in-8, annoncée comme devant avoir 16 pages et qui souvent en contenait 20, 30, 40 et même 50. On a trouvé dans un des articles donnés par Mirabeau cette citation curieuse, quasi prophétique : « ... Mais si la Révolution est *inversée*, si le Corps législatif, avec de grands moyens de devenir oppresseur, le devenait en effet, des factions terribles naîtraient de ce grand corps décomposé ; les chefs les plus puissants seraient le centre de divers partis qui chercheraient à se subjuguer les uns les autres : l'anarchie anéantirait tout gouvernement, et si la puissance royale, après des années de division et de malheur, triomphait enfin, *ce serait en mettant tout de niveau, c'est-à-dire en écrasant tout*. La liberté publique resterait ensevelie sous les ruines. *On n'aurait qu'un maître absolu sous le nom de roi*, et le peuple vivrait tranquillement dans le mépris sous un despotisme presque nécessaire. »

Paraissent ensuite : le *Patriote français* de Brissot, « gazette libre, impartiale et nationale », que son auteur a essayé de publier dès le mois d'avril et qui a été arrêtée par la censure ; la *Gazette universelle*, représentant l'opinion des Mounier, des Lally-Tollendal ; puis, sous forme de brochure, le *Discours de la Lanterne aux Parisiens*, de Camille Desmoulins, le jeune auteur picard en vogue, qui a risqué peu de mois auparavant un autre pamphlet, *la France libre*, « le dernier des livres brûlés en Grève par la main du bourreau »; puis le *Point du jour*, de Barère ; puis le *Courrier de Versailles*, de Gorsas ; puis, le

ASSEMBLÉE NATIONALE.

JOURNAL

DES DÉBATS ET DES DÉCRETS

Du 29 Août 1789.

Les objets qui occupent en ce moment l'ASSEMBLÉE NATIONALE, sont les plus délicats & les plus importans qu'elle ait jamais à traiter. Quelle sera l'influence de l'autorité royale sur la législation ? La solution de cette question importe essentiellement à la génération présente & aux générations futures. C'est du plus ou moins grand degré de force qu'aura le pouvoir législatif, que doit dépendre le degré d'influence à accorder au pouvoir exécutif. Le bonheur des Peuples, leur tranquillité, leur liberté dépendent de la juste combinaison qui sera établie entre les différens pouvoirs, & de leur influence réciproque. De-là on ne doit pas s'étonner que l'ASSEMBLÉE NATIONALE, après deux jours de discussions sur l'influence du Gouvernement Monarchique dans la législation, ait renvoyé la décision à une troisième Séance.

La durée du Comité des Recherches, qui avoit été

Fac-similé du premier numéro du *Journal des Débats* (réduction au tiers.

30 août 1789, le *Journal des débats et décrets*, de Gauthier de Biauzat, qui deviendra plus tard l'illustre *Journal des Débats*; puis, le 24 novembre, la *Gazette nationale* ou le *Moniteur universel*, du libraire Charles-Joseph Panckoucke, lequel a déjà, on le sait, la *Gazette de France* et tient très fort à la garder, mais qui, empêché par son privilège d'y publier les débats de l'Assemblée, veut avoir aussi une feuille au goût du jour....

De suite après, le 28 novembre, voici encore *les Révolutions de France et de Brabant*, avec cette devise : *Quid novi?* que Desmoulins, mal payé par le libraire-propriétaire, cessera de rédiger après dix-huit numéros, mais dont il reprendra plus tard le titre. — Chaque numéro est accompagné d'une estampe ou plus souvent d'une caricature.

A partir de ce moment, il faut renoncer à tout dénombrement; chaque jour, c'est une pluie, un torrent de feuilles nouvelles. Aussitôt qu'un titre a du succès dans le parti populaire, il est repris, un peu modifié, par le parti de la cour; ce ne sont plus qu'*Ami de la loi, Ami de la Constitution; Ami du Peuple, Ami du Roi; Ami des Français, Ami de l'Ordre* et surtout *Ami de la Vérité* (suite de l'Année littéraire, rédigée par Montjoye et ensuite par le beau-frère de Fréron, l'abbé Royou); que *Fanatique* et *Anti-fanatique*; que *Écho de Paris* ou *Écho du Palais-Royal*; que *Feuille de Paris* ou *Feuille villageoise*; que *Courrier de Paris* ou *Courrier de l'Europe*; que *Sentinelles*, que *Glaneurs*, que *Postillons*, que *Vedettes*, que *Spectateurs* ou *Observateurs*; qu'*Avant-gardes* ou *Avant-coureurs*; que *Avocats* ou *Tribuns*; que *Apocalyse* ou *Bibles du jour*, *Évangéliste du jour* (Dulaure); que titres et contre-titres, les plus bizarres, les plus grossiers, *la Savonnette, les Sans-culottes, le Diable, le Père Duchesne* et ses jurons; ce n'est plus qu'un entassement, un chaos incroyable, un feu roulant de pamphlets, de canards, de libelles; qu'une Tour de Babel où parlent, chantent, narguent, ricanent, vocifèrent toutes les opinions, toutes les haines, tous les sarcasmes, toutes les nobles idées, toutes les invectives, toutes les indignations, toutes les rancunes, tous les enthousiasmes. « Aujourd'hui, a dit un contemporain, les journalistes exercent le ministère public, ils dénoncent, ils décrètent,... absolvent ou condamnent. Tous les jours ils montent à la tribune, et il est parmi eux des poitrines de stentor qui se font entendre des quatre-vingt-trois départements. Les places pour entendre l'orateur ne coûtent que deux sous. Les journaux tombent tous les matins comme la manne du ciel. »

De cette nuée d'éphémères, quelques titres et quelques noms ont survécu : *Les Révolutions de Paris*, du libraire Prudhomme, auxquelles l'esprit et le talent de l'honnête Loustalot donnent une importance précieuse pour l'histoire de la première partie de la Révolution, mais dont il faut se défier quand elles se sont livrées, par peur, au parti Robespierriste; *l'Orateur du Peuple*, du cynique Fréron, fils du libelliste; les *Actes des Apôtres*, de Rivarol et Champcenetz; l'acteur Collot d'Herbois, qui débute dans la Révolution avec l'aimable almanach du *Père Gérard* et s'engagera ensuite dans la troupe des terroristes; Roucher et André Chénier, tous deux rédacteurs du *Journal de Paris*, qui payent de leur tête une polémique avec Collot d'Herbois, et tous deux, « fermes comme Socrate », a dit Lamartine, marcheront à la mort en se récitant des vers d'*Andromaque*; par-dessus tout, par-dessus tous, l'étincelant, le pétillant Desmoulins. Comme député et comme politique, il peut être jugé bien diversement. Tour à tour enthousiaste ou sceptique, licencieux ou grave, téméraire ou timide, héros à la veille du 14 juillet, se conduisant en femmelette près du supplice et rappelé durement à l'ordre par Danton; ayant poussé pour rire aux excès, et s'indignant ensuite contre la Terreur jusqu'à trouver la mort dans sa résistance : voilà l'homme. Mais, nourri de tout le miel attique, de toute la moelle romaine, il sera le plus inimitable écrivain de l'époque. *La France libre*, le *Discours de la Lanterne aux Parisiens*, les *Révolutions de France et de Brabant*, toutes ses brochures d'actualité, toutes

La marchande de journaux.
D'après une estampe de Louis-Philibert Debucourt dans un almanach de 1791.

ses feuilles de combat débordent de verve et de la verve la plus littéraire. Ses pages lyriques sur la nuit du 4 août, ses pages vengeresses du *Vieux Cordelier*, où, en traduisant Tacite, il fait la satire de la Terreur, ses pages hardies sur l'ignominieux *Père Duchesne*, méritent de durer tant qu'il y aura une langue française.

Après le 10 août, on avait supprimé tous les journaux royalistes. Quelques-uns reparurent après le 9 Thermidor : entre autres le *Petit Gautier*. Les royalistes déjà avaient eu leur Chaumette : Royou ; leur Hébert : Suleau ; ils eurent leur Marat : Richer-Serizy, qui, à son tour, dans l'*Accusateur public*, réclama de sanglantes représailles. Le Directoire sévit de nouveau contre la presse et fit, à droite ou à l'extrême gauche, des coupes sombres dans cette forêt.

Avec le premier Consul, un vaste silence se fait. Il n'aime pas les idéologues. Bientôt, le *Moniteur* va rester seul, chargé de chanter sur tous les modes la gloire du maître, de conter pendant douze ans les combats et les victoires, et ensuite de cacher les défaites. Seul ? non. Pendant la Révolution s'étaient fondées en province un certain nombre de feuilles jacobines ; la plupart changèrent délibérément de casaque et devinrent impérialistes ; d'autres se fondèrent à l'imitation. A Paris, comme en province, la presse, demi-officieuse, en revient presque à n'être plus que ce qu'elle était dans son enfance, un recueil de nouvelles. Déchus de leur mission politique, exclus de ce qui semble leur domaine naturel, les journaux cherchent ailleurs un dédommagement et deviennent surtout littéraires. Parmi eux, le *Journal des Débats* prélude à la grande réputation qu'il s'est acquise. Les frères Bertin l'avaient acheté en 1799 : ils lui firent subir d'heureuses transformations ; ils y ajoutèrent un *feuilleton*, bientôt imité par d'autres journaux et consacré uniquement à des articles littéraires. A l'exemple du *Moniteur*, ils agrandissent aussi le format : tirage in-4 sans feuilleton, tirage in-folio avec feuilleton.

En 1811, Napoléon, « considérant que le *Journal de l'Empire* (c'est le titre qu'on avait pris) n'a été concédé en particulier à aucun entrepreneur, que les entrepreneurs actuels y ont fait des bénéfices considérables par la suppression de trente journaux, bénéfices dont ils jouissent depuis un grand nombre d'années », enleva aux Bertin leur propriété. C'était, du reste, une mesure générale atteignant toutes les feuilles qui existaient encore. Le nombre des journaux politiques quotidiens de Paris, réduit à treize en 1800, le fut à quatre en 1811.

A la chute de l'Empire, les Bertin rentrèrent dans leurs droits. Le *Journal des Débats*, qui a célébré récemment son centenaire, appartient encore pour une bonne part à leur famille.

Les Cent-Jours rouvrirent l'arène politique. Le 1er mai 1815 fut fondé le fameux *Constitutionnel*, et, à la fin de la même année, les *Annales politiques, morales et littéraires*, qui devinrent, en 1819, le *Courrier français*.

1818 fut pour la presse une époque de renaissance. Louis XVIII, qui avait de l'esprit, qui jadis, quand il s'appelait « Monsieur », avait collaboré au *Journal de Paris*, et au besoin adressait de mordants articles au *Nain Jaune*[1], laissa à la presse une certaine liberté, fortement tempérée par des précautions fiscales. On voit paraître alors le *Conservateur*, avec Chateaubriand; la *Minerve* (ex-*Mercure de France*), avec Benjamin Constant, Jouy, Étienne, Paul-Louis Courier, Béranger, etc.; le *Globe*, avec Dubois, Guizot, Jouffroy, Charles de Rémusat, Ampère, Sainte-Beuve, etc.... En 1822, Charles X rétablit la censure. Néanmoins se fondent le *Semeur*, le *Censeur*, le *Siècle*, la *Réforme*, avec Ledru-Rollin; le *Figaro*, la *Quotidienne*, la *Revue des*

---

1. Il est vrai, le journal étant devenu gênant, qu'il s'amusait aussi à le faire supprimer. Il lui envoyait un article tout entier de sa main, où on lisait entre autres plaisanteries : « Le roi s'endort tous les soirs aux Tuileries dans une peau de bête ». Charmé d'un trait si piquant, on insère sans défiance; le lendemain la censure intervenait.

Deux Mondes, le *Charivari*, le *National* (avec Thiers, Mignet, Armand Carrel); etc., etc....

La presse parisienne réunie comptait à peu près 60 000 abonnés, dont 45 000 pour l'opposition.

Le 26 juillet 1830 parurent les ordonnances du ministère Polignac, révoquant les dernières libertés de la Charte. Les journalistes rédigèrent une protestation. On parlait de la faire anonyme. « Non, dit M. Thiers, il faut des têtes au bas : je mets la mienne. » — Il signe, et tous signent avec lui.

Une guerre de trois jours s'engage dans les rues; le peuple a pris parti pour les journaux : la dynastie est vaincue.

Le journalisme vient de faire une révolution : il va en profiter. Il profite aussi du prodigieux renouveau littéraire et philosophique de 1830. C'est, pour le talent, l'époque la plus brillante de la presse française : c'est l'époque où les Thiers, les Guizot, les Rémusat passent tour à tour du journalisme au pouvoir, et du pouvoir au journalisme; où les Mignet, les Henri Martin se font historiens et professeurs; où, enfin, un homme d'esprit dira : « Le journalisme mène à tout, à la condition d'en sortir ».

En même temps, une autre révolution se prépare, dans le journal lui-même. Le directeur du *Siècle*, M. Dutacq, et celui de la *Presse*, M. Émile de Girardin, ont fait l'un et l'autre le même calcul. Si l'on tirait, ont-ils pensé, à un plus grand nombre d'exemplaires, les frais généraux d'édition resteraient sensiblement les mêmes, et par conséquent le prix de revient de chaque exemplaire pourrait s'abaisser; tirant davantage, on aurait aussi plus d'annonces, on les ferait payer plus cher : donc, pour gagner plus il suffit de baisser le prix du journal et de s'adresser à une classe nouvelle de lecteurs. D'une part, pour attirer les gens peu lettrés, les « concierges », comme vont dire les malins, on publiera des romans coupés par tranches, des romans-feuilletons; on ira jusqu'à donner à Alexandre Dumas 60 centimes par ligne, sans excepter les lignes de dialogue, les *oh!* les *ah!* les *Corbacque*, les *Ventre-Saint-Gris*, et les lignes de points suspensifs. D'autre part, on demandera aux annonces le supplément de recettes nécessaire. « C'est aux annonces de payer le journal », dira M. de Girardin.

Le prix ordinaire des abonnements était alors de 80 francs ; Girardin l'abaisse jusqu'à quarante, et peu à peu la plupart des autres journaux devront suivre, sauf plus tard à relever leur chiffre d'une dizaine de francs.

Une telle révolution ne se fit pas sans clameurs. Les uns, mal outillés pour soutenir la concurrence, pensaient au dommage matériel qu'elle allait leur causer ; d'autres voyaient surtout le préjudice moral. Adieu les passes-d'armes littéraires, les discussions académiques, les polémiques passionnées sans doute, parfois même perfides, mais toujours courtoises et élégantes, admirées par un cénacle de gens de goût! Il faudra, pour parler à la foule, prendre un langage plus brutal. Ainsi pensaient les opposants. De ce nombre fut Carrel. Il prit part aux polémiques engagées, et il y eut entre lui et Girardin un échange de propos aigres-doux. Un duel célèbre entre tous en résulta. Girardin fut blessé légèrement au bras, Carrel reçut une balle au bas-ventre et mourut trois jours après des suites de sa blessure. Devant un tel malheur, qui privait le journalisme d'un de ses plus beaux talents et d'un de ses plus beaux caractères, M. de Girardin fit le serment, qu'il a tenu cinquante ans, de n'avoir pas d'autre duel de presse.

Si nous avons rappelé celui-ci, c'est qu'en vérité il semble être autre chose qu'un incident ou un accident ; on peut y voir un signe des temps, une sorte de symbole ; ce n'était pas seulement deux journalistes qui se mesuraient, c'était l'ancien et le nouveau journalisme qui entraient en lutte : le nouveau a tué l'ancien.

Il semble qu'on peut caractériser ainsi l'évolution commencée il y a un demi-siècle : l'ancien journalisme était seulement un agent de propagande, une arme de combat ; le nouveau journalisme est devenu en même temps une industrie, par l'importance des capitaux engagés et par l'emploi de moyens mécaniques considérables.

Cette même révolution industrielle, qui venait de se faire en France, se fit presque en même temps en Angleterre. Le *Times*, le *Standard*, le *Morning Post* coûtaient 60 centimes par numéro : en 1845, Charles Dickens et Dilke fondent en concurrence un journal à 3 pence (30 centimes), le *Daily News*, et ils font une affaire lucrative. En 1855, le *Daily Telegraph* est créé : il ne coûte plus qu'un penny (10 centimes), et devient aussitôt l'organe de la petite bourgeoisie et des classes laborieuses. Les autres grands journaux se défendent d'abord par plus de sacrifices dans la rédaction, puis finissent par abaisser leur prix.

Après l'établissement du suffrage universel en France, la révolution apportée par la presse à bon marché ne peut que s'accentuer. Sous la seconde République, les feuilles politiques pullulent. Sous le second Empire, un nouveau silence se fait d'abord ; mais les grandes feuilles, assez riches pour payer le cautionnement, le timbre, l'impôt sur le papier, traitent librement les questions littéraires et philosophiques. Puis, la législation devenant moins restrictive, la politique reprend peu à peu le dessus ; de nouveaux journaux se fondent, qui ne s'adressent plus spécialement au cercle des abonnés, mais au public plus large de la vente au numéro. Le prix de 15 centimes tombe bientôt à 10, et bientôt aussi un nouveau progrès est conçu : le *Petit Journal* se crée en 1863 et voit presque de suite s'élever d'autres concurrents à 5 centimes ; la lecture quotidienne est mise à la portée de toutes les bourses.

Sous la troisième République, où la liberté touchera quelquefois à la licence, la voie ouverte par Dutacq et Girardin est parcourue à pas de géants : tout à l'information, tout au bon marché, les journaux, délivrés du cautionnement et de l'autorisation préalable, se poussent, se pressent, se disputent la place avec une rapidité qui tient du vertige ; les petites feuilles étendent leur domaine, se mettent à traiter les matières politiques et sociales, et arrivent à agrandir leur format sans augmenter leur prix; nombre de grandes feuilles, pour soutenir la lutte, sont obligées à leur tour de se mettre à 5 centimes, sans diminution de format; de Paris, le mouvement gagne les départements.

La vente quotidienne du papier imprimé est devenue ainsi, non seulement en France, mais dans le monde entier, une des industries les plus colossales et les plus admirablement outillées.

C'est de cette industrie que nous allons essayer de dire les merveilles.

LE JOURNAL AUJOURD'HUI

CHAPITRE I

MOYENS D'INFORMATIONS

Un lecteur assis dans son fauteuil ou luttant contre la bise matinale. — Ce qu'il voit dans son journal. — A quatre heures du soir, second coup d'œil sur le globe. — Pour la réalisation de ce conte de fées, qu'a-t-il fallu? — Le journal propageant et exploitant toutes les découvertes scientifiques. — Un Gessler moderne. — Montagnes de papier et rivières d'encre. — Une dépêche de 35 000 francs. — Accumulation considérable de capitaux. — Millions d'exemplaires tirés en quelques heures; l'outillage. — La renommée et le reportage. — Prodiges d'activité de certains maîtres du genre. — Archibald Forbes et le *Daily News*. — L'Agence Havas et M. Pognon. — Luttes héroï-comiques. — Les léviathans de la presse. — Place au téléphone! — Le reportage au xxe siècle.

Bonjour, lecteur! je te prends au saut du lit. Bourgeois, tu as chaussé tes plus chaudes pantoufles; ouvrier ou employé, tu pars pour l'atelier ou pour le bureau. Une servante t'a apporté le journal avec une tasse fumante de chocolat; ou bien tu vas l'acheter en courant à la vieille marchande du coin, qui souffle sur ses doigts pour les dégourdir. Tu as défait tranquillement la bande à ton adresse; ou bien, ayant reçu ton papier tout déployé encore, tu luttes, pour lire, contre les taquineries du vent : te voilà instruit d'un coup d'œil de tout ce qui s'est passé hier dans le monde, de tous les gros événements et de toutes les futilités ; te voilà au fait du livre nouveau ou du prix du sucre, du cours de tes rentes, du gagnant du Derby, des débats qui ont eu lieu dans les Chambres, de l'assassinat qui s'est commis à ta porte et que, peut-être, tu eusses ignoré sans cela, de la pièce qu'on vient de jouer pour la première fois et qui n'était pas encore finie quand tu dormais d'un profond sommeil.

Y a-t-il eu une révolution dans le Nouveau Monde? Voilà qu'on t'en donne déjà les causes et les résultats, les menus incidents.

S'est-on battu aux antipodes? Voici qu'on compte pour toi les morts et les blessés de chaque parti.

Était-ce jour d'élections générales? On te fait connaître, à quelques noms près, les élus des 86 départements, les souverains que tu viens de te donner. Songe qu'à trois heures du matin, au moment où il s'est couché, le Ministre de l'intérieur n'en savait pas plus long que toi.

N'est-ce pas merveilleux?

Et ce carré de papier, grand tout au plus comme une serviette, ne se borne pas à te renseigner sur tout cela et sur bien d'autres choses ; il cause avec toi, il te conte des histoires, il te berce de ses rêveries, il t'échauffe de sa passion. Comment s'y est-il pris? je l'ignore, mais il a deviné tes idées, il les reproduit. Les rois de tragédie avaient leurs confidents : il est le tien. Les princes modernes ont des diplomates, des ambassadeurs, pour savoir ce qui se passe en tous pays : aucun d'eux n'est renseigné plus vite et plus abondamment que toi. Salomon, dans toute sa gloire, n'a pas eu de serviteurs plus empressés et plus complaisants.

Prends le soir un autre journal : il redressera ou complétera ce qu'a dit le premier sur les choses d'hier, et va dire ce qui s'est passé aujourd'hui il y a à peine une heure. Second coup d'œil général sur tout le globe.

Cette feuille volante est pour vous, amis lecteurs, l'album des albums; c'est un écho formidable qui répercute tous les bruits, c'est un miroir magique et tournant, un miroir agissant, parlant, où le monde entier vient se profiler heure par heure, où passent toutes les figures, tous les masques, tous les héros, tous les scélérats, tous les intrigants, tous les grands citoyens, où tout subit parfois d'étranges métamorphoses, mais auquel rien n'échappe, et qui, rapportant tout à vous, fait que vous vivez partout à la fois.

Tout cela, pour quel prix? — Rarement pour 3 sous; très souvent pour 2[1], et plus souvent encore pour 5 centimes : à peine le prix de l'encre et du papier!

Encore une fois, n'est-ce pas merveilleux?

Mais, pour réaliser ce conte de fées, vous êtes-vous demandé parfois ce qu'il fallait? avez-vous pensé à l'accumulation considérable de capitaux, à l'activité prodigieuse, à l'incroyable rapidité de travail qui ont été nécessaires? Vous avez entendu parler des journaux anglais, notamment du *Times*. Savez-vous ce que représente ce colosse? — le budget de certaines grandes villes!...

Et, en Amérique, le *New-York Herald*? — celui de certains petits États!

Voici en France le *Figaro*; savez-vous qu'on ne le céderait pas pour 30 millions?

Savez-vous que le *Petit Journal* vit bon an mal an sur une recette de 12 à 15 millions?

Avez-vous songé aussi aux machines qu'il a fallu inventer, à la rapidité de leur jeu, à leur admirable perfection? Le journalisme, qui propage aujourd'hui dans les plus humbles milieux les mille et une merveilles de la science, les exploite toutes à votre usage. Mécanique et technologie, vapeur, moteur à gaz, chimie, électricité, électro-chimie, galvanoplastie, photographie instantanée, photogravure, lumière électrique, téléphonie, typochromie,

---

1. Seul, le *Journal des Débats* se paye encore 20 centimes le numéro.

chromo-lithographie, etc., etc., et dix pages d'*et cætera*. Toutes les découvertes qui donnent un si grand essor à l'activité humaine toutes les conceptions qui ont transformé les arts, l'industrie, le commerce, embelli l'existence, relèvent plus ou moins de lui, toutes sont ou seront ses tributaires. Quiconque a une opinion à émettre, une philosophie à enseigner, une invention à répandre, est obligé d'ôter son bonnet à ce moderne Gessler — qui est aussi, ô public, ton très humble serviteur!

C'est pour vous que des nuées de reporters, nez au vent, crayon en main, battent incessamment les rues de Paris, sonnent à toutes les portes, visitent tous les grands ou petits personnages, font d'indiscrétion vertu, crèvent les chevaux, s'usent jambes et oreilles; c'est pour vous que d'autres, non moins curieux et plus héroïques, courent le monde en tous sens, suivent les armées, découvrent les sources du Nil, s'exposent au choléra ou à la peste. C'est pour vous que chauffent les locomotives, que les dépêches courent sur les fils, que les sténographes brûlent le papier, que les téléphones s'installent de ville en ville. L'an dernier, ceci n'est pas vieux, il y eut bataille au Dahomey; le *Times* s'en est fait conter les détails par télégramme : coût, la bagatelle de 35 000 francs, et cela pour une seule dépêche. Calculez, si vous pouvez, ce que dépense par jour et par an la foule des journaux d'Europe, d'Asie, d'Amérique.

Calculez aussi ce qu'ils dévorent de papier et d'encre. Il y a tel numéro extraordinaire du *Petit Journal* dont les exemplaires, mis bout à bout, eussent fait sous vos pieds un tapis double de Paris à Marseille. Chaque face de la tour Eiffel, du sol à la plate-forme supérieure, est une sorte de trapèze gondolé occupant dans l'espace 15 000 mètres carrés; le même numéro eût pu dix fois en recouvrir les quatre faces.

Telle feuille anglaise, ou américaine, ou hollandaise, qui donne chaque jour un ou deux suppléments d'annonces, peut mesurer 1 centimètre d'épaisseur; admettons seulement qu'elle tire à 50 000 exemplaires, et placez ces exemplaires les uns sur les autres : vous voilà avec eux au faîte de la tour. Quelle Babel à la fin du mois!

Si, de même, en un point quelconque du globe, on accumulait instantanément les matériaux consommés en un jour par la presse des Deux Mondes, on verrait surgir des Saint-Gothard ou des Himalaya de papier. Et de leur sommet couleraient, à la lettre, des ruisseaux, des rivières d'encre!

Crierez-vous à l'exagération? Écoutez des chiffres :

Une enquête était faite récemment sur la production du papier dans le monde civilisé. Elle établit, *grosso modo*, que 4 000 manufactures y fabriquent par an 960 millions de kilogrammes. De ces 960 millions, la moitié environ passent dans les livres, les brochures, les circulaires commerciales, et 300 millions dans les journaux. La consommation par les journaux a augmenté d'un tiers en dix ans ; elle tend constamment à s'accroître. Mettons qu'elle reste stationnaire : 300 000 tonnes par an (environ 822 000 kilogrammes par jour), cela représente, à raison de 60 francs les 100 kilogrammes, 150 millions de francs au bas mot. C'est un joli denier [1].

Un arbre poussait dans les forêts de Norvège ou de Transylvanie. Il est abattu, il est livré au fabricant de papier ; des machines s'en emparent ; les unes le scient, le déchirent ; d'autres le concassent, le pilent, le broient, le mettent en pâte ; d'autres étendent cette pâte, la font passer sous des laminoirs, sur des séchoirs, sur des dévidoirs ; et, le lendemain même, tant la vitesse de ces opérations est vertigineuse, le voilà transformé en papier, le voilà prêt, servant surtout aux choses de

---

1. Autres chiffres fabuleux. La librairie, de son côté, consomme 300 000 tonnes, les imprimés administratifs et privés 120 000. Y compris l'œuvre elle-même et la seconde élaboration provenant de l'imprimerie, cela fait pour le papier imprimé quelque chose comme 1 milliard 750 millions par an. — Étant donnés les usages de plus en plus nombreux du papier, on peut évaluer sa production totale annuelle à 5 ou 6 milliards. — Les États-Unis ont 900 fabriques, l'Angleterre 800, la France 300.

l'imprimerie, à porter la pensée humaine aux quatre coins du monde. Tout journal un peu répandu peut manger ainsi, avec plus ou moins d'encre autour, son arbre quotidien. Les oracles de la Sibylle inscrits sur des feuilles de chêne ne sont plus pour la presse une comparaison poétique : c'est la réalité de chaque heure.

Quant aux encres, je n'ai trouvé nulle part de statistique sur leur consommation. Mais il est permis de la supputer. L'expérience montre en effet que le tirage d'un journal peut dépenser de 600 à 700 grammes d'encre par mille exemplaires. Prenons qu'en moyenne ces mille exemplaires pèsent de 20 à 22 kilogrammes, c'est-à-dire de 20 à 22 000 grammes. Cela établit, en chiffres ronds, une proportion de *un* d'encre pour *trente* de papier, et par conséquent les 500 000 tonnes annuelles de papier représenteront, en encre, à très peu près 10 millions de kilogrammes. Pour sa seule part, le *Temps* en emploie 10 000 kilos, le *Matin* 9 000, le *Figaro* 20 000. Une des maisons les plus en vogue, la maison Ch. Lorilleux et Cie, en livre aux journaux du monde entier quelque chose comme 1 500 000 kilos par an : les trois quarts peut-être de ce qu'emploie la presse française, le septième de la consommation internationale.

Êtes-vous édifié?

Songez maintenant que le prix de chaque machine à imprimer varie entre 6 000 et 60 000 francs ; qu'il en faut au moins une par journal, quelquefois dix, vingt, trente ; qu'il y a dans le monde près de cent mille journaux ; que la plupart de ces machines sont actionnées par des moteurs à vapeur ou à gaz ; que d'autres machines encore sont employées pour plier ou couper les feuilles ; que d'autres machines toujours remplaceront bientôt les ouvriers compositeurs ; qu'il faut pour loger tout cela d'énormes espaces, des hôtels princiers; que chaque numéro du *Times* ou du *Daily News* a 8, 10, 12 pages; que certains numéros du *New-York Herald* en ont trente-deux ; qu'en tout pays, en toute bourgade, le format, le nombre des feuilles publiques augmente sans cesse, et dites de nouveau s'il ne faut pas s'émerveiller devant l'outillage colossal qui abat ainsi, chaque jour, en toute langue, des millions et des milliards d'exemplaires. Les cent bras et les cinquante têtes de Briarée ne faisaient auprès de cela qu'une besogne enfantine ; les trois têtes des Gorgones prêteraient à sourire ; les cent bouches et les trois trompettes de la Renommée sont des bouches muettes ou des trompettes fêlées.

« Renommée », aujourd'hui, est un mot vieilli, hors d'emploi : on dit *reportage*. Il n'y a plus de secrets pour les reporters. Tout s'incline devant eux, tout se plie à leurs désirs, contribue à leur tâche. Leur fièvre est la santé normale du journalisme.

Cette fièvre, c'est en Angleterre qu'il faut l'étudier. C'est là, dans la patrie du transformisme, que le reportage est né, ou, si vous préférez, que nos pauvres nouvellistes du temps jadis sont devenus, gros comme le bras, *messieurs les reporters*. Plusieurs y trouvent des appointements de chanteuse. Soyons justes, ils les gagnent bien : impossible de se montrer plus actif, plus audacieux.

L'un d'eux, en février 1848, le télégraphe ne fonctionnant pas, sort de Paris à cheval, court à Calais, saute dans une méchante barque, et traverse la Manche par un temps atroce, pour apporter au *Times* les premières nouvelles de la Révolution.

C'était alors l'enfance de l'art. Depuis, que d'exploits de tous genres ! D'abord le *Times*, le *Daily News*, le *Standard*, tous les géants buveurs d'encre de l'Angleterre, se servirent des agences télégraphiques spéciales (à Paris l'Agence Havas, à Berlin l'Agence Reuter) qui leur donnaient, par dépêches, les nouvelles du monde entier. Puis vint l'ère du *chacun chez soi*, des fils spéciaux. De Paris à Londres, chaque grand journal a le sien. Bientôt il aura le téléphone. Et dans le reste de la terre, des correspondants, hardis, délurés, qui font crier tous les fils télégraphiques ordinaires, au besoin le câble sous-marin. Un reporter, que la *Pall Mall Gazette* a envoyé faire son tour du monde, s'arrête au bord du Pacifique avant de s'embarquer pour le Japon ; et là, à la distance de 7 000 milles, il appelle son directeur et cause avec lui. Quatre minutes seulement s'écoulent entre la question posée à Londres et la réponse faite à Vancouver, sur un circuit de 15 000 milles. Avec de l'argent, les distances ne comptent plus.

Voulez-vous des noms propres ? Tout Anglais vous dira, parmi les maîtres du genre, W. H. Russel, le célèbre correspondant militaire du *Times*, et Archibald Forbes, le non moins célèbre correspondant du *Daily News*. Celui-ci est presque légendaire. « A tous les dons précieux et rares qui font un Xénophon moderne, a dit M. Philippe Daryl dans sa *Vie publique en Angleterre*, aux connaissances les plus solides et les plus variées, au sens stratégique le plus fin, à l'instinct sans rival, au style le plus vivant et le plus graphique, au talent supérieur, en un mot, M. Forbes joint une vigueur physique, une résistance vitale, une ardeur passionnée qui font de lui un personnage véritablement surhumain et en quelque sorte fantastique…. Il a surtout l'art de se trouver infailliblement où il faut être, de rester quarante-huit heures sur ses étriers sans prendre un instant de repos, de tout voir, de traverser sans une égratignure les scènes de carnage les plus effroyables, puis d'écrire sur l'arçon de sa selle un article de trois colonnes qui est un chef-d'œuvre, de partir à bride abattue et de crever dix chevaux, s'il le faut, pour assurer la transmission de sa lettre. Ce n'est pas une fois, mais vingt fois qu'il a accompli pareil tour de force…. Il lui est arrivé de faire 100 milles à franc étrier et 600 à toute vapeur simplement pour apporter à Fleet street un récit important, puis de repartir avant de l'avoir vu mis en pages…. En un mot, ses exploits professionnels sont de ceux qui n'appartiennent plus à un peuple et dont quiconque tient une plume a le droit d'être fier, parce qu'ils rehaussent jusqu'à des proportions épiques le métier du journaliste. »

Il est en tout temps, à toute heure, à la disposition de son rédacteur en chef. Il a chez lui, toujours prêts dans une salle *ad hoc*, deux équipements de campagne, l'un pour l'hiver ou les pays froids, l'autre pour l'été ou les climats torrides. Armement, vêtement, campement, sellerie, tout y est, jusqu'à une bourse pleine d'or, jusqu'à des passeports et des lettres de créance pour toutes les capitales. Un ordre téléphonique, et le voilà parti pour Zanzibar, pour l'Inde ou la Russie.

En 1870, après la bataille de Sedan, un autre reporter, M. Crawford, gagne à cheval la Belgique, fait chauffer un train spécial, arrive à Ostende, y trouve un navire nolisé par le journal et apporte au même *Daily News*, en attendant d'autres lettres de M. Forbes, le récit d'un témoin oculaire. Que d'autres histoires aussi à l'actif de celui-là !

Avons-nous en France des Crawford, des Forbes ? Certes, ce n'est pas le bois dont on peut les faire qui a jamais manqué : c'étaient les occasions, le goût public. Le besoin de l'information à outrance, chez nous, ne date que d'hier. On préférait les fins commentaires, les lumineux aperçus, les traits, les dissertations éloquentes, les vives attaques et les fières défenses. Mais que des faits extraordinaires vinssent surexciter la curiosité publique, il y avait aussi, prêtes à sortir du sol, des légions de conteurs. Pendant la guerre franco-allemande, on vit des écrivains comme Claretie, comme About, se mettre à la suite des armées, braver pour tout voir les plus grands dangers, et le soir, près d'un feu de paille ou dans une chambre d'auberge, dire au jour le jour notre lamentable histoire. On a vu plus tard, pendant la guerre turco-russe, des Ywan de Wœstyne, des Pognon lutter de vitesse, d'énergie, de génie aventureux avec tous les Anglais. Et souvent cela leur coûta bon. Un jour, en Roumanie, M. Pognon sortait du télégraphe ; il avait, pour rejoindre l'armée, à franchir le Danube. Il avise la route la plus courte, à travers deux îlots qui, en cet endroit, se partagent le fleuve. Un paysan l'aborde, lui indique un chemin différent. Après réflexion, le reporter de l'Agence Havas reprend sa voie primitive. Soudain, il sent quelqu'un derrière lui, il se retourne; pas assez vite pour parer un coup de bâton à étourdir un bœuf. Un second coup, qu'il pare en partie avec les mains, lui est asséné sur la tête. Ce paysan, il s'en aperçoit alors, était un Russe déguisé qui, sans doute, n'aimait pas les journalistes. La violence du choc étourdit M. Pognon; il tombe à terre avant d'avoir pu user de ses armes; il est laissé pour mort.

M. Pognon, aujourd'hui, fait partie de tous les voyages officiels. Le chef de l'État est-il en route? Du matin au soir M. Pognon est à ses côtés. Il ne le quitte que pour courir au télégraphe. Que le train présidentiel s'arrête, le voilà qui saute du wagon et, vite, couvre son papier de notes. A chaque station, deux, trois, quatre discours ont été prononcés. Dans l'étape suivante, il les reconstitue, les incorpore à son récit; il écrit, il écrit encore, il écrit toujours, puis, à la première minute de répit, il recourt au télégraphe! Quelquefois, c'est au télégraphe même qu'il rédige. Alors, pour gagner du temps, il fractionne son travail en trois ou quatre dépêches, chacune de trois à quatre cents mots. La première est déjà à Paris dans les mains des compositeurs, que la seconde vole sur le fil, qu'il remet au guichet la troisième ou déjà entame la quatrième.

Chaque grand journal, bien entendu, a un correspondant particulier, qui note et décrit à sa façon les côtés pittoresques, les incidents curieux ou futiles du même voyage; mais la partie officielle, documentaire, recueillie par M. Pognon et transmise à l'Agence Havas, est fournie par celle-ci aux journaux de Paris, de province et même de l'étranger. On peut donc dire que M. Pognon, à ces heures-là, travaille pour le journalisme tout entier. Bien que nous ayons dessein de fuir les noms propres, on avouera qu'ici le sien s'imposait. Il n'est plus lui, il représente tous ses confrères : il s'appelle Légion.

Et, entre ces mêmes confrères, quelle lutte éternelle de vitesse, quelle course au clocher, quel steeple-chase fantastique! A la Bourse, au Sénat, à la Chambre, dans les rues, dans les salons, dans les boudoirs, qu'il s'agisse de nouvelles politiques ou de faits divers, il faut quand même, *per fas et nefas*, arriver premier ; il n'y a plus de camaraderie qui tienne, on se joue des tours pendables. Entre les reporters de l'*Éclair* et du *Matin*, du *Figaro* et du *Temps*, quelles rivalités de tous les instants, quels combats héroï-comiques ! En l'an 1888, par exemple, se vide un duel à sensation, quasi historique ; il a lieu dans une propriété privée : les reporters sont religieusement éconduits. Mais quoi donc ! qu'y a-t-il ? — Levez la tête.... Là, sur le toit de cette maison voisine, quelqu'un est juché et suit avec intérêt le jeu des adversaires ; c'est M. A..., autre reporter de l'Agence Havas.

Une autre fois, tel ou tel reporter se déguisera en marmiton, en garçon de salle pour pénétrer dans un dîner et y attraper quelques bribes de conservation ou tout au moins le menu. D'autres, comme dans les romans de cape et d'épée, iront jusqu'à se cacher dans des armoires.

Passez-vous le détroit ? Les Muses du reportage chanteront les prouesses du *Daily News* et la colère du *Times*. Un jour, plusieurs feuilles ont organisé, par commandite, un voyage scientifique ; un ami du *Times* est parmi les passagers et s'est chargé, au nom de tous, de raconter les menus incidents du voyage ; tout le long de la traversée, il prend des notes consciencieuses, les orne de son meilleur style ; puis un beau jour, très empressé, il rentre en Angleterre, et, sur la foi des traités, court aux journaux associés. O horreur ! Le récit complet avait paru ailleurs depuis des semaines. Quelque traître, peut-être un simple matelot, s'était glissé près de lui et, d'escale en escale, par dépêches avait envoyé à Londres des notes détaillées.

Autre histoire. Pendant la guerre des Ashantis, les léviathans de la presse anglaise, *Times*, *Daily News*, etc., songèrent d'abord à faire établir un câble spécial entre la Grande-Bretagne et le golfe de Guinée. Faute de temps, il fallut y renoncer et se contenter du câble de Madère. Des représentants de chaque journal furent envoyés à Funchal. Là, arrivaient jour par jour les lettres des correspondants militaires; décachetées, elles étaient ensuite télégraphiées par Lisbonne et par Paris. Sur ces entrefaites, une quarantaine sévère fut imposée à tous les arrivages, les lettres n'étaient remises qu'après avoir subi force fumigations. Qu'imagine alors le représentant du *Daily News*? Il va trouver le fumigateur juré et lui offre d'emblée la moitié de ses appointements, oh! pour une chose très loyale, très simple. « Décachetez mes lettres, lui dit-il; tendez-les-moi, tout ouvertes, au bout d'une paire de pincettes, à la fenêtre de la chambre de fumigation. Je les copierai à distance. » Et ainsi fut fait : le *Daily News*, pendant tout le reste de la campagne, eut une avance de deux jours sur tous ses confrères.

Et en Amérique donc!... Car nous allions oublier l'Amérique. Ce serait injuste : Jonathan n'est pas plus manchot ou podagre que John Bull. Pendant la guerre de Sécession, tous les reporters de New-York, de Chicago, de Boston ont également fait merveille. Qui a traversé trois fois l'Afrique la plus inconnue, qui eut l'honneur de retrouver et d'interviewer Livingstone? un reporter du *New-York Herald*, Stanley. Un autre, ayant besoin de renseignements sur les Mormons, prend le train à New-York, y passe cinq jours et cinq nuits, écrit dans le wagon-salon ses articles quotidiens, les jette en route à la poste, et, arrivé dans l'Utah, demande une heure de conversation à l'un des chefs de l'Église. Un autre s'embarque pour les îles Sandwich afin de donner à ses lecteurs, par dépêches, des nouvelles toutes fraîches du souverain d'Honolulu.

Ceci n'est pas une fantaisie, mais une scène prise sur le vif par un Français visitant l'Amérique :

« Une cinquantaine de reporters sont là aux bureaux du *New-York Herald*, nouvelles toutes rédigées à la main. Chacun passe à son tour devant le chef des départements politique, littéraire, dramatique et autres.

« Qu'avez-vous? fait celui-ci au premier reporter qui se présente.

Fac-similé d'un fragment de la première page du New-York Herald.

« — Une entrevue avec Sarah B..., la célèbre actrice.

« — Bon. Une demi-colonne. Et vous? dit-il au second.

« — Un compte rendu du procès de John S..., le fameux banquier.

« — Parfait. Une colonne. Et vous? » . . . .

. . . .

« Quand tous les reporters ont passé, ils vont, au bureau de la coupure, réduire leurs articles aux dimensions requises.

« Plus de six cents correspondants répandus sur toute la surface du globe envoient leurs dépêches, la plupart par lignes particulières[1].... »

Les grands journaux de New-York et de Chicago reçoivent ainsi chaque jour, par câble, dix, vingt dépêches de deux, trois mille mots, à 1 franc le mot.

Essaye-t-on de dépister un reporter yankee, il prend de suite quelque revanche. On rit encore, par exemple, de ce qui se passa aux obsèques du général Barker. Le gouvernement, mécontent de J.-J. Smith, qu'on appelait le roi des reporters, avait refusé de lui accorder une carte d'entrée pour la cérémonie. Smith trouve moyen de pénétrer par la cheminée dans la chambre mortuaire et de se faufiler dans l'assistance. Sur un meuble se trouve un chapeau, et dans ce chapeau un rouleau de papier. Smith regarde le rouleau. O bonheur! c'est le discours qui doit être lu sur la tombe par le clergyman. Le reste se devine assez. Lorsque le pasteur, un peu plus tard, se dispose à dire l'adieu d'usage, il ne peut retrouver son rouleau et est obligé d'improviser une autre allocution. Pendant ce temps, le journal était sous presse et publiait un texte authentique.

Un autre reporter, se promenant dans la nuit à la campagne, découvre un cadavre. Va-t-il le porter à la police? Quelque sot! Il commence par le loger dans une masure écartée, puis, le len-

---

1. *Jonathan et son Continent*, par Max O'Rell, 1889.

demain à 11 heures, il le trouve de nouveau par hasard et s'empresse cette fois de prévenir le commissaire. Mais, du même pas, il court porter à son journal les deux colonnes qu'il a rédigées dans sa chambre, et deux heures après on crie dans les rues : « Assassinat mystérieux à Chicago, découverte de la victime par un des rédacteurs ! »

Confrères du matin et confrères du soir, ce jour-là, se trouvent également joués : ils tâcheront de se rattraper une autre fois.

Tels sont, avec leurs qualités, leur audace, leur ingéniosité, leurs indiscrétions, leurs bottes de sept lieues, tels sont les rois du jour. Et la preuve qu'il y a bien là une royauté, c'est que la grave Angleterre, l'Angleterre qui au fond se soucie peu des journalistes, entoure d'une pompe éclatante les victimes du reportage.

Le clergé anglican, en 1888, a fait placer dans la crypte de Saint-Paul (le Westminster des soldats) une plaque commémorative à l'honneur des correspondants de la presse anglaise qui ont rencontré la mort au Soudan. Au-dessus des noms, on voit un journaliste prenant ses notes au milieu des combats. Sur les panneaux de droite et de gauche se trouvent groupés le costume des correspondants et les armes des milices. Un autre panneau représente l'Histoire écrivant sur des feuilles de papyrus déroulées, et Britannia pleurant. Les dessins ont été demandés à un artiste du *Graphic*.

Mais tout lasse, tout passe, tout se transforme. Comme les typographes ont eu leur art modifié par le mécanisme, l'industrie des reporters sera bouleversée par les sciences nouvelles. Après les pataches, la locomotive; après le gaz, l'arc voltaïque. Les journaux à dépêches ne seront bientôt plus que de l'antiquaille. Place aux phonographes! place aux téléphones!

Déjà le téléphone rend mille services. Le rédacteur en chef, dans sa ville, s'en sert pour recevoir des renseignements ou donner des ordres, pour causer avec ses collaborateurs ou, dans les Chambres, avec députés et sénateurs. Déjà aussi l'Agence

Havas et l'Agence Dalziel envoient aux journaux de Reims, de Rouen, du Havre, des correspondances téléphoniques. Bientôt, ce sera de Paris à Bordeaux, de Marseille à Birmingham. La Seine, le Danube, le Gange causeront de voisin à voisin. Y a-t-il une pièce à succès, une séance de la Chambre à grand orchestre? Un journal de Lille, ou peut-être des colonies, convoquera ses lecteurs dans un local *ad hoc*, et, comme on donne aujourd'hui à l'Élysée des auditions d'Opéra, leur donnera ainsi en prime des représentations extraordinaires.

Déjà même (est-ce bien réel?) on annonce qu'Edison a repris, en l'agrandissant, une idée déjà essayée en France, l'idée du *journal parlé*. Les sourds, hélas! y auront peut-être des objections, mais les aveugles diront des chants de grâce.

Chaque abonné, mis par un fil en communication avec son journal, n'aura plus qu'à tourner une boucle d'acier et à écouter. Non seulement il aura ainsi les dernières nouvelles recueillies, mais il entendra, avec ou sans commentaires, le sermon du prédicateur, l'opéra nouveau, le discours du ministre; il saura même, à point nommé, où ont éclaté les applaudissements ou les murmures. Impossible à l'orateur de retoucher la sténographie, ou au critique influent de trop vanter ou de trop dénigrer le jeu des artistes.

Déjà aussi on parle d'enseigner par le *téléphonographe* la musique, la déclamation, les langues vivantes. Les peuples se parleront l'un à l'autre avec leur pur accent — tant qu'il y aura des accents. On téléphonera de Paris à Tunis, de Madrid à Calcutta, de Londres à Tokio, de Pékin à Cayenne, de Rome au Dahomey. Les antipodes se tiendront par la main. Il y aura partout des téléphones, comme il y a partout des tramways et des balayeurs. Les conducteurs de trains, les capitaines de navires se parleront d'un bout à l'autre de l'océan ou de la terre ferme, et profiteront de l'occasion pour renseigner leur journal sur le prochain orage. D'autres voyageurs, du haut de leurs ballons dirigeables, noteront, photographieront tout ce qui se passe sur la terre ou dans les airs, et en feront part à leurs amis et connaissances.

Un épervier indicible de conduits électriques enserrera le globe. Par eux, de partout, les nouvelles afflueront au cabinet du journaliste, comme par autant de filets nerveux; d'autres filets nerveux les transmettront au même instant chez tous les abonnés ou les emmagasineront dans leur phonographe. Puis, qui sait! nos neveux ayant trouvé enfin l'art de *voir à distance*, l'image, les gestes, le jeu des acteurs, des orateurs, des personnages célèbres suivront la même voie qui aura transmis leurs actes ou leurs paroles. Moyennant l'abonnement le plus minime, le citoyen du XXe siècle pourra évoquer devant lui, à volonté, un diorama vivant de l'Univers et être sans cesse en communion avec tout le genre humain. Aucun propriétaire de notre temps ne sait aussi bien ce qui se passe dans ses terres.

Alors ce sera si beau, le journalisme se sera si bien perfectionné qu'il n'y aura plus de journalisme. Il aura cessé d'être la langue indispensable. Le *ceci tuera cela* du poète aura trouvé une application de plus. Le Livre, d'après lui, a sapé le Monument; le Journal a supplanté le Livre; le Téléphone et le Phonographe supplanteront le Journal.

CHAPITRE II

LE PERSONNEL

La direction. — Le rédacteur en chef. — En province et à Paris. — L'intérieur d'un grand journal. — Causeries préalables. — Ceux qui y prennent part, animation de la salle commune. — Articles politiques; le bulletinier, les chroniqueurs, le fait-diversier. — Le roman-feuilleton. — Le roi des reporters. — Un *interviewer* assommé. — Le secrétaire ou *les* secrétaires de rédaction. — Va-et-vient des visiteurs, quelques types d'importuns. — Pourquoi et comment on devient journaliste. — Le service des Chambres. — Pigeons voyageurs et téléphones. — Un être surnaturel. — Socrate sténographié par Xénophon. — Sénèque et Titus sténographes. — Le duc de Bassano. — Vérité officielle et vérité vraie : l'*in-extenso*, l'*analytique*. — Louis Veuillot courriériste. — Ce qui vit du journal.

A tout seigneur, tous honneurs : voyons d'abord la Direction. Jadis, le personnage le plus important du journal était le rédacteur en chef : par son talent et l'effet d'attraction sur le public il peut l'être encore. Mais, le journalisme étant en même temps une industrie, il faut quelqu'un qui ait les qualités pratiques de l'industriel et l'expérience de l'administrateur, qui fasse les gros achats de papier, qui organise la vente, qui discute les grandes affaires d'annonces, au besoin qui traite avec les partis politiques. Ce quelqu'un, c'est *le Directeur*.

Tantôt ce directeur est le propriétaire exclusif du journal, son fondateur. Tantôt, s'il s'agit d'une feuille par actions, c'est un homme politique en vue dont le nom amène une clientèle spéciale; tantôt un gros actionnaire, ou un homme d'affaires habile qui a la confiance du conseil d'administration.

Quelquefois encore, le rédacteur en chef cumule les doubles fonctions; mais ce n'est pas le cas le plus commun.

Tantôt aussi, c'est le rédacteur en chef qui recrute lui-même ses collaborateurs, tantôt c'est le directeur politique ou commercial; tantôt ils le font de compagnie.

En tout état de cause il y a toujours, dans un journal, deux personnels bien distincts : celui de la rédaction, celui de l'administration.

Celle-ci, sous la surveillance immédiate du directeur, ou ayant à sa tête *l'Administrateur*, s'occupe des opérations matérielles. C'est elle qui reçoit les abonnements, qui délivre les quittances, qui paye les rédacteurs, qui leur procure le papier, l'encre, les plumes, qui traite de la vente en gros ou au détail. C'est elle aussi qui fournit les garçons de bureau, les grooms, les *trottins* mis à la disposition des rédacteurs. Nous retrouverons plus loin, à la *question d'argent*, cet indispensable rouage. Occupons-nous pour l'instant du moteur intellectuel, de la rédaction.

On l'a déjà dit, à de rares, très rares exceptions, un journal parisien est un être impersonnel. Ce qui le fait vivre, c'est la force des capitaux, l'agencement des divers services, une communion mystérieuse entre le public et lui. Chacun d'eux, suivant des attractions inexpliquées, répond aux goûts, aux passions, aux préjugés d'une couche particulière de lecteurs. De là, d'énormes difficultés à créer de nouvelles feuilles qui réussissent, et la foule des éphémères. De là aussi la persistance de celles qui existent. Le *Figaro* a mis trente ans à trouver sa forme définitive; toutes les feuilles qui ont pu se fonder sur son modèle ne lui ont peut-être pas enlevé mille lecteurs. Le *Temps*, avant d'atteindre le succès, a dû s'imposer de gros sacrifices : aujourd'hui vous essaieriez vainement d'en créer un second. D'autres, d'où le public s'est retiré, vivent encore de leur réputation, de leur nom. Rien n'a la vie si dure qu'un journal qui meurt. On en sait qui agonisent depuis vingt ans : leur titre aurait encore valeur marchande.

Dans de telles conditions, n'est-il pas vrai que le talent des rédacteurs n'est plus le seul élément de succès? Il n'y a guère eu, à notre époque, qu'Émile de Girardin qui eût le don de déplacer le public, d'apporter ou d'emmener avec soi la victoire. En bien des cas, le meilleur des rédacteurs en chef peut émigrer d'un journal à un autre : il ne fera pas plus baisser le tirage de l'un, monter le tirage de l'autre, que le plus beau nageur ne déplace le niveau de la rivière.

Si les attributions du rédacteur en chef n'ont pas la même prédominance qu'autrefois, elles sont encore considérables. C'est lui, aux yeux du public, aux yeux des directeurs, qui prend la responsabilité du journal. C'est lui qui accepte, qui rejette, qui corrige tous les articles. C'est lui qui donne, ou l'orientation politique générale, ou tout au moins le *la* de chaque numéro. C'est lui qui « flirte » avec les personnages politiques, qui les reçoit ou qui les visite, chez eux, au Parlement, dans les ministères. Parfois, c'est un écrivain de premier ordre, parfois un homme de simple bon sens, habile à voir ou à pressentir les goûts du public, prompt à les satisfaire.

Le meilleur rédacteur en chef, en effet, n'est pas toujours celui qui écrit le plus ou le mieux : c'est celui qui sait le mieux grouper, diriger ses collaborateurs, allumer leur zèle, faire pétiller leur verve, amalgamer leurs nuances, mettre leurs talents spéciaux en orchestration. Il peut être utile, dans les grandes circonstances, qu'il sache se montrer, payer de sa personne, sonner un beau coup de clairon, monter brillamment à l'assaut d'un ministère ou le défendre avec vigueur : son rôle le plus ordinaire est d'inspirer ses seconds, de les bien mettre en œuvre.

En province, où le personnel est plus limité, souvent réduit à presque rien, la personnalité du rédacteur en chef a forcément plus de relief. Outre l'activité, la prestesse à écrire, il lui faut des qualités de stratégiste; il est souvent un faiseur d'élections, un « Warwick » de conseillers municipaux, de députés ou de sénateurs. Quelles que puissent être la souplesse de son talent, son application à traiter des sujets nouveaux, le journal prend, bon gré mal gré, la couleur de son esprit. A Paris, il faut de la variété quand même et toujours; il faut être *un*, il faut surtout être *divers*. C'est au rédacteur en chef à résoudre le problème.

Restons à Paris. Neuf heures du matin; intérieur d'un journal du soir.

Le garçons viennent de faire les bureaux. La grande table de la salle commune de rédaction s'allonge devant nous avec son inévitable tapis vert et ses tas de journaux de Paris, de province, d'Europe, d'Amérique, des colonies, journaux venus par le dernier courrier ou remis dans la boîte par les porteurs, tous bien rangés, soigneusement pliés en double exemplaire. Quelques rédacteurs sont déjà à leur poste. Ils ont pris les journaux, ils les parcourent d'un coup d'œil expert, un coup d'œil qui ne lit rien et qui voit tout; çà et là, ils y promènent les ciseaux, y font d'atroces enfilades, ils y taillent des jours, des fenêtres, des *coupures*; ces coupures, ils les reportent sur des carrés plus ou moins longs de papier écolier et les y collent, ou avec des pains à cacheter, ou avec de la gomme liquide. Ce sont des articles destinés à être reproduits tels quels, des *échos*, ou bien, au contraire, des articles auxquels on va répondre, opposer un feu roulant d'entre-filets, une polémique moqueuse ou passionnée.

Neuf heures et demie. — Presque tout le monde est là. Le rédacteur en chef fait son entrée. C'est un père au milieu de ses enfants, ou, si on aime mieux, un capitaine au milieu de ses soldats. Lui aussi, en route, a jeté un coup d'œil sur les feuilles du matin. Il est plein d'idées, — ou parfois, hélas! de soucis, de préoccupations. On cause. De quoi? De tout et de rien, comme dans beaucoup d'autres conversations. Pour parler ou pour ne rien dire. Il arrive même qu'on cause du journal. Le tout suivant les habitudes de la maison ou le caractère du rédacteur en chef. Carrel, par exemple, pour ne citer que les morts, réunissait immanquablement tous les collaborateurs du *National* dans la salle commune pour y traiter à fond les affaires du

Salle de rédaction.

jour et indiquer à chacun, selon son tempérament et son tour d'esprit, l'article à faire. About, au *XIX⁰ Siècle*, venait lire aux siens le feu d'artifice de ses épigrammes.

Dans beaucoup de journaux il y a ainsi, au début de chaque

numéro, une consultation générale, une répartition de la besogne. Dans d'autres, le rédacteur en chef s'en fie aux inspirations particulières. Il se réserve seulement d'éviter les doubles emplois, de renforcer les notes faibles, d'affaiblir les criardes, d'assourdir les dissonances.

Le sort nous favorise; nous sommes dans un journal où il y a entente préalable, à l'heure même où l'on se concerte. Qui a voix au chapitre?

D'abord l'*articlier politique*. Un gros personnage aussi. Il partage avec le rédacteur en chef la spécialité des articles de fond (ou, comme disent les Anglais, des *leading articles*, des articles-maîtres). Il peut avoir plus de talent, de célébrité. On ne craint pas même, au besoin, qu'il ait des opinions un peu différentes. Il attire ainsi ou retient des acheteurs à lui, une clientèle voisine de celle qui fréquente le journal. Honni soit qui mal y pense! Il n'y a pas là qu'un calcul matériel. Les lecteurs fidèles d'un journal peuvent devenir, à l'occasion, des *électeurs*: il ne faut pas l'oublier.

Autre personnage: celui qui s'occupe des questions extérieures, ou, comme l'appellent ses camarades, le « ministre des affaires étrangères ». C'est lui qui surveille la carte d'Europe, au besoin la refait, gourmande les potentats, noue et dénoue les alliances diplomatiques. Quelquefois il possède la plus réelle compétence et écrit d'une plume délicate, exercée, des articles qu'on lira avec attention dans les cours étrangères. Quelquefois c'est un simple prétentieux ou un pauvre déclamateur, qui fait rire partout de la prétendue ignorance française.

Qui prend encore la parole? Le bulletinier politique, c'est-à-dire, dans le même langage, le « ministre de l'intérieur ». Sans compter qu'il lui arrive de cumuler. Il traite aussi dans son bulletin les questions extérieures, il explique, il commente les principales dépêches. Le bulletin, genre qui se démode. On ne le trouve plus guère que dans quelques feuilles du soir. Il exige de rares qualités. Il est au journal ce que la préface est au livre, le vestibule au monument : il annonce, il prépare ; il ne doit pas absorber, écraser. Il lui faut dire avec légèreté, avec sérieux, toutes les questions du jour sans en traiter aucune *ex professo* : assez pour permettre au lecteur pressé de ne pas lire les articles de fond, pas assez pour frôler le double emploi.

On trouve encore, çà et là, de vieux journalistes qui ont fait ce métier dix ans, vingt ans et ayant toutes sortes d'esprit, excepté celui de se pousser ; questionnez-les, ce sont de vrais dictionnaires de politique contemporaine : il n'y a guère d'attaché d'ambassade qui ne trouvât à gagner dans leur conversation.

Qui parle encore ? Le rédacteur chargé des questions économiques et sociales, ou, dans l'argot de la maison, le « délégué aux finances ».

Tels sont à peu près les ténors, les barytons, les seconds premiers rôles du journal, les *tartiniers*. Quant aux chroniqueurs mondains, aux chroniqueurs artistiques, aux chroniqueurs de théâtre, aux critiques plus ou moins *influents*, à ceux qui rendent compte des séances académiques, aux auteurs de *variétés*, etc., ils font d'ordinaire leur article chez eux et ne se montrent au bureau que pour le remettre au secrétaire de la rédaction ou passer chez le caissier[1].

En dehors des reporters, plus nombreux que les étoiles du ciel ou les sables de la mer, vous pouvez compter, à Paris, une population flottante de quatre à cinq cents spécialistes qui, selon les convictions, les fantaisies ou les circonstances, voyagent entre les trente à quarante grands journaux. Presque tous ont mis dix, douze ans à se faire coter ; quelques-uns n'y parviendront jamais.

N'allons pas oublier, dans le dénombrement de notre armée, les auteurs de romans-feuilletons. Ils contribuent puissamment, et souvent plus que personne, à conquérir le public.

1. En Angleterre, notamment au *Times*, les rédacteurs ne viennent pas au bureau ; on envoie prendre les articles chez eux, et au besoin on leur fait dire le sujet à traiter.

En revanche, voici une espèce disparue, ou à peu près : le *lundiste*. Jadis il s'appelait Sainte-Beuve, Vinet, Gustave Planche, Théophile Gautier, Janin, Paul de Saint-Victor, et c'est pour lui qu'on avait créé les honneurs du *rez-de-chaussée*. Aujourd'hui les journaux sont rares, où l'on ait une critique personnelle, une analyse sérieuse des livres. Des livres, il y en a trop, sans compter celui-ci : on ne peut même plus consacrer quelques lignes à chacun d'eux.

Dix heures. — Tout le monde sur le pont! Qu'on ait causé ou qu'on ait échangé de simples civilités, que la conversation ait été utile ou futile, que le rédacteur en chef ait séjourné au milieu des siens pour leur donner des idées ou se soit borné à se montrer, il est temps, grand temps de se mettre à écrire, d'*abattre de la copie*. Le directeur est dans son cabinet. Le rédacteur en chef aussi. Aussi l'articlier politique et le bulletinier. Dans quelques grands journaux, d'une installation moderne, il y a ainsi quantité de petits bureaux, grands comme une cabine de bain, et où peuvent se recueillir ceux qui en ont besoin. Travaillez bien, camarades! ne faites pas comme le Figaro de Beaumarchais, qui s'enfermait pour regarder sa plume! Ne restent plus dans la salle commune que les *échotiers*, les *faits-diversiers*, et ceux aussi des rédacteurs politiques qui ne craignent pas la foule. Encore une question de tempérament. Il y a des écrivains qui ne trouvent leurs idées qu'au milieu d'une profonde méditation, entre les quatre murs d'une chambre silencieuse. D'autres ont besoin du mouvement extérieur; les rires, les éclats de voix, le grincement des plumes, l'agitation des allants et venants, le bruit de la vie autour d'eux, les fouettent, les stimulent; si vous vouliez les rendre tout à fait heureux, vous installeriez leur table au milieu des Halles ou vous feriez jouez un orgue de Barbarie sous leurs fenêtres.

Tous travaillent, tous se hâtent. Quel zèle, quelle ardeur! par instants quel silence! On entendrait une mouche voler. L'échotier parlementaire écrit les « bruits » de couloirs, les nouvelles des

Chambres ou des antichambres, arrange les mots qu'il a entendus, et même ceux qui n'ont jamais été dits. Un autre narre les faits de théâtre, les indiscrétions des coulisses. Un autre « fait » les Tribunaux. Un échotier mondain coupe, coupe, entasse à ses pieds des monceaux de cadavres ; un autre polémique, un autre cherche les « mots de la fin », ou met au point ceux que de bons jeunes gens viennent offrir à deux sous la ligne. Le *fait-diversier*, non moins acharné à déchirer le prochain à coups de ciseaux, ou penché fiévreusement sur des notes de police, compile, compile, compile ; il compte les chats écrasés, les chiens noyés, les objets perdus, les voitures accrochées, les suicides, les menus vols, les actes de probité non tapageurs, les crimes de peu. Son petit négoce manque d'éclat, mais il ne connaît pas le chômage. Même aux temps d'accalmie, surtout aux temps d'accalmie, quand plusieurs de ses camarades se reposent, il continue à couper et à compiler ; il passe au premier plan[1].

Mais quoi ? qu'est-ce ? J'entends Théodecte du fond de l'antichambre. Non, ce n'est pas Théodecte, c'est l'*interviewer*. Il est entré comme un coup de vent ; il parle comme un sifflet de locomotive, par mots hachés, haletants. Habillé à la dernière mode, il s'agite, il fait sonner son importance. C'est lui qui va chez tous les personnages en vue, grands ou petits : tel que vous le voyez, il sort de chez le Ministre, à moins qu'il ne sorte de chez la diva ou de chez l'assassin du jour.

Qu'est-ce là ? demandez-vous. Importation étrangère, s'il vous plaît. En France, on se bornait à visiter les gens, à solliciter, à attendre un entretien ; là-bas, on les *interviewe* : verbe actif. En d'autres termes, on pénètre chez eux bon gré, mal gré,

---

[1]. Il y a à Paris quatre-vingts commissaires de police et une vingtaine officiers de paix. Les reporters du petit reportage se partagent les quartiers. Chacun d'eux visite quatre ou cinq commissariats, et apporte aux camarades le produit de sa récolte. L'échange des menues nouvelles (vols, meurtres, accidents, etc.) a lieu chez un marchand de vins du boulevard du Palais, près la Préfecture. Cet endroit a reçu le nom de *Halle aux faits-divers*.

on s'impose à eux de vive force. On leur demande leur sentiment sur n'importe quoi. Si l'Angleterre est le pays classique du reportage, l'*interview* a poussé en terre américaine. Un homme célèbre est-il annoncé en rade de New-York? Pendant que stope le transatlantique, une barque s'approche, une nuée d'inconnus surgit de toutes parts et monte à l'abordage. Ce ne sont pas des pirates, ce sont les *interviewers*. Ils se jettent sur l'étranger, ils le harcèlent de questions, ils le tournent et le retournent, lui demandent s'il est marié ou célibataire, s'il préfère la viande cuite ou saignante, s'il est déjà venu en Amérique, ce qu'il en a entendu dire, ce qu'il en pense. Tout cela, rédigé avec plus ou moins d'humour, paraîtra le lendemain ou le soir même dans le *New-York Herald* ou le *New-York Times*. Chassez l'interviewer, il revient au galop; par la porte, il rentre par la fenêtre. Pour s'en défendre, le président Cleveland, qui venait de se marier, dut s'installer à la campagne, et se faire garder nuit et jour par une petite armée. Encore trouva-t-on le moyen d'*interviewer* quelque factionnaire ou un cuisinier qui se rendait aux provisions.

Parfois l'*interviewé* se fâche. Il n'est pas rare qu'un bon Yankee, ennuyé par le journaliste ou soi-disant tel, lui allonge un coup de poing. Personne ne s'en émeut, et l'*interviewer* moins que personne. Ce sont mœurs nationales.

Dernièrement, il y eut mort d'homme. C'est un boxeur qu'on *interviewait*. Il voulut éconduire le reporter; le reporter insista, le boxeur lui assena sur la tête un coup qui l'étendit raide. Cette fois, on a trouvé que le boxeur manquait un peu de mesure; quant au journaliste, il a eu de belles oraisons funèbres : mort au champ d'honneur!

Chez nous, est-il besoin de le dire,

. . . . . . chez nous, point,
Point de ces coups de poing

comme il s'en donne chez les Anglo-Saxons. Les mœurs sont plus patientes. Le reportage *interviewiste* n'y est pas comme chez lui, il y est beaucoup mieux. Il s'y acclimate avec une rapidité étrange. Ses apôtres sont reçus partout, à bras ouverts. Artistes, philosophes, députés, ministres, diplomates même se mettent volontiers à leur disposition : si on les éconduit, c'est poliment; si on les persifle, c'est gentiment; et toujours, toujours, on cause suffisamment avec eux pour leur donner matière à un article. Ils n'en demandent pas davantage.

Le nôtre, s'il faut tout vous dire, est le roi des *interviewers*. Il est plein des grandes confidences qu'il rapporte. Il se dispose à les écrire. Ce sera, n'en doutez pas, le succès du numéro. Laissons-le à sa besogne.

Un autre jeune homme non moins soigné, non moins ganté, sort de chez le rédacteur en chef. Il prend sa canne, un jonc à pomme d'or, il ajuste son monocle à monture d'écaille. Évidemment, il part en guerre. Il a l'air bon prince; à notre tour, tâchons de l'interviewer.

« Où allez-vous, monsieur le reporter? — Je ne vais pas, je cours, je vole, je brûle le pavé, je fends l'espace. Il y a là-bas un quartier de Paris qui flambe, il faut que j'y sois au plus vite. — Pour y jeter de l'eau, mon ami? — Non, j'espère que tout sera brûlé quand j'arriverai : mais j'ai alors sans retard les détails complets et je les sers tout chauds aux lecteurs; puis je cours ailleurs et.... Mais c'est trop de temps perdu, on va me voler mon incendie, adieu. — Adieu, monsieur le reporter. »

Dix heures et demie. Mais pendant que nous bavardions le travail a marché. Déjà plusieurs articles, une foule de nouvelles, ont été passés au secrétaire de la rédaction. Il les a lus d'un regard, il y a placé en marge de petits signes cabalistiques, signes pour lui et le metteur en pages. Tout à l'heure, il s'est tourné vers les camarades et leur a dit : « Faites court, messieurs, faites court, le journal sera bondé »; ou bien : « La copie est maigre, marchez! » Puis de nouveau il s'est penché sur sa table; il a replongé son nez dans les journaux qu'il lisait, dans les paperasses qu'il rangeait. Il parle peu, le secrétaire de la rédaction. Il est trop occupé pour cela. C'est le plus absorbé des occupés. C'est lui qui reçoit, et de toutes mains, les articles, la *copie*; c'est lui qui en tient registre. C'est lui, sans être toujours un écrivain, qui remplacera l'*échotier*, voire le *bulletinier* malade; c'est lui, à défaut du rédacteur en chef, qui accepte ou rejette les articles, qui fixe l'ordre dans lequel ils passeront; qui annonce au public, dans de superbes avis, les romans extraordinaires ou les écrivains prestigieux dont on va s'assurer la collaboration; lui qu'on trouve au commencement et qu'on retrouve à la fin, l'*alpha* et l'*oméga*; lui qui taille, qui rogne, qui assaisonne, le cuisinier de toute « la cuisine »; lui qui demande pour tous les places de théâtre, les permis de chemins de fer; lui qui fait tout, et bien d'autres choses encore. Nous avions déjà vu les grands premiers rôles : il joue les utilités.

Quelquefois, dans les grands journaux, il devient si affairé, qu'à son tour il a des secrétaires en second. Le rédacteur en chef se décharge sur lui de beaucoup de soins : il se décharge sur les sous-secrétaires; il défend le rédacteur en chef contre le flot des visites, il se fait défendre lui-même contre les importuns par la cohorte des jeunes acolytes.

Oh! les importuns! quel fléau du journal! Et qui donc, arrivant dans un bureau de rédaction à ces heures de fièvre, n'est pas plus ou moins un importun? Il y en a de tous rangs, de tous âges, de tout sexe. C'est une file serrée, un tohu-bohu. Molière même renoncerait à décrire cette procession de fâcheux.

Il y a le candidat qui veut devenir député, le député ou le sénateur qui veut devenir ministre. Tous deux cherchent un bout de réclame. « Dites qu'un groupe nombreux d'électeurs m'offre la candidature, demande le premier, cela donnera à d'autres l'idée d'y songer. — Dites, supplie le second, qu'on parle de moi pour la constitution du prochain cabinet. De la sorte, on y pensera peut-être. »

Il y a l'informateur mystérieux. Il a appris de source certaine qu'un « coup » se prépare : *caveant consules!* Ou bien, « il y a quelque chose à faire » : ah! si les princes savaient! si le Roi voulait! Ou bien encore, le neveu du cousin de son ami intime mande d'une cour étrangère des nouvelles surprenantes, qu'il s'empresse de communiquer à son pays: un bon averti en vaut deux.

Il y a la victime des événements politiques. Dans les journaux républicains, c'est le proscrit du 2 Décembre. Dans les autres, un ancien page de Charles X, un factotum de l'Empereur. Il sait toutes sortes d'histoires ignorées sur l'Histoire contemporaine. Circonstance aggravante : il connaît aussi les êtres de la maison, il déjoue toutes les consignes, tous les factionnaires ; il tombe dans le bureau de rédaction sans qu'on ait pu dire : Ouf !

Il y a l'inventeur méconnu. Une victime de la cabale. Son portefeuille est plein de projets. C'est lui qui a découvert l'obus-locomotive ou le filet électro-dynamique. Des millions et des milliards à gagner. L'inventeur méconnu ne demande que cent francs pour prendre un brevet, ou quelques lignes pour fouetter l'opinion.

Il y a la dame qui plaide avec l'État. Veuve, fille ou sœur d'un officier, elle a confié au ministère des plans, des tableaux, qu'on ne veut pas lui remettre. « Un petit bout d'article, monsieur le rédacteur, pour faire rendre gorge à ces gens-là. »

Il y a l'auteur, homme ou femme, qui promène son roman, qui a un manuscrit à faire lire. Si vous acceptez, vous êtes perdu. On sera chaque jour à votre porte pour savoir ce que vous pensez du chef-d'œuvre. Et surtout n'ayez pas le malheur de l'égarer! On vous persécutera jusqu'à ce que vous le retrouviez ; au besoin on enverrait l'huissier.

Il y a le poète qui « fait hommage » de son volume, ou demande qu'on l'aide à se faire imprimer. Vous guettera jusque dans l'escalier, vous poursuivra jusque dans les maisons où vous dînez, pour vous lire un sonnet ou une charade.

Il y a la femme-poète. Elle est au poète mâle ce qu'est la torture aux pointes d'épingle. Ne souhaitez la visite de la femme-poète à aucun journaliste, fût-ce votre mortel ennemi.

Il y a le fonctionnaire qui veut de l'avancement. Vient justement, dans l'intérêt public, de faire une chose extraordinaire. Quelques lignes adroites, tombant sous les yeux de ses chefs ou sous les yeux du ministre... vous comprenez? Surtout, qu'on ne le soupçonne pas d'y avoir pris part! cela le compromettrait....

Il y a le fonctionnaire révoqué. Ah! il en sait de belles sur l'administration!... « Une campagne à faire, monsieur le rédacteur, une campagne superbe. De quoi doubler le tirage. »

Il y a..., il y a..., nous n'en finirions pas.

Onze heures et demie. La ruche est toujours en travail. De nouveaux articles ont été remis au secrétaire. Les pages s'enlèvent à peine écrites. Les journaux, meurtris, déchiquetés, ne sont plus que d'horribles loques. On se hâte, on se hâte, c'est le « coup de feu ». Les plumes ont un galop frénétique, brûlent le papier. Plus un bruit de voix, plus un remuement de pied. Nous serions bien reçus à déranger ces gens-là !

Pendant qu'ils travaillent, posons-nous une question : pourquoi et comment devient-on journaliste?

Ici comme ailleurs, les spécialistes tendent à prendre la première place.

Autrefois, pour répondre au goût du public, les journaux avaient à s'occuper surtout de politique et de littérature : il n'était pas rare de voir le même écrivain discuter un jour la question d'Orient et le lendemain rendre compte du livre nouveau.

Aujourd'hui les lecteurs s'intéressent de plus en plus aux questions scientifiques, agricoles, économiques, historiques, géographiques, et demandent que chaque question soit traitée par quelqu'un de compétent : il en résulte que chaque rédacteur est tenu de se renfermer dans un ordre limité d'articles.

A ce point de vue, il deviendra de plus en plus difficile de se faire une place dans la presse.

On devient journaliste :

Parce qu'on désire se voir imprimé ;

Parce qu'on connaît des journalistes et qu'on veut les imiter ;

Parce qu'on est déjà avocat, ou professeur, et qu'il est bon d'avoir une corde de plus à son arc ;

Parce que, dans les différentes formes de la vie littéraire, le journalisme, somme toute, est une des plus lucratives ;

Parce qu'on a le goût de la politique ;

Parce qu'on veut soumettre à ses contemporains les idées qu'on croit justes et utiles.

Et comment devient-on journaliste ?

Comment ? Question de circonstances plus encore que de mérite.

Il n'y a ni études professionnelles à faire, ni diplômes à gagner, ni examens à subir.

On devient journaliste :

En fondant soi-même un journal ; ce moyen n'est pas à la portée de toutes les bourses.

En jetant un article dans la boîte d'un journal. Ce fut, dit-on, le cas de Charles Dickens, et c'est le cas de quelques autres. Ne pas trop se fier à ce moyen-là..

En se faisant recommander au directeur ou au rédacteur en chef d'un journal par des gens de lettres ou des personnages influents. C'est le moyen le plus usité, et il est loin de réussir toujours. Le journalisme est une carrière encombrée. Il est parfois plus difficile d'y entrer, même avec du talent, que dans telle administration publique.

Midi. Revenons à nos travailleurs : tous ont fourni leur *copie* ou sont en train d'y mettre la dernière main. Le secrétaire de la rédaction a sonné encore une fois, il envoie le tout à l'imprimerie. Puis, respirant bruyamment, il s'est levé ; il part, il est parti ; allons déjeuner !

Vers 2 heures, on reviendra pour la correction des épreuves et la mise en pages. Alors aussi commenceront à arriver certains *échos* parlementaires, la Bourse du jour, les dernières nouvelles. Une place spéciale leur est réservée qui permet au secrétaire de la rédaction et aux imprimeurs de les accepter jusqu'aux extrêmes limites. Au besoin aussi, on ferait un changement sous presse, on remplacerait des nouvelles moins importantes par celles qui surviennent.

Pour les cours et bruits de Bourse, rien à vous dire, lecteurs, sinon qu'ils sont fournis aux journaux du soir par l'Agence Havas ou par le bulletinier financier.

Mais le service des Chambres demande explication.

Dans les journaux importants il se divise en deux parties :

Les bruits de couloirs ;

Le compte rendu des débats.

Chaque journal entretient à la Chambre et au Sénat un, deux, trois reporters chargés de causer avec nos représentants, de savoir par eux ce qui se passe dans les commissions, ce que prépare le Ministère, ce qui se trame contre lui. Ces nouvelles sont rédigées de quart d'heure en quart d'heure, parfois de cinq minutes en cinq minutes, jusque vers 3 heures ou 3 heures 1/2, et adressées aux bureaux. Par quelle voie? Cela dépend. Tantôt par des commissionnaires, tantôt par des tubes pneumatiques, tantôt par téléphone. Au temps où l'Assemblée nationale était à Versailles, les dépêches, pliées soigneusement, étaient confiées à l'aile des pigeons voyageurs, et le même procédé a été employé parfois de Paris à Paris. Mais de plus en plus, dans les journaux bien outillés, c'est le téléphone qui tendra à prévaloir. Le rédacteur vient lui-même lire ses notes devant la plaque vibrante, ou, continuant à en prendre d'autres, les fait lire par un garçon.

Le compte rendu des débats a toute une histoire.

C'est en Angleterre, bien entendu, le pays par excellence du parlementarisme, que l'usage prit naissance. Encore n'y est-il pas très ancien. Jusqu'en 1780, il se passait souvent des semaines avant que les journaux rendissent compte des séances, et leur narration était pleine d'inexactitudes. Ce fut un nommé William Woodfal qui essaya de publier chaque jour, dans le *Morning Chronicle* qui venait de se fonder, les discussions parlementaires de la veille. Il entreprit de s'en charger à lui seul; et ce qu'il y a de plus remarquable, c'est qu'il le faisait de mémoire, sans prendre aucune note. Souvent il lui arrivait d'écrire ainsi jusqu'à seize colonnes d'impression. Sa réputation était telle, que, dans un voyage qu'il fit à Dublin, la foule l'acclama comme un être extraordinaire.

Peu après, le même journal inaugurait, avec un certain Perry, l'organisation d'un service sténographique. C'est également en

Pigeons porteurs de dépêches.

Angleterre, on le sait, qu'avait été écrit, en 1580, le premier traité de sténographie moderne.

Moderne, entendons-le bien. Au vrai, l'invention de la sténographie se perd dans la nuit des temps. D'après Diogène Laërce, c'est aux Grecs qu'il faut l'attribuer. Cet auteur nous apprend que Xénophon se servait de signes abrégés pour retenir la parole de son maître Socrate, lui donner une âme nouvelle. Plutarque, de son côté, décrit minutieusement les caractères employés par Xénophon.

A Rome, cet art était pratiqué plus largement encore. Selon

saint Isidore, le poète Ennius avait imaginé onze cents notes sténographiques. Tiron, esclave affranchi, secrétaire de Cicéron, multiplia encore ces signes abréviatifs et s'en servit pour recueillir certaines improvisations du grand orateur. Ce système prit le nom de son auteur, les *notes tironiennes*. Sénèque, dit-on, se servait de cinq mille signes différents, et, grâce à sa prodigieuse mémoire, parvenait à s'y reconnaître.

Suétone nous apprend également que l'empereur Titus était un habile sténographe.

L'écriture abréviative resta en honneur jusque dans les derniers siècles de l'empire. Témoin cette poésie adressée par Ausone (309-393) à un sténographe de son temps : « Esclave, habile ministre des notes rapides, accours. Prépare les tablettes par lesquelles tu exprimes par de simples points une longue suite de phrases, aussi vite que d'autres traceraient un seul mot…. Je voudrais que mon esprit fût aussi prompt à concevoir que ta main, en courant, est habile à devancer ma parole. »

Avec la langue et la civilisation latines les notes tironiennes disparurent.

En 1681, l'Écossais Charles Ramsay publia, avec dédicace à Louis XIV, un ouvrage intitulé : *Tachéographie ou Art d'écrire aussi vite qu'on parle.* Personne ne s'en soucia. Près de cent ans plus tard, un sieur Feutry dédiait à Turgot un *Manuel tironien* ou *Recueil d'abréviations faciles et intelligibles.* Vers 1786, l'Anglais Samuel Taylor répandit un nouveau système de sténographie, qui fut adapté à la langue française par Théodore-Pierre Bertin et par Coulon de Thévenot : ce dernier lui donna le nom de *Tachygraphie.* En 1787, les *tableaux tachygraphiques* de Coulon furent insérés dans les Mémoires de l'Académie des Sciences de Paris ; dans la même année, Louis XVI nommait l'auteur son secrétaire tachygraphe.

Malgré tout, l'art nouveau faisait peu de progrès. Pendant la Révolution, alors que la tribune retentissait de la voix de Mirabeau et de Barnave, ni le *Moniteur universel* ni le *Journal des*

Débats n'eurent de sténographes. Le *Moniteur* ne donne *in extenso* que les discours écrits d'avance. Pour tous les autres, il se borne à une analyse, et ce travail est confié à un jeune écrivain très actif, très expert, qui répond modestement au nom de Maret, en attendant d'être duc de Bassano.

Sous l'Assemblée législative, le journal *le Logographe* imagine un moyen assez singulier. Dans une petite loge grillée, située derrière le fauteuil du président, cinq ou six rédacteurs placés autour d'une table ronde écrivaient, en se servant de l'écriture ordinaire, des phrases ou parties de phrases qui étaient ensuite ajustées ensemble. Voilà, en germe, ce que nous appelons aujourd'hui le compte rendu analytique.

C'est dans cette petite loge, on s'en souvient, que Louis XVI et sa famille, le 10 août 1792, trouvèrent un asile pendant que l'Assemblée délibérait sur leur sort.

Notons encore, avant de quitter le *Logographe*, qu'on y a puisé de précieuses indications. Les harangues de Danton, en particulier, y sont prises avec un soin, une exactitude qu'on ne voit guère dans le *Moniteur*, alors robespierriste. Malheureusement, le journal n'eut qu'une courte existence.

C'est seulement à la chute du premier Empire, lorsque la tribune redevint libre, que le gouvernement attacha deux sténographes au service des Chambres. Ce service fut étendu après la révolution de Juillet.

Voici comment il fonctionne aujourd'hui. C'est la perfection même.

Et d'abord deux éléments principaux : le roulement, la revision.

Les sténographes rouleurs, se tenant debout au pied de la tribune, à la gauche du président, se succèdent, se remplacent de deux minutes en deux minutes ; un chronomètre spécial, dont l'aiguille unique fait le tour complet dans le même temps, leur indique l'instant précis où leur travail commence et celui où il s'achève ; le roulement exigeant une dizaine de sténographes, chacun des rouleurs, au moment où il se retire, a environ vingt minutes pour se traduire.

Pendant ce manège, les sténographes reviseurs, au nombre de six, suivent la parole de l'orateur de l'autre côté de la tribune : ils se relèvent de quart d'heure en quart d'heure.

Les rouleurs transcrivent leur texte sur des feuillets numérotés de cinq en cinq, afin de faciliter le classement par ordre ; puis, au fur et à mesure, ces feuillets sont passés par un employé spécial au reviseur qu'ils concernent. Celui-ci relit en confrontant avec ses propres notes ; il polit, émonde, rectifie, « fait les soudures », rétablit les mots « tombés » entre deux rouleurs.

Un chef et un sous-chef surveillent l'ensemble du travail.

On atteint ainsi le maximum de rapidité avec le maximum de précision. Une séance finit, par exemple, à six heures du soir ; à huit heures, non seulement le texte a été envoyé à l'atelier typographique, mais les « épreuves » commencent à en revenir.

N'allez pas croire pourtant que ce soit ce texte-là que vous trouverez à l'*Officiel* : non ! et pour cause. Les plus grands orateurs, ceux qui passionnent le plus une assemblée, qui jettent sur elle le plus de *fluide*, de magnétisme humain, qui la persuadent, la soulèvent, l'entraînent, ne sont pas toujours les plus corrects. Berryer, Gambetta, Thiers lui-même, parlaient souvent une langue touffue, hachée, pleine de phrases inachevées, d'incidentes s'enchevêtrant les unes les autres. A l'audition, cela enflamme ; à la lecture, on serait choqué. Ces orateurs-là sont donc obligés de se relire assidûment, de refaire leur discours. D'autres, qui avaient appris par cœur et récité avec plus ou moins de gestes leur fougueuse improvisation, mais qui ne sont jamais contents de l'effet produit, se retouchent encore, et surtout soignent les incidents de séance. C'est après coup et sous leur plume fertile que naissent à chaque pas les *Bien!* les *Ah!* les *Très bien!* les *Applaudissements unanimes!* les *Sensation prolongée!* etc., etc....

Avez-vous lu parfois, au *Journal officiel*, le compte rendu d'une séance? Pour peu qu'elle fût un peu chargée, avez-vous pensé à ce que représentent ces vingt ou trente pages sur deux colonnes? Tout simplement la matière d'un volume in-16. Aussi les journaux ordinaires se dispensent-ils de reproduire toute cette prose. Il n'y a que le *Moniteur universel* qui, en souvenir du temps où il était *officiel* lui-même, ait tenu à faire concurrence au journal du gouvernement.

En bon père de famille, celui-ci propose aux journaux le *compte rendu analytique,* fait aussi avec le plus grand soin par les *secrétaires-rédacteurs*.

Cinq d'entre eux, placés sous la tribune même, se relèvent de quart d'heure en quart d'heure, comme des factionnaires. Le secrétaire de service écoute et prend des notes pendant quatorze minutes cinquante-neuf secondes; à la quinzième minute, son successeur attend la fin de la phrase commencée et dit : « Je prends » : c'est la consigne.

Le rédacteur qui vient de partir a donc pour rédiger ses notes les quatre quarts d'heure pendant lesquels ses collègues se succèdent au fauteuil. Ses feuillets de copie, soigneusement numérotés, sont remis ensuite au reviseur.

Celui-ci a pris des notes pendant une heure et par conséquent a vu défiler devant soi quatre rédacteurs. Une fois leur travail entre ses mains, il relit attentivement les quatre « parties », corrigeant, limant, enlevant les mots parasites, les idées inutiles, effaçant les répétitions, les redondances, donnant à tout la proportion, l'unité.

Un autre reviseur fait la même besogne pour l'heure suivante. Puis le tout passe sous les yeux d'un rédacteur-adjoint et du chef de service.

De la sorte, les plus longues séances peuvent se résumer en quelques colonnes, et la rapidité du travail est telle que trente minutes après la fin d'un discours, le discours est rédigé, composé, tiré en épreuve. A cinq heures, le premier placard, donnant le récit de la séance jusqu'à quatre heures et demie, est distribué à quiconque en fait la demande. Le second placard paraît vers sept heures.

Mais, pour obtenir de tels résultats, il a fallu prendre un grand parti. Il a fallu en arriver, par des miracles de diplomatie, à soustraire ce travail aux corrections des orateurs. D'où cet autre résultat que le compte rendu analytique reproduit seul la physionomie exacte des débats. C'est une photographie réduite, mais sans retouches. L'*in extenso* donne la vérité officielle; l'*analytique*, la vérité *vraie*.

En Angleterre, ce sont les journaux eux-mêmes qui ont eu à établir le service sténographique et analytique. Une de ces fictions légales qui plaisent à nos voisins déclare, en effet, que la publicité des séances *est interdite*. Cela n'empêche pas le bureau des Chambres de laisser à la presse des facilités d'installation exceptionnelles. Le *Times*, à lui seul, dépense 500 000 francs (20 000 liv. st.) pour être à même de donner à ses lecteurs, selon le cas, l'un ou l'autre des deux services.

En France, notre goût des choses parlementaires ne va pas jusque-là. On a même vu pendant longtemps — sous la monarchie de Juillet et après la guerre de 1870 — des journaux ne publier sur les Chambres qu'une *lettre* plus ou moins alerte, un « courrier » plus ou moins littéraire, plus ou moins fantaisiste. Armand Marrast, Louis Veuillot, ont été des courriéristes de premier ordre. Aujourd'hui le genre tend à se démoder. La plupart des journaux composent leurs comptes rendus d'extraits du feuilleton analytique ou sténographique, reliés par quelques mots sans prétention. Nous nous rapprochons ainsi de l'idéal anglais : des faits, pas de commentaires !

A part de légers détails, est-il besoin d'ajouter que tout ce qui a été écrit ici d'un journal du soir peut s'appliquer à ceux du matin ? Même activité, même fièvre : travail au gaz ou à la lumière électrique par-dessus le marché. Moins pressées par les nouvelles de Bourse, les dernières nouvelles, les feuilles du matin ont à imprimer, dans la nuit, à deux heures, et le compte rendu tout chaud des Chambres, et celui des banquets politiques ou littéraires qui ont duré jusqu'à minuit, et celui de la soirée théâtrale qui s'est terminée à une heure. Le numéro, « bouclé » à deux heures et demie, avait été commencé vers cinq heures de l'après-midi. De cinq à sept, lecture du courrier, confection des principaux articles ; dîner et repos de sept à dix ; de dix heures à minuit, rédaction des articles retardataires, correction des épreuves.

Et maintenant, ami lecteur, concluons ; il est temps.

Vous connaissez dans toutes ses variétés l'espèce « journaliste », qui appartient au genre « écrivain » : vous savez si elle est nombreuse.

Un grand journal comme le *Matin*, par exemple, utilise, rétribue les services plus ou moins permanents de cinquante collaborateurs. La moindre feuille quotidienne en a une dizaine. Le *New-York Herald*, avec ses diverses éditions européennes, en a, dit-on, plus de trois cents. Essayez de faire le total pour le monde entier : que de « bipèdes à plumes! » eût dit Voltaire.

Aux rédacteurs ajoutez les employés d'administration, les annonciers, les ouvriers compositeurs, les ouvriers margeurs, les correcteurs, les fondeurs de caractères, les papetiers, les fabricants d'encre, les conducteurs, les mécaniciens, les chauffeurs, les plieuses, les trieuses, les colleuses, les porteurs, les camelots, les marchandes des kiosques, les bimbelotiers ou libraires débitants de journaux, les bureaux de tabac, les petits commerçants de toute sorte qui joignent à leur négoce ce petit supplément.

Il y a ainsi, de par le monde, des centaines de mille, des millions de personnes, à qui le journal donne plus ou moins le pain quotidien[1].

---

1. Dans la seule ville de Paris, où existent 2 000 journaux, on arrive avec ce décompte au chiffre fantastique de 125 000 : soit un vingtième de la population qui vit du journalisme. Dites donc après cela qu'il n'est pas une puissance !

CHAPITRE III

L'IMPRESSION. — I. LA COMPOSITION

Les encres d'imprimerie. — Le papier de bois. — Papier en rames et papier continu. — Comment on le fabrique, un souvenir de l'Exposition. — Enormes quantités employées. — M. de Bismarck fabricant de papier. — Une féodalité nouvelle. — L'atelier de composition : sa hiérarchie. — Passé et présent du *prote*. — Les *ours* et les *singes* au temps de Balzac. — La distance des *typographes* aux *imprimeurs*. — Le *metteur en pages*, les *paquetiers*. — Ce que c'est que *composer*. — Division et extrême rapidité du travail. — Le *point* typographique, les différents caractères. — La *casse*, les *cassetins*. — La route parcourue par la main d'un compositeur. — Un peu d'argot. — Le *composteur*. — *Distribution* et *justification*. Le *marbre*. — Ce qu'il y a de lettres dans un numéro. — La correction des épreuves. — Les *bourdons* et les *coquilles*. — Les corrections d'auteur. — La *mise en pages*, ses difficultés. — Querelles homériques. — Les *morasses*. — Les *formes*. — La *une* et la *quatre*, la *deux* et la *trois*. — La descente des formes. — Un sous-sol où il fait chaud. — Le clichage, son but, ses résultats. — L'intérieur d'un grand journal.

Le journal, avons-nous dit, est une industrie, une usine d'articles imprimés. Nous venons de voir une des matières premières, la *copie* des écrivains. Il y en a deux autres : l'encre et le papier. Par quelle trituration, par quels agencements, par quels rouages, par quels amalgames ces trois produits passent-ils avant d'arriver, fondus, combinés, mariés, aux mains du lecteur?

De l'encre d'imprimerie il y a peu à dire. C'est une matière grasse, composée de noir de fumée et d'huiles minérales résineuses, qui est livrée aux imprimeurs dans des bonbonnes de grès ou des boîtes en fer. Ces encres, devant être employées sur des machines qui acquièrent une vitesse vertigineuse, réclament, avec une certaine consistance, un parfait broyage qui en rende la distribution douce et facile. Elles doivent encore être très siccatives, afin de permettre presque instantanément le pliage des feuilles. A Paris, la maison Ch. Lorilleux et Cie, où se fournissent presque tous les journaux, s'est appliquée aussi à fabriquer des encres de toutes couleurs, variant de la façon la plus heureuse l'aspect de certaines publications.

L'industrie du papier a subi depuis cinquante ans d'énormes modifications. Les deux plus importantes sont l'idée du papier continu, due à Ambroise Firmin-Didot, et l'emploi de la pâte de bois. Les forêts de Norvège ou de Transylvanie sont mises en coupe réglée, chaque année, à cette destination; il en sera bientôt de même des forêts du Tonkin et de ses champs immenses d'alfa ou de ramie.

C'est la pâte de bois, en effet, qui prévaut pour les impressions à grand tirage. Et c'est aussi le papier continu qui est employé de préférence.

La plupart de nos lecteurs ont pu voir fonctionner, à l'Exposition de 1889, les machines Darblay et de Nayer. Ils ont vu la bouillie liquide, versée par une longue gueule sur une toile mécanique, commencer à s'y prendre en pâte; puis la pâte se développer sur une boîte aspiratrice où se fait par en dessous un vide relatif, laisser ainsi en un clin d'œil la plus grande partie de son eau, passer d'un même mouvement sur une série de cylindres qui la sèchent, la laminent, l'égalisent, affranchissent ses bords, l'enroulent comme un fil, l'embobinent sur de vastes mandrins.

Les rouleaux ainsi obtenus peuvent avoir de trois à quatre mille mètres, parfois deux lieues.

Un illustré anglais, *The Graphic*, annonçait récemment avoir reçu une des plus grandes bobines qui fussent jamais sorties d'une papeterie : elle mesurait 15 kilomètres de longueur sur 183 centimètres de largeur et pesait 2 845 kilogrammes.

Savez-vous qu'un des gros fabricants d'Europe est...? Si vous ne le savez pas, devinez : non, vous ne devineriez jamais. C'est M. de Bismarck. Il a fait restaurer et agrandir, en 1887, un moulin qui lui appartient et qu'un incendie avait en partie détruit. Ce moulin se trouve près de Varzin. Il a été rebâti avec tous les perfectionnements modernes. Seules, les deux machines à papier ont coûté 250 000 francs ; la dépense totale a été de 1 million 300 000 francs.

Voilà les trois grandes matières premières connues de nous, les voilà emmagasinées dans la maison. A quel moment chacune interviendra-t-elle? comment vont-elles être employées?

C'est la *copie*, bien entendu, qui aura à subir les transformations les plus profondes. Elle était sur papier ordinaire, écrite avec l'encre commune ; elle se trouvera, en fin de compte, reportée avec l'encre d'imprimerie sur le papier à journal : mais, dans l'intervalle, elle aura été traduite en lettres de plomb, en caractères mobiles ; si le tirage du journal est important, il y aura eu quelque chose de plus ; certaines empreintes auront été prises, reproduites plusieurs fois ; bref, elle aura été *composée*, *stéréotypée*, *clichée*.

Examinons, une par une, et dans l'ordre des temps, ces diverses transformations.

Le secrétaire de la rédaction a reçu de toutes mains, en articles complets ou feuillets par feuillets, la copie destinée au numéro du jour ; il a donné un coup de sonnette, la copie est partie pour l'atelier de composition : suivons-la.

Et d'abord, avant de pénétrer chez MM. les typographes, apprenons qu'il y a dans cette république une sorte de hiérarchie : *le prote, le metteur en pages, le paquetier* ; puis au-dessous (bien au-dessous, car il se tient à l'étage inférieur de la maison), le simple ouvrier *imprimeur*, ou pressier.

Ces distinctions, nous dit M. Eugène Boutmy dans son amusant *Dictionnaire de la langue verte typographique*, n'ont, il est vrai, rien d'absolu : « Un prote peut perdre son emploi et redevenir metteur en pages ou chef de conscience[1].... Nous avons connu un ancien metteur en pages du *Moniteur universel* que le décret de M. Rouher a atteint en retirant à ce journal sa qualité officielle[2] et qui, plus tard, *pompait les petits clous à la pige*[3], comme les camarades, côte à côte avec les anciens paquetiers : il était redescendu au rang de simple *plâtre* (ouvrier compositeur peu habile), après avoir, durant des années, émargé les appointements d'un préfet. »

Le présent du *prote* (premier) est encore respectable; mais découvrez-vous devant son passé ! A l'origine de l'imprimerie, les fonctions du maître imprimeur, du prote et du correcteur, aujourd'hui remplies par trois personnes distinctes, étaient exercées par le même individu. C'était d'ordinaire un savant de premier ordre, connaissant l'hébreu, le grec, le latin, plusieurs langues vivantes, les sciences du temps, et, de plus, fort expert dans l'art typographique. — De ce nombre furent le graveur Nicolas Jeanson, que Charles VIII avait envoyé à Mayence pour étudier le nouvel art; Alde Manuce; les Jante, de Florence; les Plantin, à Anvers; les Elzevier, à Leyde; les Caxton, en Angleterre; Guillaume Le Roy, Dolet, les Didot, en France.... On n'en voit plus guère de cette étoffe-là.

Le prote, aujourd'hui, c'est le chef ou directeur d'une imprimerie, l'ouvrier actif, intelligent entre tous, sur lequel reposent tous les détails. « Je dirais, a écrit l'imprimeur révolutionnaire Momoro, qu'un prote est *primus inter pares*, le premier entre ses égaux. » Parfois, il est assisté de *sous-protes*.

Les mots *paquetier* et *metteur en pages* vont s'expliquer d'eux-mêmes par ce qui suit.

Balzac qui, à son grand dommage, avait été imprimeur, a

---

1. *Conscience*. L'ensemble des ouvriers qui travaillent à la journée ou à l'heure, par opposition à ceux qui travaillent aux pièces.

2. Pour la transporter au *Journal officiel*.

3. Nombre de lignes que doit *lever* (produire) un compositeur pour être admis par ses camarades à faire partie d'une équipe en commandite. — La pige est de 30, 35, 40 et 42 lignes à l'heure.

ainsi décrit, dans les *Illusions perdues*, une imprimerie de son temps.

« .... Le rez-de-chaussée formait une immense pièce éclairée sur la rue par un vieux vitrage et par un grand châssis sur une cour intérieure. On pouvait d'ailleurs arriver au bureau du maître par une allée. Mais en province les procédés de la typographie sont toujours l'objet d'une curiosité si vive, que les clients aimaient mieux entrer par une porte vitrée pratiquée dans la devanture, donnant sur la rue, quoiqu'il fallût descendre quelques marches, le sol de l'atelier se trouvant au-dessous du niveau de la chaussée. Les curieux ébahis ne prenaient jamais garde aux inconvénients du passage à travers les défilés de l'atelier. S'ils regardaient les berceaux formés par les feuilles étendues sur des cordes attachées au plancher, ils se heurtaient le long des rangs de casses ou se faisaient décoiffer par les barres de fer qui maintenaient les presses ;... ils donnaient dans une rame de papier trempé chargée de ses pavés, ou s'attrapaient la hanche dans l'angle du banc; le tout au grand amusement des *singes* et des *ours*. Jamais personne n'était arrivé sans accident jusqu'à deux grandes cages situées au bout de cette caverne qui formaient deux misérables pavillons sur la cour, et où trônaient d'un côté le prote et de l'autre le maître imprimeur.... Là était l'évier sur lequel se lavaient avant et après le tirage les formes ou, pour employer le langage vulgaire, les planches de caractères ; il s'en échappait une décoction d'encre mêlée aux eaux ménagères de la maison, qui faisait croire aux paysans venus les jours de marché que le diable se débarbouillait dans cette maison. »

Telle était, il y a un demi-siècle, une imprimerie en province. L'emploi de la vapeur ou du moteur à gaz en a quelque peu modifié l'aspect, surtout à Paris, surtout dans les journaux. Les presses ne marchent plus à la force des bras ; donc, plus d'*ours*, plus de *pressiers*. Un conducteur de machines, un homme de peine, qui est souvent le chauffeur, quelques appren-

Un *typo*.

tis ou *attrape-science*, d'ordinaire fils des ouvriers de la *boîte*, *enfants de la balle* : voilà les *imprimeurs*. Quant aux *singes*, sans rien perdre de leur agilité, ils sont devenus les *typos*. Les lourdes machines et ceux qui les conduisent sont toujours relégués au rez-de-chaussée ou dans les sous-sols : les *typos* perchent sur les hauteurs.

Depuis quelque vingt ans, les ouvriers typographes travaillant dans les journaux se sont organisés en *commandites*. En d'autres termes, un certain nombre d'entre eux s'associent pour travailler à leur propre compte, à tant le *mille de lettres*. Pour les grands journaux, ces commandites sont de seize à vingt, vingt-cinq personnes. Tantôt, si l'on s'imprime chez un maître imprimeur, la société se forme avec son assentiment ; tantôt, si le journal a son imprimerie à lui, ce qui est devenu le cas le plus fréquent, elle traite directement avec l'administration. Dans un cas comme dans l'autre, c'est le metteur en pages, élu par ses camarades, qui, chaque semaine, règle leurs salaires, qui fait la *banque*. Cette combinaison, sans coûter plus cher aux journaux, a notablement amélioré le sort des ouvriers. Les *leveurs* peuvent se faire de 7 à 8 francs ; les hommes en *conscience* reçoivent à peu près autant.

Comme on connaît les saints on les honore. Nous sommes maintenant présentés aux typos. Entrons chez eux sans autre préambule.

La *copie*, montée tantôt par un garçon ou un apprenti, tantôt par un petit monte-charge, est arrivée, article par article, au metteur en pages. Elle est écrite, nous l'avons vu, d'un seul côté. Pourquoi ? Regardez. Voici le metteur en pages qui prend chaque article, qui le parcourt de l'œil, non pour le lire (il a bien d'autres chats à fouetter!), mais pour y voir les alinéas et parfois même, au grand désespoir de certains auteurs, pour mettre des alinéas là où il n'y en a pas. Puis, le voici qui prend en main une paire de ciseaux et qui la promène hardiment, de distance en distance, dans le manuscrit. Il coupe chaque feuillet en deux, trois, quatre morceaux, plus encore s'il y a lieu ;

ensuite, comme une mère oiselle passant la becquée à ses petits, il distribue les coupures à son peuple de *frères*; il donne à chaque typo un de ces morceaux, une *cote*. Il la lui donne en marquant en tête le nom de l'ouvrier et en numérotant les cotes. C'est la division du travail. Dans les instants de grande hâte, et le journalisme n'en connaît guère d'autres, on « composera » ainsi chaque article dans le minimum de temps.

Composer, en termes d'imprimerie, c'est traduire en lettres mobiles, en *caractères*, les lettres du manuscrit.

Ces caractères sont de différentes *sortes*. De là, les signes mystérieux, les indications cabalistiques que le secrétaire de la rédaction mettait tantôt en tête de chaque article. « *En* 9 », « *en* 10 », « *en* 8 », a-t-il écrit, ou plus simplement ces chiffres encadrés d'un trait : [9], [10], [8], ce qui signifie, pour le metteur en pages et les typos, que l'article doit être composé en caractères de 9 *points*, 10 *points*, 8 *points*.

Toutes les mesures de longueur, de largeur, de hauteur à prendre, en typographie, sont ramenées en effet à une base fixe, à une unité spéciale, *le point*. C'est une longueur égale au 6e de la ligne du pied de roi, c'est-à-dire, dans le système métrique, aux 376 millièmes d'un millimètre, ou au 26e d'un centimètre. Tous les caractères, tous les intervalles, ont une épaisseur équivalente à un multiple de cette longueur; la largeur de la ligne, ou *justification*, se compose également d'un nombre déterminé de points.

Ainsi, le caractère 5 (le plus petit qu'on fabrique ordinairement) est celui dans lequel chaque lettre a une épaisseur de 5 fois 0^{mm},376, soit 1^{mm}, 88. Il ne s'emploie guère que dans certains travaux de luxe.

Chez nous, le plus usité des caractères est le *neuf*; on l'interligne souvent *d'un point*, de *deux points*; c'est-à-dire qu'on intercale, entre les lignes, de petites réglettes de plomb antimonié, ayant une fois ou deux fois l'épaisseur du point. Cela fait saillir aux yeux l'article ainsi composé.

Les articles auxquels on veut donner plus de relief sont composés en *dix* simple ou en *dix* interligné, et parfois, dans les feuilles de province, en *onze*.

Grands, petits ou moyens, tous les caractères à journaux sont un alliage de plomb et d'antimoine. Il y a aujourd'hui, pour les fondre, des machines d'une simplicité admirable. D'un côté, de petites pompes spéciales projettent le mélange en fusion dans des moules parallélépipédiques ou *matrices* ayant la forme, l'œil et la hauteur de chaque lettre; de l'autre, un jet d'eau froide les rend instantanément maniables. Toutes les lettres, par cette fabrication même, ont une hauteur mathématiquement égale. Il reste à polir, à *dresser* les deux faces de la largeur, à équarrir, à fignoler de même les deux faces de l'épaisseur, afin que les lettres d'une même ligne, dans le travail de la composition, puissent *se tenir*, se coller ensemble. Ces diverses conditions sont si bien remplies, qu'une page composée de caractères mobiles, si elle est convenablement serrée, semble ne plus faire qu'un seul morceau ou, comme disaient les bonnes gens de Balzac, *une planche* compacte de métal.

Mais revenons à nos typos. Ils viennent de s'installer. Ils ont déposé au vestiaire leur costume de ville et passé, par-dessus le tricot, la blouse traditionnelle. Quelques-uns, surtout les apprentis, les *lapins*, se sont coiffés du bonnet de papier non moins légendaire. Tous sont à leur place, dans les *rangs*, le composteur en main. Devant eux, sur le *rang* de fonte polie, le casier de bois blanc où s'entassent, se rangent, se *distribuent* les lettres: la *casse*. Dans la casse, deux grandes divisions, le *haut* et le *bas*; puis, en haut, en bas, réparties comme les carrés d'un damier, mais d'un damier aux cases inégales, 152 subdivisions ou *cassetins*; chaque cassetin contient, en nombre plus ou moins grand, les lettres de même sorte. Et, ces lettres, comment disposées? Dans l'ordre alphabétique? Non: ce sont les plus fréquemment employées que l'ouvrier aura le plus près de sa main, pour que celle-ci ait moins de chemin à faire; toutes les minuscules, les *a*, les *b*, les *c*, les *d*, etc..., sont dans ce cas : elles sont en *bas de casse*; parmi elles, la plus usitée est l'*e* muet : c'est l'*e* muet qui occupe le centre ; à côté, l'*i*, le *t*, etc., selon les probabilités d'emploi révélées par l'expérience ; puis

HAUT DE CASSE

A	B	C	D	E	F	G	A	B	C	D	E	F	G
H	I	K	L	M	N	O	H	I	K	L	M	N	O
P	Q	R	S	T	V	X	P	Q	R	S	T	V	X
â	ê	î	ô	û	Y	Z	J	U	é	è	ê	Y	Z
É	É	È		m	w	'	ffi	w	Æ	Œ	Ç	[]	!
à	è	i	ò	ù	()	•	fi	W	Æ	Œ	Ç	§	?
«	»	U	J	j	•	r	ff	ä	ë	ï	ö	ü	

"	ç	é	-	'	1	2	3	4	5	6	7	8
—	b	c	d	e	s	Espaces moy.	f	g	h		9	0
											æ	œ
z	l	m	n	i	o	p	q	;	ffi	k	½ cad.
y								Esp.(	fi	:	Cad.
x	v	u	t	Espaces fortes	a	r	.	,	Cadrats

BAS DE CASSE

les chiffres, les *cadrats* et *cadratins* (petits parallélépipèdes de même métal que les lettres et servant à en tenir lieu, soit pour boucher les fins de lignes, soit pour le commencement des alinéas) ; puis les virgules, les deux-points et autres signes de ponctuation.

Dans le haut de casse, les majuscules, A, B, C, les petites

capitales, A, B, les lettres accentuées et les autres sortes moins usitées.

Si l'on en croit un des maîtres de la science typographique, M. Théotiste Lefèvre, qui a contribué à perfectionner le classement des anciennes casses, la main droite d'un compositeur parcourt en moyenne, dans une année de trois cents jours ouvrables, 6 928 933 pieds, près de 600 lieues, c'est-à-dire une distance plus grande que celle de Paris à Constantinople ou à Saint-Pétersbourg. C'est un joli voyage.

Dans un autre coin de l'atelier, une casse banale où se trouvent les lettres *italiques* (*penchées*), les *égyptiennes*, les *normandes*, (caractère **épais**, **gras**), les fantasques, etc. Chaque fois que le *frère* trouvera de ces lettres sur sa copie, il faudra qu'il aille

Composteur.

exprès à cette casse; ce sera pour lui une perte de temps appréciable. Si ce dérangement se reproduit trop souvent, il vouera l'auteur au diable, il *gourgoussera*, il *mangera son bœuf*.

Bien devant lui, droit en face ses yeux, il a placé sa part de copie. Dans la main gauche, il a serré son outil ou plutôt son arme, son ami, le *composteur*. Ce qu'est le fusil au fusilier, en effet, ce qu'est le canon au canonnier, le composteur l'est au compositeur. Imaginez un petit châssis de fer formé par une lame plus ou moins longue, mais de quatre à six centimètres de large et bordée, sur un de ses côtés rectangulaires, par un petit parapet ayant mi-hauteur des lettres d'imprimerie. Un autre bord, mobile celui-là, peut glisser à coulisse le long de la lame et être assujetti, à n'importe quelle distance, par un pas de vis, pour donner des lignes plus ou moins longues, une *justification* plus ou moins grande. Vous avez ainsi une sorte de boîte métallique ouverte par en haut, ouverte aussi sur l'un de ses longs côtés (celui qui regarde la poitrine de l'ouvrier), et dans laquelle les caractères, tout à l'heure, vont tomber avec une vitesse inouïe, s'entasser lettre par lettre, ligne par ligne.

Et maintenant, en route! Tantôt silencieux, tantôt sifflant un air, le typo promène sa main de la casse au composteur, du composteur à la casse. Et il va, il va, il grappille! Et les petites lettres, fines, déliées, disciplinées, se rangent à côté les unes des autres! Voici déjà une ligne! Vite une petite plaque de plomb, une *interligne*, pour la serrer d'un bout à l'autre; vite, de l'autre côté de la plaque, que les lettres recommencent à se placer, à se semer avec la même prestesse! Elles se poussent, s'accumulent, s'alignent sillons par sillons, enfilades par enfilades, comme les grains du laboureur, comme de petits soldats de plomb que ferait manœuvrer une fée. Il n'y a pas d'auteur, si sceptique fût-il, qui ne se soit émerveillé vingt fois à voir avec quelle dextérité les phrases de son texte, ses pattes de mouche hiéroglyphiques se transforment ainsi en beaux caractères, tous égaux, tous corrects, luisant à l'œil.

Tantôt pour séparer les mots, tantôt pour donner aux lignes une largeur bien égale (celle des *colonnes* du journal), l'ouvrier égrène, de-ci de-là, de petites lames très minces, dites *espaces*, qui calent solidement la ligne, lui assurent la dimension juste, *justifient*.

Voilà remplies les six ou huit lignes du composteur. Le typo, se faisant de chaque main une paire de pinces, saisit par chaque bout, entre l'extrémité du pouce et l'extrémité de l'index, la *matière* ainsi composée, et, toujours adroit comme un *singe*, sans déranger aucun caractère, sans rien *mettre en pâte*, la transporte rapidement sur la *galée*, sorte de composteur aux proportions plus larges placé près de lui.

Puis, le composteur rempli de nouveau et de nouveau vidé, l'opération répétée cinq ou six fois, la galée pleine à son tour, il va, avec une ficelle, lier le *paquet*. Ces paquets sont passés au fur et à mesure au metteur en pages, et celui-ci les dispose, les emmagasine sur un rang de fonte douce qui était jadis une table de marbre, et que, de son ancien nom, on continue à appeler « le marbre ». Un article composé que l'abondance des matières force à remettre à un autre numéro, c'est un article qui *dort sur le marbre*. Et *avoir de la copie sur le marbre*, quand on commence un numéro, c'est comme qui dirait avoir du pain sur la planche.

Un ouvrier habile, un bon *leveur* peut livrer ainsi jusqu'à 45 ou 50 lignes par heure. Mais la moyenne ordinaire est de 30 à 35, c'est-à-dire, en caractère du corps 9, de 1200 à 1500 lettres. L'homme en commandite qui est resté, pour une raison ou pour une autre, au-dessous de ce chiffre, payera une amende par chaque ligne de déchet. Ainsi le veulent les lois de la *pige*, de la vérification ; quant au produit des amendes, il sera mis à part, et servira à acheter quelques bonnes bouteilles de vin ou de bière qui, pendant une courte interruption de travail, pendant la *brisure* réglementaire, entretiendront l'équipe en belle humeur.

De fait, cent cinquante à deux cent mille de ces caractères ou pièces d'assemblage sont maniés journellement pour noircir les quatre pages de votre journal, et journellement ces cent cinquante, ces deux cent mille pièces sont replacées dans les casses, sont *distribuées* après chaque tirage[1]. Ce n'est pas sans dégager peu à peu d'imperceptibles poussières de plomb qui pénètrent dans les bronches, dans les intestins, et y déterminent assez souvent des maladies spéciales à la profession. Aussi essaye-t-on, dans quelques imprimeries, de remplacer l'antique plomb antimonié par des caractères en celluloïd. Réussira-t-on ? une longue pratique peut seule le dire. Mais bah ! les typos s'en

---

[1]. Dans les journaux anglais, hollandais ou américains, ce chiffre peut être quadruplé, quintuplé, décuplé.... Ainsi une colonne du *New-York Herald* contient 30 000 pièces typographiques, et certains numéros ont 148 colonnes ; de sorte qu'en huit heures les 120 compositeurs ont manié, et les 50 correcteurs relu, plus de 4 millions de lettres.

soucient peu, ils sont philosophes. Ils aiment trop leur métier pour s'arrêter à ses inconvénients. Ils sont fiers, et à juste titre, d'un art qu'on a pu appeler un don de Dieu, la plus belle conquête de l'homme sur l'ignorance [1]. Ils vous diront avec Lamartine que leur père Gutenberg fut « le tribun de l'esprit humain ». Si vous entrez davantage dans leur intimité, un d'entre eux, qui fait des vers en cachette, vous rappellera sûrement que Béranger et Hégésippe Moreau ont fouillé *dans le cassetin aux apostrophes* : Béranger, ajoutera-t-il, baptisait la typographie « l'antichambre de la littérature ».

Donc, paquets par paquets, la copie composée est rentrée — ou elle rentre — aux mains du metteur en pages. Un article parfois a été partagé entre vingt ouvriers, voilà vingt paquets différents. Comment s'y reconnaître ? C'est ici que les coups de crayon bleu, les coups de crayon rouge, les coups de crayon noir, donnés tout à l'heure sur les morceaux de manuscrit, vont être précieux. Comme la poule rassemble ses poussins, le metteur fait l'appel des cotes. « Qui a le 2—A ? et le 3—B ?... Ho ! réunissez les C !... A quand la tête des D ? »

Bravo ! le compte y est. Les morceaux ont été ajoutés bout à bout, l'article est complet. Bien, très bien ! Vite, voici le metteur qui passe sur chacun des paquets un rouleau imprégné d'encre, qui applique par-dessus une feuille de papier un peu humide et tapote sur le papier avec une brosse ou le fait passer par un bijou de petite presse. Les caractères en saillie, que votre œil distinguait vaguement au milieu du bloc, se sont ainsi imprimés sur la feuille de papier : c'est une *épreuve*, l'épreuve « en première ».

Cette épreuve, sans perdre une minute, on l'envoie au correcteur.

Ah ! le correcteur ! quel brave homme le plus souvent, et quel martyr du devoir professionnel ! « Avez-vous songé quelquefois,

---

[1] « Invention plus divine qu'humaine » (mot de Louis XII).

a écrit M. Egger, à ces hommes laborieux qui, près des ateliers de composition et des machines d'imprimerie, relisent du matin au soir et quelquefois durant la nuit les épreuves d'un livre ou d'un journal?.... Il leur faut suivre d'un œil attentif les moindres erreurs qui peuvent porter sur l'orthographe des mots, sur la forme des caractères, sur la ponctuation, sur le numé-

Atelier de composition.

rotage des feuilles et des pages, et cela dans une variété presque infinie de sujets; quelquefois soumettre à l'auteur lui-même des changements auxquels il n'a pas pensé, tenir sans cesse à la main la copie manuscrite, le Dictionnaire de l'Académie qui fait autorité dans les typographies pour mainte question douteuse. Les yeux se fatiguent vite et la santé s'use à une telle besogne.... Quelques-uns de nos modestes correcteurs sont de véritables savants, possédant plusieurs langues.... »

Et M. Crapelet, qui a fait sur l'imprimerie un livre classique, ajoute non moins justement : « Instruction, intelligence, mémoire, jugement, goût, patience, application, amour de l'art, voilà ce que l'imprimeur attend pour le moins du correcteur auquel il confie la lecture des épreuves. »

Enfin M. Boutmy, qui est de la corporation, nous fournit ces autres lignes qui achèveront le tableau.... « Le correcteur, par son caractère et par la nature de ses fonctions, est isolé, timide, sans rapports avec ses confrères, supporté plutôt qu'admis dans beaucoup d'ateliers typographiques. Le patron voit souvent en lui une non-valeur, parce que son salaire est prélevé sur les *étoffes* (différence entre le prix compté au client et le prix de revient) ; le *prote*, la plupart du temps, diminue le plus possible l'importance de ses fonctions. Le réduit le plus obscur et le plus malsain de l'atelier est d'ordinaire l'endroit où on le confine.... Et pourtant, qu'est-ce que le correcteur? D'ordinaire un déclassé, un transfuge de l'Université ou du séminaire, une épave de la littérature ou du journalisme.... Aujourd'hui sans doute les choses ne sont plus ce qu'elles étaient il y a dix ans. Un élément plus jeune, plus énergique, est venu s'adjoindre aux hommes timides. ».... Et l'on peut ajouter que la situation matérielle et morale du correcteur dans la presse s'est améliorée par ce fait même que les journaux tendent à s'imprimer, non plus chez un maître imprimeur, mais *chez eux*.

La principale qualité du correcteur, quel qu'il soit, c'est « l'œil typographique », c'est-à-dire le don d'apercevoir les erreurs de toutes sortes, même dans la lecture la plus rapide. Il y en a de surprenants : ils découvrent la faute même sans lire le texte, même s'il est à l'envers : il semble qu'elle leur saute à l'œil. Le plus souvent, cette chasse aux erreurs se fait avec l'assistance d'un apprenti ou d'un compositeur devenu vieux, infirme, qui lit à haute voix le manuscrit de l'écrivain, qui *tient la copie*. Quelques correcteurs préfèrent *lire au pouce*, c'est-à-dire se passer du teneur de copie.

1 Les plus petits, les plus légers, les plus
2 mignons de tous les oiseaux, ce sont les co-
3 libris, aussi appelés oiseaux-mouches. Ils
4 ne sont pas, en effet, beaucoup plus gros que
5 de gros bourdons... Rien n'est plus joli que
6 ce petit bijou d'oiseau : ses ailes, tout son
7 corps brille. des plus vives couleurs. Il va,
8 vient, voltige, léger comme un papillon ; ses
9 ailes font entendre un petit bourdonne-
10 ment joyeux. S'il passe dans un rayon de so-
11 leil, son plumage étincelle comme le rubis ;
12 s'il se se pose sur les fleurs, le prendrait
13 lui-même pour une fleur. Le colibri se fait
14 un nid, un joli nid , suspendu à un
15 léger rameau, ou même à une feuille pen-
16 dante.
17 Ce nid ressemble à une coquille de noix
18 creusée ; il à la branche est lié à l'aide
19 de mousses à l'extérieur, et à l'intérieur
20 de fibres délicates entrelacées, tapissé
21 de duvets *moëlleux* ou de la bourre soyeuse
22 des cotonniers. (Récits d'histoire naturelle).

Protocole de correction.

Faut-il donc l'avouer? Les typos sont habiles et intelligents, ils ne sont pas infaillibles. L'épreuve en première contient toujours un certain nombre de fautes, et ce qui doit étonner, quand on pense à l'extrême rapidité de travail, c'est qu'il n'y en ait pas davantage. Tantôt l'ouvrier, plein de son œuvre, a composé deux fois le même mot : c'est un *doublon*; tantôt, lisant trop vite ou d'une façon distraite, il a oublié plus ou moins de lettres : c'est un *bourdon*. Pourquoi « bourdon »? Parce que, dans le protocole du correcteur, le signe porté en marge pour la correction se figure par une espèce de petit bâton crochu (λ) semblable à l'ancien bourdon des pèlerins. Aussi, pendant qu'il corrige son erreur sur le marbre, dit-on à l'ouvrier qu'il va à *Saint-Jacques*; de nouveau il *gourgousse*, il *mange son bœuf*. Que sera-ce si l'erreur est grave, si elle l'oblige à un remaniement complet, à remettre en galée, ou, comme disent encore les compagnons en goguenardant, à *passer en Germanie*, à *aller en Galilée*? Ce n'est plus *du bœuf* qu'il mangera, ce sera *une chèvre*.

L'anecdote se fourre partout. On raconte que c'est un bourdon qui amena, en 1812, la guerre de Russie. Le rédacteur du *Journal de l'Empire*, parlant de Napoléon et d'Alexandre, avait écrit : « L'union des deux empereurs dominera l'Europe ». Un étourdi ou un facétieux (pour ne pas dire factieux, ce qui serait un autre bourdon) omit les lettres *i, o, n*, et la phrase devint ceci : « L'un des deux empereurs dominera l'Europe ». Alexandre ne voulut jamais croire à une simple faute typographique.

Si le bourdon peut jouer de tels tours, que dire de la *coquille*? Oh! la coquille! la coquille! quel fléau de l'imprimerie et du journalisme! quel monstre ennemi des dieux et des hommes! Vous savez ce que c'est : tout simplement une lettre mise pour une autre, soit parce que le bourreur de lignes s'est trompé de cassetin, soit qu'il y ait jeté par mégarde, en distribuant, des lettres étrangères, qu'il ait mal *rangé sa casse*. Rien de plus compréhensible qu'une telle faute ; rien de plus perfide. On cite des centaines de coquilles devenues classiques; on n'en citera jamais assez. M. Guizot, un jour, déclare à la tribune qu'il est au bout de ses « forces » ; le *Moniteur* imprime : à bout de « mes farces ». Siéyès, dans un discours justificatif de sa conduite, avait mis : « J'ai ad*j*uré la République » ; on lui fait dire « a*b*juré », et il s'écrie furieux : « L'imprimeur veut me faire guillotiner ! » Dans une maladie du prince Jérôme, un journal officieux, donnant des nouvelles rassurantes de l'oncle de l'Empereur, le fait en ces termes : « Le *vieux* persiste » ; et le typographe a beau protester de son innocence, il est renvoyé sur l'heure. Un autre compose ce titre : Les « *Jambes* » d'Auguste Barbier ; un autre : « les Ché*nil*les » (pour Chevilles) de maître Adam. Un autre annonce que le roi Louis-Philippe « s'est pendu dans la forêt ». Une autre coquille, assez philosophique, ma foi ! nous apprend que les mots sont les « si*n*ges de nos idées » ; une autre, que le tribunal correctionnel a condamné un pauvre diable, pour une faute légère, à « huit jours d'empoisonnement »... Et que d'autres encore, combien d'autres !

L'auteur inconnu d'une *ode à la coquille* s'est plu à la flétrir dans la langue des dieux :

Je veux chanter tous tes hauts faits,
Je veux dire tous tes forfaits.....
S'agit-il d'un homme de *b*ien,
Tu m'en fais un homme de *r*ien.
Fait-il quelque action insigne,
Ta malice la rend in*d*igne,
Et par toi sa *c*apacité
Devient de la *r*apacité !
Que sur un vaisseau quelque prince
Visite nos ports en province,
D'un brave et fameux a*m*iral
Tu fais un fameux a*n*imal,
Et son émotion *v*isible
Devient émotion *r*isible.
Un savant maître fait des *c*ours :
Tu lui fais opérer des *t*ours;

> Il parle du divin *Homère* :
> O sacrilège! on lit *Commère*.
> L'amphithéâtre et ses gradins
> Ne sont plus que d'affreux gredins.
> . . . .
> Léonidas aux Thermopyles
> Montre-t-il un beau dévo*u*ment,
> Horreur! voilà que tu jubiles
> En lui donnant le dévoîment.

Un jour, du moins la tradition le dit, Malherbe livre aux compositeurs ce concetti assez médiocre :

> Et Rosette a vécu ce que vivent les roses.....

Le compositeur remplace les *tt* par des *ll*, et rend à l'auteur ce vers si gracieux, si vraiment poétique :

> Et rose elle a vécu ce que vivent les roses :
>   L'espace d'un matin.

Ce jour-là, si la tradition dit vrai, la coquille fut une fée bienfaisante. Mais d'ordinaire, c'est le lutin le plus fantasque, le plus taquin, le mieux fait pour damner les auteurs.

Coquilles, bourdons, doublons, lettres tombées, lettres renversées, lettres mal alignées, le correcteur en première a tout vu, tout noté, tout redressé. Les épreuves sont retournées au metteur en pages. Vite, vite, il fait *corriger les paquets*; puis, nouvel encrage, nouveau coup de brosse ou nouveau tour de presse : il envoie ces nouvelles épreuves, ou épreuves *en seconde*, au bureau de rédaction. Souvent ce sont des attrape-science, des trottins qui les portent. Souvent aussi, nous l'avons déjà indiqué, une communication est établie entre la rédaction et l'atelier : les épreuves vont et viennent, comme la copie, dans une sorte de petit ascenseur ou pour mieux dire de monte-charge mû par une poulie.

Presque toujours, dans les installations d'autrefois, les ateliers de composition sont relégués dans quelque pièce obscure et font penser involontairement, avec leurs murs sales, jamais lavés, couverts de caricatures, de vieilles gravures jaunies, enfumées par le tabac, à quelque toile de maître hollandais. Dans les journaux mieux logés d'aujourd'hui, on s'installe, au contraire, en pleine clarté. Parfois aussi, à *l'Éclair*, au *XIXᵉ Siècle*, etc..., le hall de la composition est de plain-pied avec les salles de rédaction, les bureaux de dépêches, les cabines téléphoniques, etc.; de la sorte, aucune perte de temps : la dépêche, aussitôt reçue, est rédigée, composée, *métallisée*, corrigée.

Au bureau, les épreuves en seconde sont lues hâtivement, tantôt par l'auteur qui, au besoin, retouche telle ou telle phrase, tantôt par le secrétaire de la rédaction et le rédacteur en chef, qui refait, adoucit, supprime tel ou tel passage faisant double emploi ou capable d'attirer au journal des désagréments. Ce sont là, en langue typographique, les corrections dites « d'auteur »; bien que payées à part à l'ouvrier, et c'est justice, elles ont le don, le plus souvent, d'exciter sa bile. Ah! les auteurs réputés pour faire des corrections, comme on les bénit et en quels termes! comme on leur crie : « Nous ne paraîtrons pas à l'heure! vous allez mettre le *canard* en retard! je m'en lave les mains! je me plaindrai à l'administration! »...., etc.

Enfin, toutes les corrections sont faites ou vont l'être bientôt; le tableau de Bourse, s'il s'agit d'un journal du soir, a été passé aux *tableautiers*, qui savent par cœur la place de toutes les valeurs et introduisent en un clin d'œil, en face des noms toujours conservés, les variations incessantes des cours; il n'y a presque plus rien à composer : on va pouvoir soumettre le journal à l'encadrement, mener rondement la *mise en pages*.

Chaque jour, c'est une bataille. Le metteur en pages et le secrétaire de la rédaction font mieux que d'y contribuer, ils s'y dévorent.

De quelle façon, pour varier le journal, disposera-t-on les articles? les coupera-t-on les uns par les autres, les grands par les petits, le *corps* 9 par le 8, les *tartines* par les *entrefilets*? Là-dessus, on s'entend vite. Le metteur, toujours très intelligent, s'est bientôt imprégné sur tous ces points des idées générales de la direction ou lui a fait agréer les siennes. Secrétaire de la rédaction et rédacteur en chef peuvent s'absenter ; quand ils liront le journal, il aura l'*œil* qu'ils désirent, les titres seront composés comme ils l'entendent, avec la *sorte* de caractère, la hauteur précises qu'ils eussent désignées eux-mêmes ; l'*air* circulera entre les colonnes, entre les articles, à la dose voulue.

Chez les Anglais et les Américains, où le corps du journal est tout entier dans le même caractère (*sept* ou *six*), et l'ordre des articles absolument invariable, cette besogne est très simplifiée. Chez nous, c'est tout un art. Que de journaux encore, fidèles aux vieilles règles typographiques, n'admettront jamais qu'un article commence en haut d'une colonne ! (la première exceptée). Autre difficulté : les articles, tout en se coupant, se croisant, se variant entre eux selon leurs dimensions ou la force du caractère, doivent suivre pourtant une marche générale indiquée par la nature des sujets. Les lecteurs qui dévorent consciencieusement leur journal et le lisent du premier-Paris jusqu'au nom de l'imprimeur sont de plus en plus une exception. Celui-ci ne tient qu'aux nouvelles du sport, cet autre veut voir d'abord le cours de ses rentes ou le prix des farines, cet autre va immédiatement au compte rendu des Chambres, etc.... Il faut donc, chaque jour, que chaque chose se trouve à peu près à la même place. Puis, en tête du journal, à quels articles va-t-on faire honneur ? Jadis la question ne se posait nulle part. C'était au bulletin politique et, après lui, aux articles *de fond*. Les articles de fantaisie, les chroniques, même du plus haut goût, du style le plus brillant, ne venaient qu'après. *Le Figaro*, et avec *le Figaro* les feuilles dites de boulevard, ont changé tout cela[1]. Il est admis, dans beaucoup de bureaux de rédaction, que l'article à placer en tête

---

1. Déjà *l'Événement* de 1848, fondé par Victor Hugo et ses fils, avait pris pour règle : « Nous donnerons la place la plus visible à l'événement de la journée, quel qu'il soit ».

est celui qui offrira le plus d'intérêt, d'actualité; dans quelles balances, à certains jours, peser choses si délicates?

Ainsi, variété dans l'unité, fantaisie dans la régularité, art de flatter l'œil tout en conduisant le lecteur dans une route toujours semblable : telles sont les qualités d'une bonne mise en pages; elles ne sont pas à la portée de tout le monde.

Mais ce n'est pas encore là le plus difficile. La difficulté (ou, pour rester dans la couleur locale, le *cheveu*), c'est de savoir quels articles on fera passer, quels on sera forcé d'ajourner. Tout à l'heure, sur une feuille volante ou sur un carnet où toute la copie est enregistrée, le secrétaire de la rédaction a indiqué, en bloc, l'ordre et la marche. Le metteur en pages s'est attelé à la tâche. Quatre grands cadres de fer, les *châssis*, sont là sur le marbre. Sur le marbre aussi, les divers paquets classés bien en ordre. Dans le premier cadre, zébré de cinq ou six lames métalliques verticales, les *colonnes*, il a déposé le titre, et colonne par colonne, il va verser les premiers articles indiqués. Pour cela il les mouille d'une grosse éponge, il noie d'eau les caractères afin de les faire adhérer ensemble; il délie la ficelle qui les maintenait, puis par larges poignées, par poignées de trente, quarante lignes, il y prend la composition, il place ces fragments à la suite les uns des autres. Bon! voilà la *une* qui se monte. Mais avant de la serrer, le metteur prend une ficelle; il mesure les paquets qui lui restent, il mesure les annonces qui rempliront la *quatre* et peut-être empiéteront sur la *trois* : aïe! plus que sept colonnes à remplir, et il y a de quoi en remplir dix! Alors il maugrée. « C'est toujours comme cela! — Le secrétaire ne veut pas s'arrêter! — il ne sait pas peser sa copie! » Ou bien des filets imprévus ont été remis en dernière heure par le rédacteur en chef. — « Il faut que cela passe, coûte que coûte. — Il n'y a pas de place. — Faites-en. — Le journal ne paraîtra pas. — Il faut qu'il paraisse. — Alors, supprimez l'*interview*. — Y pensez-vous? c'est le *clou* du numéro. — Alors, la chronique? — Non, j'ai juré à Un tel qu'elle passerait : il y a assez longtemps qu'elle patiente. —

L'article de courses? — Il ne vaudrait plus rien demain. — Les nouvelles d'Angleterre? — Non, elles se font vieilles. — Enfin, ôtez quelque chose! les formes ne sont pas en caoutchouc, voyons...! »

On finit par s'entendre. C'est le feuilleton scientifique ou la variété littéraire qui attendront encore. Ils attendent toujours. Les auteurs sont d'aimables gens, puis ils sont payés à la ligne : ils n'ont pas le droit de trop se fâcher.

Mais quoi encore? patatras! drelin! drelin! c'est le téléphone, c'est le télégraphe, c'est le reporter influent, qui apportent une nouvelle tragique : la chute du ministère ou le coryza d'une cantatrice. Vite quelques réflexions ont été bâclées là-dessus. On sonne de nouveau le metteur en pages. Ou bien il descend comme une trombe. « C'est trop fort; on se moque de lui; il va quitter la maison. » Pourtant, après plus ou moins de discours, tout s'arrange encore. Mais il faut démolir ce qui est déjà construit, et, pour faire place aux nouvelles lignes, retirer du châssis, remettre sur le marbre un article qui se croyait sûr de passer.

Enfin, d'incidents en incidents, de concessions en concessions, le metteur a disposé peu à peu tous les paquets dans leur ordre; il les a encastrés, dépouillés de leurs ficelles, entre les règles de fer ou de cuivre qui forment les colonnes; il a inséré entre les lignes, entre les titres, un certain nombre d'interlignes pour jeter des *blancs* et, tout à l'heure, rendre le serrage plus compact; la page *une* est bâtie. La *deux*, la *trois*, la *quatre* vont bientôt suivre. En attendant, il fait de chaque page pleine, au fur et à mesure, une épreuve d'ensemble, la *morasse*, qu'on envoie au rédacteur en chef. C'est là, en quelque sorte, un numéro anticipé. Le rédacteur en chef y jette un rapide mais sérieux coup d'œil, juge de la disposition des articles, de l'effet des titres, biffe de-ci, de-là, à coups de crayon bleu, les bévues qui auraient pu échapper. On maugrée encore, mais on se dépêche d'autant plus. Tout le monde sur le pont! Ce n'est plus de la fièvre, c'est du vertige, du délire, de l'épilepsie. On se cogne, on se bouscule, on se lance des interjections, des *attrapances*. Dieu soit loué, tout est fini! Le metteur, suant, pestant, ajuste le châssis autour de la page, il dispose entre la matière typographique et chaque côté du cadre des cales de bois mince, il y glisse encore de petits coins intérieurs destinés à assujettir minutieusement son œuvre. Pan! pan! ce sont les coins qu'on enfonce à coups de maillet, à moins qu'on ne les serre par un système de vis et d'écrous. Pan! pan! on soulève le châssis légèrement pour voir *si la lettre tient bien*, s'il n'y aura pas de *pâte*. Pan! pan! tout est parfait. Voilà l'épreuve type du journal solidement encadrée, enchâssée. Il n'y a plus qu'à descendre les *formes* au sous-sol, ou, dans les maisons mieux organisées, à l'y faire descendre par un ascenseur[1]. — On sera prêt pour la minute même, on est prêt! Les 200 000 lettres du journal ont été composées, corrigées, assemblées, coincées en six ou sept heures, dont cinq de travail.

Un détail qui peut étonner : dans les journaux du soir, ce sont toujours les pages 2 et 3 qu'on serre et qu'on descend les premières. L'explication est simple. Le tableau de Bourse et les dernières nouvelles se mettent soit en première, soit en dernière page, et pour ce motif on les tient prêtes à tout événement.

Quel que soit l'ordre dans lequel elles aient été serrées, la *une* et la *quatre* iront toujours de conserve sous les machines : elles seront placées à côté l'une de l'autre dans un même cadre *ad hoc*; ensemble aussi vont toujours la *deux* et la *trois*.

---

1. Dans les journaux américains, le serrage des formes se fait d'une façon encore plus rapide. A chaque page est un *filet* de tête (une lame métallique) qui embrasse toutes les colonnes; au pied de ce filet, des entailles dans lesquelles se glissent les filets des colonnes. Disposition analogue au bas de la page, où les extrémités des filets s'engagent dans les encoches d'une forte pièce de plomb (un *lingot*) occupant la largeur du journal. Deux longues vis, traversant horizontalement la barre inférieure du châssis de fer, viennent ainsi serrer solidement les colonnes par leur pied. — Sur l'un des côtés, intercalation de deux grosses pièces en biseaux qui emplissent le vide, et qu'une vis assujettit également. — De plus, le *marbre* du metteur en pages est mobile : il vient se placer de lui-même, la mise en pages opérée, à côté de l'ascenseur.

Donc c'est dit : voilà les quatre pages descendues, ou, s'il y a un supplément, les six, les huit pages. Bonsoir la compagnie! les typos n'ont plus qu'à s'en aller. Ils quittent leur blouse, leurs bonnets de police ou leurs fez et leurs cachoulas, vont faire un tour à la caisse à savon, revêtent la redingote ou le veston, coiffent le chapeau rond ou haut-de-forme (le *cadratin*), et disent adieu à l'imprimerie jusqu'au lendemain[1].

Et les formes, que deviennent-elles?

S'il s'agit d'un journal à petit tirage, elles sont placées tout simplement sur la presse, où nous les retrouverons tantôt, et y sont fixées délicatement par la main des margeurs. C'est la mise en train.

Mais s'il y a un gros tirage, comment arriver? comment avec une seule presse, même la plus perfectionnée, jeter en vente en temps utile les milliers, les cent milliers d'exemplaires que réclame le public? Il est trois heures de l'après-midi, ou deux heures du matin. A cinq heures du soir dans un cas, à trois heures du matin dans l'autre, il faudra desservir les gares, il faudra contenter la file serrée et impatiente des marchands de journaux. Les meilleures machines tirent cinquante mille, soixante-dix mille à l'heure. C'est énorme; mais pour expédier seulement trois cent mille numéros, il faudrait de quatre à six heures. Et nous n'en avons que deux! Que faire? Va-t-on manquer une partie de la vente? faut-il renoncer aux gros tirages?

Non! S'il y a gros tirage, on *cliche*.

En librairie, le clichage ou stéréotypie permet de garder en magasin, pour des éditions ultérieures, le texte typographique d'un livre, tout en rendant disponibles les caractères mobiles qui ont servi à le composer.

Dans le journalisme, le clichage permet presque instantanément de doubler, de tripler, de décupler.... chacune des *formes*

---

1. Au *Times*, on travaille toute la journée. Quand on n'est pas occupé à composer ou à distribuer, on fond et refond les caractères.

et par conséquent de tirer chaque page, non pas sur une seule machine, mais sur deux, sur trois, sur dix, et même davantage[1].

En un cas comme dans l'autre, c'est une sorte de modelage spécial, qui reproduit exactement la superficie, les reliefs, les creux des caractères typographiques.

Rien de plus ingénieux, rien de plus simple, rien de plus rapide.

Rien non plus de si pittoresque et de si torride, même en hiver, même à deux heures du matin.

La clicherie, c'est l'*enfer*. Vous qui y entrez, ne laissez pas toute espérance, mais laissez à la porte vos pardessus!

Une lumière qui aveugle, une chaleur étouffante. Des fourneaux, des creusets tout rouges; du plomb fondu qui chante, qui lance à droite et à gauche ses gouttelettes enflammées. Des hommes à moitié nus, ruisselants de sueur, illuminés de reflets étranges, s'agitant comme des démons. Au milieu de la fournaise, près des creusets débordants, les tables de moulage et les presses à sécher, ornées de rampes de gaz qu'on va allumer à giorno, et qui les couvriront de langues de feu.

On commence! Les formes sont sur les tables. Bien. Un ouvrier recouvre chacune d'elles d'un papier-carton spécial : il bat la feuille, préalablement humectée avec une brosse dure munie d'un long manche, de façon à lui faire épouser fidèlement les mille et mille aspérités de la composition. Au tour d'un autre! Sur la surface raboteuse ainsi obtenue, il étend une couche de blanc de céruse ou une matière composée de blanc d'Espagne et de colle de pâte, parfois de dextrine. Là-dessus, un troisième ouvrier superpose une nouvelle feuille de papier, et l'on rabat le plateau d'une presse, on serre au moyen d'une vis. Les saillies des lettres, s'imprimant ainsi en creux, ont formé un véritable moule. Mais ce moule est tout humide. Pour en activer le séchage, on allume les quarante ou cinquante becs de gaz de la rampe :

---

1. Pour le numéro du *New-York Herald* dont nous parlions plus haut, il faut 336 clichés, de chacun 40 livres (près de 14 000 livres en tout).

Clicherie de la maison Schiller (avec séchage par aspiration pneumatique).

leur chaleur se transmet au papier moulé par la table de fonte et le métal des caractères.

Par exemple, si pressés, si talonnés que nous soyons par le temps, il faut attendre plusieurs minutes, au moins cinq ou six. Si le moule n'était pas sec à point, on risquerait, à l'instant du coulage, de voir des soufflures se produire, des vapeurs se dégager brusquement, des accidents d'une certaine gravité en résulter. D'un autre côté, si l'on veut sécher trop vite — en donnant plus de gaz — on risque encore, ce ne serait pas la première fois, de voir les caractères typographiques se fondre à votre nez. Il y faut, pour réussir, une longue habitude, une grande expérience.

Allons, nous avons affaire à de bons praticiens! Voilà à peine dix minutes que nos trois hommes travaillent : le *flan* est fait et parfait. Un quatrième s'en approche et y étend, avec une brosse, une couche de talc en poudre qui va rendre incombustible, jusqu'à un certain point, ce moule si hâtif.

Maintenant, on porte le flan dans un moule métallique spécial, très solidement construit; vite, avec un *pochon* de fer, on coule dans les creux du flan l'alliage fondu d'avance; vite on refroidit avec une injection d'eau froide. Voilà la forme de tout à l'heure exactement reproduite : voilà un cliché.

Est-ce à dire que, pendant notre description, on n'ait rien fait autre chose? que chacun de nos Vulcains, ayant terminé sa part de besogne, ait regardé les autres en se croisant les bras? Non : au fur et à mesure qu'un flan se confectionne, se cliche, les mêmes hommes qui l'ont mis en train en commencent un autre. Tout est si bien calculé, toutes les opérations s'emboîtent de si près, que deux, cinq, vingt, trente clichés, s'il le faut, se suivront ainsi à des intervalles presque inappréciables.

Quant aux moules métalliques dans lesquels s'intercalent les flans et se verse le métal bouillant, il en est de deux sortes. S'agit-il de tirer sur des machines planes? La lingotière est plate comme un moule à gaufres. S'agit-il, au contraire, de tirer sur des presses rotatives? La lingotière, alors, est formée d'un demi-cylindre creux en fonte dont les dimensions sont calculées sur celles des rouleaux desdites machines : le flan, légèrement flexible, grâce à sa composition, y est introduit de façon à se modeler sur le contour, le côté qui porte l'empreinte des lettres tourné à l'intérieur. Dans cette disposition, un cadre le fixe; et un second cylindre, d'un diamètre un peu moindre, est logé dans l'entre-deux. Entre sa paroi convexe et l'empreinte concave du flan, reste un vide annulaire dans lequel on précipite la lave métallique. On assure ainsi un cliché semi-circulaire, qui pourra s'adapter exactement aux cylindres de la presse rotative.

Plan ou curviligne, il faut maintenant que le cliché subisse une dernière toilette. Une scie sans fin va l'ébarber, le raboter; un tour en creusera les marges, creusera à chaque extrémité les chanfreins qui serviront de prise aux griffes de la machine; un burin, promené à coups de maillet, dégagera certaines parties, en fera rentrer d'autres; une râpe enlèvera les bavures et l'aplanira tout à fait, ou bien, s'il doit être semi-cylindrique, un puissant alésoir achèvera de lui donner la courbe voulue. Tout cela fait comme par enchantement, il ne reste plus qu'à saisir chaque cliché par des poignées et à l'installer, tout bouillant encore, sur le chariot ou les rouleaux de la machine, en attendant les compagnons qui viendront le rejoindre.

Montre en main, toutes ces opérations, pour une quarantaine de clichés, auront demandé trois quarts d'heure. Encore quelques minutes pour la mise en train, et la vapeur va hennir, les courroies vont grincer, les poulies tourner, les rouages s'engrener, le mugissement colossal des machines va secouer les planchers et emplir de rumeurs tous les coins et recoins de la maison.

CHAPITRE IV

L'IMPRESSION. — II. LES MACHINES

Ce qu'elles sont. — Comment il a fallu les inventer. — Leur tirage au commencement du siècle. — Ce qu'elles produisent aujourd'hui. — Le *Times* tiré pour la première fois à la vapeur en 1814. — Les machines *en blanc*. — Premier progrès : les machines *à retiration*. — Une révolution dans l'imprimerie en 1847 : la presse *à réaction* et à plusieurs cylindres. — Les margeurs. — Un ouvrier qui se ruine, des constructeurs qui font fortune. — Les machines rotatives et à papier continu. — Leur fonctionnement. — Toutes les difficultés vaincues. — Machines à récepteurs. — Machines qui impriment, qui coupent, qui comptent. — Machines qui plient et mettent sous bandes. — Que ne fait pas la Mécanique? — Les machines à *composer*, à *distribuer*. — 8, 10, 12, 20 000 lettres par heure. — La *linotypie* fondant les caractères à mesure qu'on imprime et donnant autant de *clichés* qu'on désire. — Le *justificateur* Lagermann. — Un rêve.

Ces machines, comment les décrire?

Si la fièvre du reportage, l'activité brûlante des rédacteurs, la course au clocher des typographes, le galop final des clicheurs, sont déjà des merveilles, quelle merveille plus grande encore ne sont pas les presses mécaniques, nées il y a à peine trois quarts de siècle et portées depuis dix ans à une perfection inouïe!

Elles vont, elles tournent à une vitesse insensée, elles soulèvent en se jouant des montagnes de papier : et le doigt d'un enfant les peut arrêter net. Elles ont la force de plusieurs taureaux et la précision d'un chronomètre; elles mettraient un homme en charpie : et elles dévident sans un accroc, sans la moindre égratignure des kilomètres du ruban le plus mince, le plus fragile : elles y dessinent, elles y peignent en toute langues, sans presque y toucher, les milliers de signes de l'intelligence humaine.

Merveilles du Journalisme, ces outils prestigieux le sont deux fois. Ce n'est pas seulement *pour lui*, mais *par lui*, qu'ils existent. Ce n'est pas parce qu'ils étaient inventés que les journaux ont pensé à de gros tirages ; c'est parce que les journaux tiraient déjà beaucoup, et voulaient tirer davantage et plus vite, qu'il a fallu les inventer. Ils sont venus parce qu'ils répondaient à un besoin : c'est la fonction qui a créé l'organe.

Pour juger d'un regard cette étonnante transformation de l'industrie, mettons deux faits, deux chiffres en présence.

Au commencement du siècle, la meilleure presse manuelle tirait quatre cents exemplaires à l'heure. Lorsque, dans les premiers temps de la Restauration, se fonda le *Constitutionnel*, son organisation fut citée comme un modèle. Les seize colonnes de petit texte, format in-folio couronne, étaient faites au début par huit compositeurs y compris le metteur en pages ; chacun avait en moyenne 150 lignes à composer par numéro ; puis, quand le tirage augmenta, comme on n'employait pas encore le clichage, il fut établi une composition de renfort par 5 000 exemplaires ; en d'autres termes, il fallait quatre équipes de huit ouvriers chacune pour aller à 20 000 exemplaires. L'impression s'effectuait sur dix presses en bois ; le rouleau à encrer, inventé par le médecin Gannal, n'était pas encore utilisé : les pressiers se servaient de balles pour toucher les formes.

Voilà le premier fait ; voici le second :

Il y a aujourd'hui des machines qui peuvent tirer par heure jusqu'à 72 000 exemplaires d'un journal de quatre pages. Le *New-York Herald*, en ces derniers temps, annonçait l'acquisition de presses qui lui permettraient d'imprimer, de plier et de couper à l'heure 48 000 exemplaires de chacun huit pages.

De si prodigieux progrès sont dus aux plus persévérants efforts, à une suite incessante de recherches, d'inventions, de perfectionnements. On peut y marquer quatre ou cinq étapes principales.

Première étape : De 1804 à 1814, les presses mécaniques sont inventées et améliorées en Angleterre. Un éditeur, Nicholson, avait déjà émis, en 1796, diverses idées à ce sujet. L'imprimeur fondateur du *Times*, M. Walter, prend à tâche de les réaliser ; payant de sa bourse, payant de sa personne, il y travaille et y fait travailler plusieurs autres chercheurs ; si les pressiers savaient de quoi l'on s'occupe, ils déserteraient l'atelier, ils se porteraient peut-être à des actes de colère : on opère en cachette. Enfin, le 20 novembre 1814, l'heureux Walter put montrer à ses ouvriers et aux Londoniens stupéfaits le premier exemplaire d'un journal imprimé à la vapeur. On vint de toutes parts, on fit la queue à la porte pour admirer cette nouvelle merveille du monde.

Telle fut la première presse mécanique simple, la machine *en blanc*.

Deuxième étape : Après avoir accouplé ensemble, pour aller plus vite, deux machines simples, après en avoir perfectionné le type, on invente, vers 1850, la machine *à retiration*.

Troisième étape : Pendant que divers imprimeurs, notamment Firmin-Didot, font faire aux presses à retiration de rapides progrès, pendant que se développe la presse à bon marché, d'autres inventeurs poursuivent une idée nouvelle. En 1847, paraissent en Amérique et en France les *presses à réaction* et à plusieurs cylindres.

Quatrième étape : La presse à un sou s'est fondée en France ; c'est une révolution dans les mœurs : il faut dans la mécanique une révolution correspondante. MM. Derriey et Marinoni, presque en même temps, en 1867, produisent deux machines réalisant enfin une des idées de Nicholson : la presse rotative.

Cinquième étape : En 1870, après la suppression du timbre, qui nécessitait l'emploi du papier en rames, on cherche et l'on trouve des machines rotatives déroulant le papier continu avec une vitesse de 40 000 exemplaires à l'heure. Perfectionnées sans trêve par des constructeurs comme MM. Berthier, Voirin, Marinoni, Alauzet, Derriey, elles reculent chaque jour les limites de l'extraordinaire.

Essayons maintenant d'expliquer sommairement les mots techniques qu'on vient de lire et le principe essentiel des types qui y répondent.

Les presses dont se servirent Gutenberg et ses premiers émules n'étaient guère autre chose, révérence gardée, qu'une sorte de pressoir à cidre : une longue vis verticale assurait, pour chaque feuille à imprimer, le contact intime du papier avec les caractères. Une de ces presses est conservée religieusement à Anvers, dans la vieille maison qu'habitait Plantin, et qui a été transformée en Musée typographique rétrospectif. Plus tard, on fit subir au système une modification importante : on inventa la presse à nerfs, qui a régné partout sans conteste jusqu'aux trente premières années de ce siècle. Elle permettait des travaux très soignés, mais peu rapides ; elle ne sert plus guère que pour certaines éditions de luxe.

Là, comme dans la presse tout à fait primitive, la forme typographique est *fixe*. La feuille de papier est rabattue sur elle par un système d'articulations, de *nerfs* ; un treuil à bras ou une vis ou de gros poids l'appliquent fortement sur les caractères : elle s'imprime.

Mais avec quelle lenteur ! Placer la feuille de papier, abattre le châssis, le presser, le relever, retirer la feuille, encrer de nouveau, sont des opérations longues et délicates. Quelle attention soutenue de la part du personnel, quelle cherté de main-d'œuvre !

Aussi les premières presses mécaniques, avec leurs cinq cents, leurs sept cents feuilles à l'heure, firent-elles pousser des cris d'admiration. Plus ou moins améliorées, elles se retrouvent aujourd'hui dans mainte imprimerie de province : ne nous attardons pas à les décrire.

Leur principe, que nous retrouverons dans les explications qui vont suivre, est seul à noter : la forme a cessé d'être fixe; elle n'attend pas que la feuille de papier vienne la trouver : elle fait la moitié du chemin. A cet effet, elle est posée sur un *chariot* horizontal auquel un moteur (homme, cheval, gaz, vapeur, il

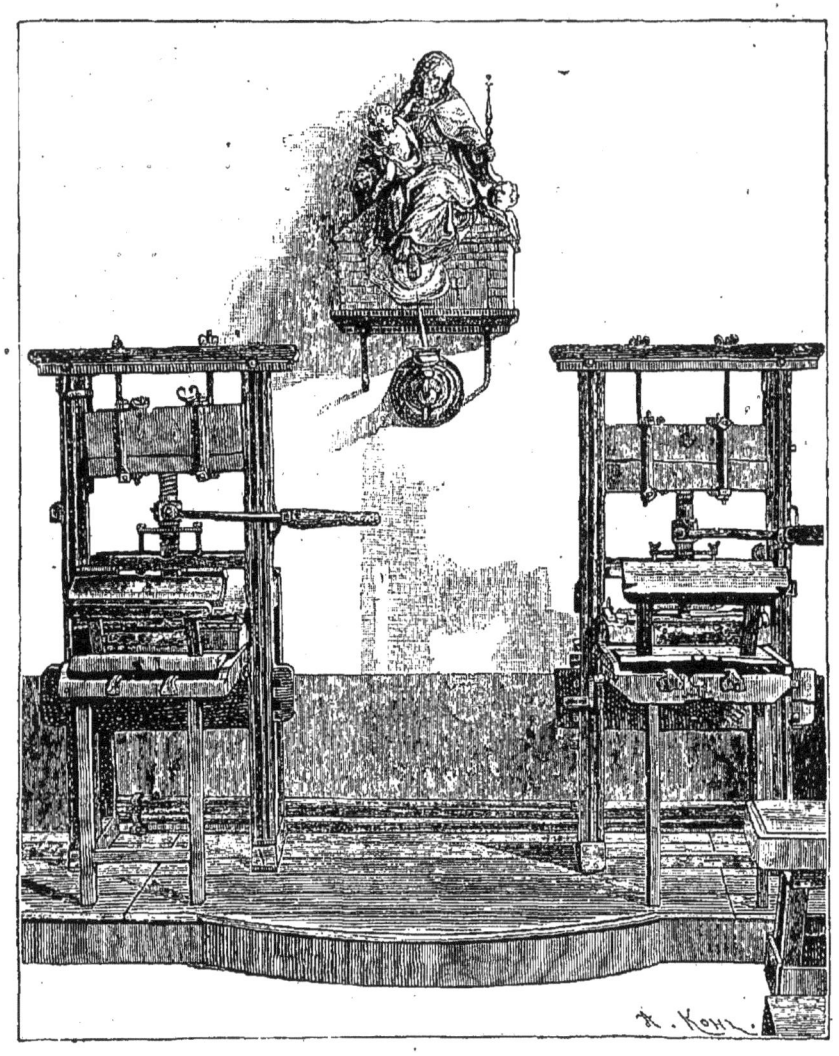

La presse de Plantin.

n'importe) communique, par des bielles et des excentriques, un incessant va-et-vient. Dans ce mouvement rectiligne alternatif, les caractères passent au-dessous de rouleaux chargés d'encre et s'en imprègnent; bien tendues, sans cesse dirigées dans leur course par certains cordons spéciaux, les feuilles sont amenées, l'une après l'autre, par le mouvement d'un cylindre pivotant sur lui-même, sur les caractères en marche : elles s'y impriment ; et, tandis que les caractères retournent s'encrer, se trouvent saisies par une espèce de châssis mobile, de raquette, qui les soulève à la façon d'une main, les retourne et les rabat sur la table réceptrice, où elles s'accumulent.

Voilà, *grosso modo*, la machine simple. Mais quoi! ici encore, comme avec l'ancienne presse manuelle, nous n'avons les pages du journal, la *une* et la *quatre*, ou la *deux* et la *trois*, imprimées que d'un seul côté : nous n'avons que des demi-exemplaires. Pour la *retiration*, c'est-à-dire le tirage de l'autre moitié, il faudra : ou bien, après desserrage des premières formes et installation à leur place des secondes, procéder à une nouvelle impression ; ou bien avoir à côté une deuxième presse qui imprime sur le verso les exemplaires déjà imprimés sur le recto par la première.

Où arriverons-nous ainsi ? A mille ou douze cents exemplaires à l'heure. Quelle lenteur encore! et s'il faut, pour un moyen tirage, une dizaine, une quinzaine de machines conjuguées, c'est-à-dire vingt ou trente machines simples, quelle place prise dans l'atelier!

Mais si, au lieu d'accoupler deux machines simples à côté l'une de l'autre, nous pouvions les accoupler sur le même bâti?... Cette idée vint bientôt aux constructeurs, et l'on eut ainsi les machines à *retiration*. En voici l'économie générale. Toujours mouvement alternatif du *chariot* ou *marbre* de fonte douce ; toujours encrage des caractères par les rouleaux, au-dessous desquels ils se promènent. Seulement, au lieu d'un cylindre, il y en a deux : un à chaque bout du bâti. Sur notre gauche, par exemple, une feuille de papier dépliée toute grande est présentée par le margeur ; elle s'enroule sur le cylindre ; les rubans protecteurs qui la guident l'amènent en contact avec la table mobile ; juste à ce moment, elle y rencontre le commencement d'une *forme* (une forme double, emboîtant à la fois les pages 1 et 4) ;

à mesure que le cylindre pivote, la forme tout entière s'avance dans le même sens que lui : le milieu de la feuille de papier rencontre le milieu de la forme ; quand la fin du papier va quitter le cylindre qui a achevé son tour, il rencontre la fin de la forme : il est imprimé. — Oui, mais toujours d'un seul côté ; nous n'avons toujours que deux pages.

Les deux autres (la 2 et la 3) vont aller s'imprimer de même sur l'autre double forme, par le jeu du cylindre de droite, dont la rotation est liée au va-et-vient de cette seconde forme, comme la

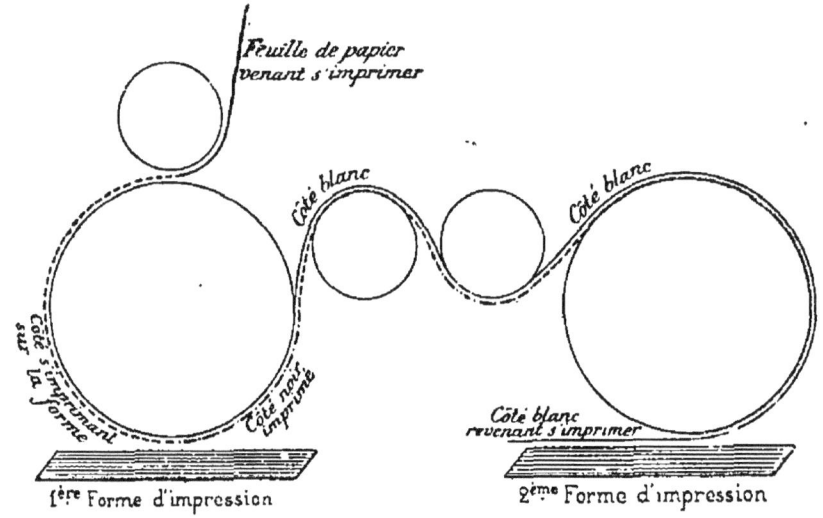

Marche du papier sur les premières machines à rétiration.

rotation du cylindre de gauche l'est au va-et-vient de la première. — Bon. Mais il faut retourner le papier ? — Sans doute. Aussi est-ce le métier de deux petits cylindres intercalaires qui tournent, presque en se touchant, au milieu des deux autres. Suivez le mouvement. C'est l'effet d'un bobinoir. La feuille de papier vient de s'imprimer par le cylindre de gauche : le côté noir est en dessous, le côté blanc en dessus, en dehors ; elle s'enroule ainsi sur le premier petit cylindre : au moment où elle en sort, c'est par le côté blanc qu'elle se présente au second petit cylindre : le côté imprimé est en dehors. Dans cet état, il s'enroule autour du grand cylindre de droite, et le côté blanc redevient extérieur, mais cette fois se trouve en dessous pour recevoir la seconde impression.

Ceci est le type anglais primitif. En France, on pensa de suite à une énorme simplification : le *soulèvement* alternatif. Plus que deux cylindres de moyenne dimension au milieu du bâti : à tour de rôle, l'un remonte pour laisser passer librement une des *formes* doubles, l'autre descend pour opérer pression sur la seconde, pour l'imprimer. Cela, par un jeu de roues dentées et d'excentriques, coïncidant mathématiquement avec le mouvement de va-et-vient du *marbre*.

Le tirage effectif se trouve donc doublé. D'un côté, sur une planchette surélevée, en face de laquelle est juché le margeur, un entassement de feuilles blanches. De l'autre, par tic-tac de deux à trois secondes, douze cents exemplaires avec leurs quatre pages tout imprimées qui viennent se superposer chaque heure sur la table réceptrice : à peine l'œil les suit dans leur marche.

Avec la presse *à réaction*, il s'y perdrait : tous les mouvements sont si rapides qu'ils apparaissent comme simultanés.

Pourtant, supposons qu'à notre prière la poulie qui commande la machine ait été débrayée et que, plus lentement, à l'aide de solides gaillards, on fasse tourner l'arbre de couche. Voici ce qui nous frappera.

Et d'abord nous sommes au repos. Au centre du bâti, quatre cylindres. Le chariot, ou marbre, plus vaste que dans les autres systèmes, portant huit pages, c'est-à-dire deux épreuves clichées du journal. Au-dessus des cylindres, et de chaque côté, deux tablettes couvertes de papier. Le papier en larges feuilles, dépliées toutes grandes, et pouvant donner chacune un double exemplaire du numéro : de véritables petits draps de lit.

Près de chacune des quatre tablettes, ou *planchers*, hissés sur des escabeaux, quatre imprimeurs-margeurs, coiffés du tricorne en papier, chantant la chanson à la mode, mais les yeux cloués vers leurs doigts. Il faut bien. C'est à eux de manier dextrement le papier, de prendre les feuilles l'une après l'autre,

Machine à rétiration.

de les faire glisser sur le plancher incliné de façon qu'elles soient toujours bien droites, que les bords latéraux se trouvent toujours dans le même plan, offrent à la machine la même marge. C'est de leur habileté, de l'attention qu'ils mettent à leur tâche, que dépend le plus ou moins de régularité de cette opération, très importante dans le tirage.

Attention! on donne un coup de volant. Pour mieux saisir ce qui se passe, ne regardons qu'un seul cylindre.

Une feuille lui est livrée par le margeur. Des griffes de cuivre, commandées par un porte-cames, et disposées de place en place le long de l'arête du cylindre, s'en saisissent à point nommé ; tout un système de cordons, de rubans, de *blanchets*, s'en emparent à leur tour, et l'entraînent, et la guident, et la font serpenter doucement, sûrement, de haut en bas, de long en large, jusqu'au contact du chariot. C'est merveille de la voir, merveille de suivre ses ondulations. Le chariot la reçoit enfin. Là, toujours maintenue à pression douce, prenant au fur et à mesure l'empreinte de toutes les lettres, elle s'avance majestueusement d'un bout à l'autre et rencontre les formes, sans cesse encrées par les rouleaux de gélatine : les rectos s'impriment. Puis, crac! le cylindre s'arrête. Non seulement il s'arrête, mais, toujours commandé par le chariot, au moment même où celui-ci repart en sens inverse, il dessine un demi-tour sur son axe, *il réagit* sur lui-même. La feuille, retournée aussi par un gros tambour en bois, *le registre*, va maintenant venir en retiration sous le cylindre imprimeur tournant en sens contraire : huit versos seront imprimés à la fois. Total pour chaque cylindre, deux exemplaires, et comme les autres ne sont pas non plus des paresseux, huit journaux entiers que chaque va-et-vient pourra fournir.

Mais c'est trop de temps perdu par notre faute. La chaudière du moteur bout d'impatience; elle dresse son panache de fumée. Siffle, vapeur! haletez, pistons! zigzaguez, bielles et manivelles! embrayez, courroies! volez, volants! roulez, roues! margeurs, donnez la bonne marge! La machine est lancée, lancée à toute vitesse; broyant les encres, jonglant avec le papier, elle prend, elle abat, jette toutes noircies, par milliers, à droite, à gauche, sur les planchers de sortie, les rames de doubles feuilles blanches qu'on suffit à peine à lui fournir, et il n'y aura plus qu'à les porter, tout humides, tout imprégnées de leur bonne odeur d'huile grasse, au hall où attendent les plieuses, les colleuses, tout le service du départ.

C'est un pauvre ouvrier français, du nom de Joly, qui prit, en 1836, les premiers brevets pour machines à réaction. Malheureusement, il n'avait pas d'argent pour réaliser son idée, et il ne sut pas en chercher : il mourut dans une affreuse misère, épuisé par ses sacrifices, tandis que ses plans, depuis, ont fait la fortune de dix constructeurs.

Mais tout pâlit devant les *rotatives*. C'est le triomphe de la mécanique. Là, surtout dans les derniers modèles, plus de margeurs, plus de feuilles découpées d'avance : dans un coin du hall des machines, le papier sur d'énormes bobines, tel qu'il est arrivé de chez le fabricant; à l'autre coin, la machine qui le dévide, le déroule elle-même, comme un immense ruban, l'attire à soi, le prend dans les conditions voulues, le guide, le conduit à travers un dédale de rouleaux, et le renvoie, imprimé, coupé, plié avec une vitesse fabuleuse.

Qui ne se rappelle l'Exposition? Qui n'y a vu avec admiration, dans la galerie des Machines, les presses du *Petit Journal* vomir incessamment les exemplaires qu'on offrait aux promeneurs? 35, 40, 50 000 à l'heure pour chaque presse. Quelle force et quelle rapidité! quelle exactitude dans tous les rouages! Des automates qui ont l'air de penser; des géants qui auraient des doigts de fée.

Mais les constructeurs ne cessent de rivaliser, de se multiplier. Le génie du perfectionnement est infatigable. Marche, marche! dit le Journalisme. Et l'on marche! et l'on va bon train! Un de nos ingénieurs français, M. Derriey, est arrivé aujourd'hui

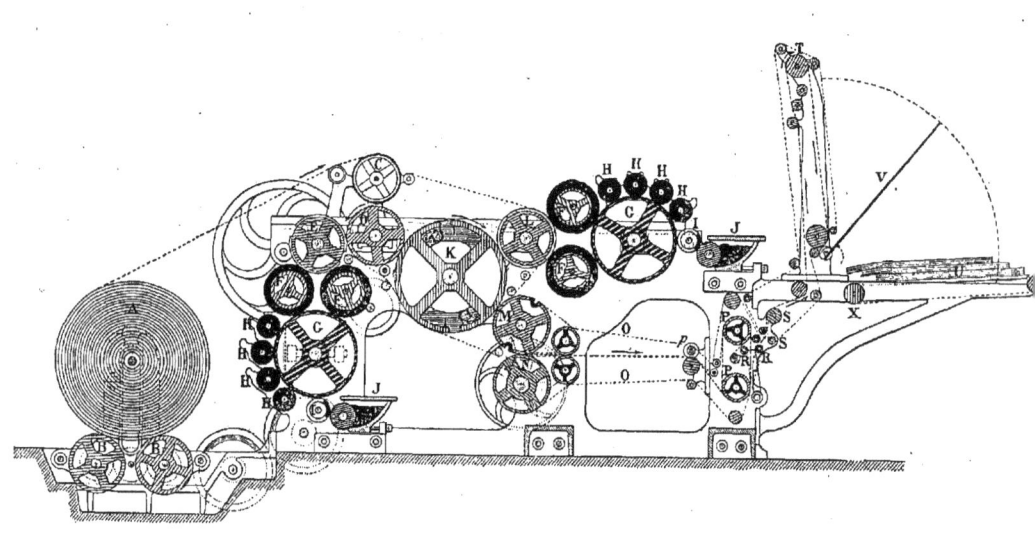

Figure schématique de la machine rotative Derriey (d'après le *Cosmos*).

au chiffre invraisemblable de 75 et 80 000 exemplaires à l'heure : c'est le chiffre même dont se targuaient les Américains.

La description de pareils engins étant chose ardue, nous nous servirons presque mot à mot des explications fournies par l'inventeur (dans un numéro du *Cosmos*). La figure ci-contre achèvera d'expliquer l'incompréhensible, de faire toucher le miracle.

Les autres machines occupaient relativement une hauteur considérable, quelques-unes atteignant jusqu'à 2 m. 60. Celle-ci, au contraire, a ses parties groupées de telle façon que les organes d'impression ne dépassent pas 1 m. 10. De là résulte, pour la machine, une stabilité beaucoup plus grande, augmentée encore par la force des diverses pièces, qui équivaut au double environ de celle des anciennes machines.

Augmenter la vitesse de rotation, en effet, ne va pas sans difficultés ni sans inconvénients.

Le papier des journaux à un sou est fatalement de faible résistance ; il se rompait parfois au déroulement des anciennes machines : doubler cette vitesse, c'était accroître les chances d'accidents, et chaque rupture non seulement amène un arrêt dans l'impression, une perte de temps, mais encore, avec une machine lancée à corps perdu, avec des rouleaux encreurs qui continuent de tourner plusieurs tours, produit d'affreuses maculatures sur les exemplaires en train.

En outre, ces mêmes rouleaux encreurs, revêtus d'une pâte formée de gélatine et d'une substance sucrée (mélasse, glucose, etc.), ne peuvent supporter qu'une température déterminée : une trop grande vitesse, en augmentant cette température, risque de les amollir, de les fondre. Et alors, si on ne les enlève à temps, le départ du journal devient impossible : la pâte fondue se répand par toute la machine et il faut souvent plus de temps pour la nettoyer que pour faire le tirage entier.

Enfin, les feuilles imprimées doivent être délivrées en ordre et comptées. Cette opération est celle qui a toujours offert le plus de difficultés dans les machines à grande vitesse. Plus on va grand train, plus la résistance de l'air s'oppose à la bonne direction des feuilles, et pourtant, si celles-ci ne viennent pas se déposer en ordre, autant renoncer à l'emploi de la machine, car il faudrait un temps inouï pour ranger un à un et compter des centaines de mille d'exemplaires.

On le voit donc, il y avait de nombreux obstacles à l'accroissement de vitesse des machines actuelles.

Voici de quelle façon ces difficultés ont été résolues.

La bobine de papier A, au lieu d'être supportée sur son axe comme dans les anciennes machines, repose sur deux cylindres BB enterrés de telle façon que leur partie supérieure soit, à très peu près, au niveau du sol, en sorte qu'il n'y ait pas à enlever la bobine, mais simplement à la rouler pour qu'elle vienne se placer d'elle-même entre les deux cylindres BB. Ceux-ci sont supportés par deux bâtis reliés entre eux, et pouvant glisser sur leur base pour permettre le réglage du papier et le partage égal des marges par rapport aux clichés d'impression fixés sur la machine.

Les cylindres BB, reliés à la machine à imprimer par des engrenages, sont animés d'une vitesse circonférencielle égale à celle des cylindres imprimeurs, ils entraînent la bobine de papier et la font se dérouler à la même vitesse sans qu'il y ait aucune traction opérée sur le papier : or, jusqu'à ce jour, cette traction seule entraînait le déroulement de la bobine. Ainsi se trouvent annulées les chances de rupture qui auraient empêché tout accroissement de vitesse.

La feuille déroulée passe sur un rouleau C, ayant pour but de mieux appliquer la feuille sur le cylindre de pression D, garni d'étoffe et recevant la pression du cylindre E, qui porte les clichés destinés à l'impression de l'un des côtés du journal.

Ces clichés reçoivent leur encre de deux rouleaux FF, qui l'ont prise sur un fort cylindre G. L'encre qui recouvre ce dernier a été broyée ou *distribuée* par quatre rouleaux HHHH; ceux-ci, en outre de leur mouvement de rotation, commun à tous les cylindres et rouleaux de la machine, sont animés d'un mouvement de va-et-vient, et ces mouvements de va-et-vient se croisent entre eux, pour que la même parcelle d'encre ne reste jamais à la même place et soit ainsi broyée, étendue, ne parvienne sur les rouleaux F F que parfaitement distribuée et en couche bien uniforme.

L'encre est amenée au cylindre G par un rouleau I, qui se trouve en contact par intermittences, soit avec le cylindre de l'encrier J, soit avec le cylindre G.

Tous les rouleaux d'encrage sont environ le double plus forts en diamètre que ceux des machines construites jusqu'à ce jour, cela pour parer à l'inconvénient indiqué plus haut de leur fusion possible. Plus un rouleau est gros, moins souvent chacune de ses parties revient en contact avec le cylindre d'encrage et les clichés : et par conséquent les chances de fusion ne se trouvent plus augmentées par l'accroissement de vitesse.

Le papier, après avoir reçu son impression du cylindre E, contourne le cylindre D, puis le cylindre K, et vient recevoir l'impression du cylindre L.

Ce cylindre L porte les clichés donnant l'impression de la seconde face du journal, et l'encre lui est donnée par des rouleaux F'F', absolument de la même façon que pour l'impression de la première face ; après avoir reçu cette impression, le papier continue de contourner le cylindre K jusqu'au cylindre M.

Le cylindre K est double en diamètre des autres cylindres d'impression. Il en résulte que la partie imprimée par le cylindre E ne vient se déposer qu'une fois sur deux à la même place sur l'étoffe dont est recouvert le cylindre K, et par conséquent l'inconvénient du *maculage* se trouve écarté dans la mesure du possible.

Le papier contourne enfin le cylindre M, qui porte deux rainures longitudinales dans lesquelles viennent se loger deux lames de scies portées par le cylindre N.

La distance d'une rainure à l'autre, mesurée sur la circonférence du cylindre, correspond à la longueur exacte d'un exemplaire du journal, et au moment où chaque scie pénètre dans sa rainure, elle détache une feuille. La coupure s'opère par la pénétration de la scie à travers le papier et à l'aide d'une traction déterminée par un accroissement de vitesse des cordons O qui entraînent le papier après qu'il a été coupé.

Les feuilles ainsi détachées sont amenées dans l'accumulateur. Cet accumulateur, inventé par M. Derriey en 1874, consiste en deux cylindres PP, écartés l'un de l'autre de telle façon que le circuit formé soit exactement égal à la distance qui sépare une feuille imprimée de la feuille suivante. La première feuille imprimée passant dans ce circuit revient à son point de départ rencontrer la deuxième qui se superpose, les deux ensemble rejoignent la troisième, et lorsque le nombre de feuilles nécessaire (une dizaine par exemple) est atteint, les tringles RR se déplacent, puis, au lieu de diriger les feuilles au cylindre supérieur P, elles les envoient entre d'autres tringles S, d'où elles montent au rouleau T, pour redescendre verticalement et être abattues sur la table de réception U par le receveur à raquettes V.

Pendant leur passage du cylindre M aux cylindres PP, les feuilles ont passé sous une cisaille circulaire placée sur le rouleau p et ont été divisées en deux sur la largeur : chaque grande feuille déposée sur la table U se compose donc en réalité de quatre petites feuilles, chacune correspondant à un exemplaire du journal.

Les dispositions prises font que dix feuilles sont superposées par l'accumulateur PP, qui est de dimensions plus grandes que les anciens, lesquels n'accumulaient que cinq feuilles. Il en résulte que chaque révolution du receveur V dépose sur la table U dix grandes feuilles divisées chacune en quatre parties, grâce à la double coupe transversale faite par les scies du cylindre N et par la coupe longitudinale du couteau circulaire p.

D'autres dispositions mécaniques font qu'après dix évolutions du receveur V, les rouleaux XX tournent d'une certaine quantité ;

ils sont recouverts de courroies sur lesquelles reposent les feuilles abattues par le receveur. Les feuilles ainsi déposées sont entraînées et avancent d'une même quantité : ce qui fait que les nouvelles feuilles se déposant en arrière des premières, il y a séparation des paquets.

Chaque paquet se compose donc de cent grandes feuilles divisées elles-mêmes en quatre exemplaires, soit de quatre cents exemplaires.

La vitesse des cylindres d'impression est de 300 tours par minute au lieu de 160 que comportaient les anciennes machines. En d'autres termes, on obtient 300 feuilles de quatre exemplaires par minute, soit 1200 exemplaires, et une marche de 72 000 exemplaires à l'heure imprimés des deux côtés, rangés, comptés exactement par paquets de 100 exemplaires.

Mettons que la longueur d'un petit journal soit seulement de 50 centimètres. A chaque grande feuille imprimée correspond une vitesse de 1 mètre résultant de la longueur de deux exemplaires, et de la traction opérée pour séparer les feuilles. 300 feuilles par minute, cela fait donc juste 300 mètres de parcourus, soit une vitesse de 18 kilomètres à l'heure, 18 kilomètres de papier imprimé sur les deux faces. Avec le même système appliqué aux grands journaux, on obtiendrait une vitesse presque double ! Avec deux machines travaillant ensemble, c'est 60 kilomètres de papier imprimé à l'heure, une vraie rivière, une effrayante cascade ! Dieu veuille que, demain, la somme des idées justes dans le monde s'en trouve augmentée !

Ainsi, pour résumer, la machine ne se borne pas à imprimer les exemplaires avec une rapidité de locomotive, elle les coupe, elle les entasse, elle les compte. D'autres, paraît-il, font plus : elles les plient, les mettent sous bandes et collent les bandes. Déjà le *Courrier* et le *Times*, de New-York, annoncent qu'ils possèdent une machine revenant à 250 000 francs et construite par MM. Hoe et Cie, qui triture de la sorte à l'heure 24 000 exemplaires d'un journal de 12 pages et 12 000 journaux de

24 pages (ce qui équivaudrait à 72 000 de quatre); déjà, en Angleterre, s'introduit un perfectionnement analogue. Des bandes imprimées et classées sont placées d'avance sur une espèce de galée. A chaque évolution de la machine, un râteau pousse une bande sous le journal plié; une brosse, animée d'un mouvement de va-et-vient, étale la colle; des baguettes rabattent la bande et la fixent. Il ne reste plus qu'à porter mécaniquement, par des tubes pneumatiques souterrains ou aériens, le journal chez l'abonné. Cela ne se fait pas encore, cela viendra.

Que ne demande-t-on pas en effet à la machine? La machine est la reine de l'époque. Tout lui cède. Le progrès appelle le progrès. Voici, pour ne pas sortir de notre sujet, l'impression, qu'on vient de réaliser l'utopie la plus invraisemblable : faire faire en grande partie par des bras de cuivre, des doigts d'acier, la tâche si délicate, si compliquée, si personnelle de l'ouvrier typographe[1].

Depuis tantôt cinquante ans, des chercheurs s'acharnaient à ce rêve, et les hommes compétents en souriaient.

Aujourd'hui ce n'est plus un rêve, c'est un fait : il y a des machines à *composer*! il y a des machines à *distribuer*!

Il y en a même beaucoup : les Thorne, les Page, les Mac-Millan, les Monro, les Harper, les Fraser, les Kastenben, les Mergenthaler, les Lagermann, qui se disputent, surtout à New-York, Chicago, en Angleterre, l'admiration du public, la clientèle des éditeurs et la clientèle des grands journaux. Ce ne sont plus

---

1. Pendant que s'imprimait ce livre, un autre progrès, poursuivi depuis longtemps, vient d'être accompli : la typographie musicale. Jusqu'ici les partitions avaient dû être gravées sur étain par d'habiles artistes. Un obstiné, M. Henri Chossefoin, est arrivé à un système de caractères mobiles, aujourd'hui appliqué par la maison Paul Dupont, qui permet d'imprimer les morceaux les plus compliqués avec la même facilité qu'une page de journal. Il en résultera une économie considérable, et, en particulier, la possibilité de lutter victorieusement contre la concurrence des graveurs allemands. — C'est là encore, comme l'écrivait M. René Martin, du *Figaro*, une véritable révolution.

des jouets scientifiques, « ce sont, a écrit M. Chamerot, président de la Chambre syndicale des imprimeurs, ce sont de réelles inventions qui peuvent, dans un délai rapproché, apporter une véritable révolution dans la typographie ». En attendant, leur introduction a déjà déterminé plusieurs grèves.

Si, pour diverses raisons, elles sont peu utilisées en France ; si les gens du métier, tout en s'extasiant devant elles, adressent encore aux plus ingénieuses certaines critiques, il n'en est pas moins vrai que l'avenir leur appartient. Les décrire toutes demanderait un ouvrage spécial, et qui n'irait pas sans de nombreuses figures. Nous voudrions pourtant donner une idée des principales.

Une des premières qui aient permis des résultats pratiques et une des plus employées est la machine Thorne.

Imaginez deux cylindres verticaux superposés, l'un fixe, l'autre pouvant tourner sur un axe. Vous rappelez-vous maintenant la *casse* et les *cassetins* de nos amis les typos ? Eh bien, c'est le cylindre inférieur qui sert de *casse*, et il est muni de quatre-vingt-dix rainures verticales qui servent de *cassetins*, c'est-à-dire où l'on empile les caractères de même sorte, les *a* sur les *a*, les *i* sur les *i*, etc.... Le nombre de 90 est jugé suffisant pour les besoins ordinaires : quand la copie de l'auteur en exige d'autres, le typo qui dirige la machine est obligé de les ajouter à la main.

Sur le cylindre supérieur, 90 rainures aussi. Remarquez encore que chacun des caractères a une forme différente, porte un *cran spécial* qui ne lui permet d'entrer que dans la rainure correspondante du cylindre inférieur.

S'agit-il, le journal tiré, de *distribuer* le caractère ou, comme on disait jusqu'à présent, de « ranger sa casse »? Pour cela, une sorte de *galée* formant boîte et contenant la composition à éparpiller est placée à côté du cylindre supéreur et en contact avec lui. On fait tourner ce cylindre. Chaque fois qu'une de ses rainures se présente devant une ouverture ménagée à l'extrémité de la galée, on y pousse à la fois, au moyen d'une tige, *toute une ligne*. A chaque révolution du cylindre, 90 lignes sont ainsi détachées de la composition pour devenir ce qu'elles pourront.

Elles ne cherchent pas longtemps. D'abord par leur poids, ensuite par l'action d'un ressort supérieur, elles tendent à descendre le long des tubes et à pénétrer immédiatement dans les rainures, les *cassetins* du cylindre inférieur. Halte-là, qui vive? Sur chacune de ces quatre-vingt-dix ouvertures, des *gardes* font saillie, et chacune de ces gardes a une disposition différente : ne passent chez elles que les lettres qui répondent à cette disposition, à la consigne, qui sont vraiment de la maison, c'est-à-dire du cassetin vertical.

S'agit-il maintenant de *composer*? Devant le cylindre inférieur se trouve un clavier dont chaque touche correspond à chacune des rainures. Un rouleau placé en face reçoit la copie. Toute touche abaissée chasse par une tige la lettre voulue, et par tout un système de guides l'amène sur une table métallique circulaire, animée d'une rotation très rapide. Que faire contre la force centrifuge? le caractère s'enfuit par la tangente, c'est-à-dire par un passage qui le conduit dans les lignes du composteur. Grâce à la rapidité de rotation du disque, il est bien rare qu'une lettre se présente renversée ; un ouvrier un peu exercé, ayant le doigté de son instrument, évite toujours ce genre de faute.

Mais les spécialistes font des objections qui ne frappent pas les gens de lettres. D'abord l'obligation de crans particuliers pour chaque lettre, et de crans extrêmement compliqués, nécessite de grosses dépenses. Ensuite, — et c'est un obstacle dirimant pour les journaux français — on ne peut employer que des caractères *du même corps*. Enfin la machine ne *justifie* pas : il faut un ouvrier placé à côté du premier pour donner aux lignes la longueur nécessaire.

La machine Fraser, qui figurait au Champ de Mars en 1889, a pour base le système des aiguilles de chemin de fer. Elle compose et elle distribue avec les mêmes caractères que ceux dont on se sert à la main, sans crans ni adaptations spéciales. Les femmes y trouvent un emploi peu fatigant. Une ouvrière adroite fait sans peine de 10 à 12 000 lettres à l'heure. Aussi vite elle peut toucher les clefs, aussi vite vont la composition et la distribution. Mais il faut toujours que le compositeur, homme ou femme, justifie à l'ancienne mode.

Cette justification, la *linotypie* la supprime. L'appareil, dû à un Allemand d'Amérique, M. Ottmar Mergenthaler, fait plus que d'aligner des lettres à côté les unes des autres, *il les fond*.

C'est encore, comme tout à l'heure dans la machine Thorne, une sorte de clavier où se place le compositeur, et de jeu d'orgue où l'on se fournit de lettres. De lettres? non : ce ne sont plus les caractères ordinaires, ce sont les **matrices** mêmes dont se servent les fonderies. Ces matrices en métal dur affectent une forme particulière. Dès que l'ouvrier appuie du doigt sur une touche, la touche *b*, par exemple, que lui indique sa copie, la matrice correspondante descend du tube dans une rigole métallique oblongue le long de laquelle souffle incessamment un courant d'air comprimé, qui chasse ladite matrice par une glissière inclinée. D'autres matrices, et, entre chaque mot, des espaces, suivent jusqu'à complément de la ligne. Les matrices étant marquées du côté qui fait face à l'opérateur, il lui est aisé de se relire et de corriger à la main. Une ligne faite, il touche un levier, et les matrices se serrent solidement les unes contre les autres, et la machine leur donne automatiquement la longeur voulue, et l'ouvrier n'a plus à s'occuper que de passer à la ligne suivante.

Pendant qu'il y travaille, une griffe s'est saisie de la précédente et l'a placée en face d'un tuyau. A quoi communique celui-ci? Tout simplement à un creuset qu'un fourneau à gaz placé tout à côté alimente de plomb en fusion. La matière bouillante, poussée par une pompe, se projette sur la ligne, durcit immédiatement; un couteau rabote l'excédent de la fonte; puis ce petit *cliché*, tout prêt pour l'impression, va se ranger dans la page du livre ou la colonne du journal. Avantage inappréciable : on peut avoir ainsi de suite, sans le travail forcé que nous avons vu dans la salle des machines, autant de clichés, de formes, qu'exige le tirage.

Lorsque les matrices ont servi à la composition d'un texte, un autre mécanisme s'en empare et, toujours comme dans l'appareil Thorne, les réintercale dans leurs tubes d'orgue respectifs.

Quant aux lignes de *cliché*, une fois le tirage opéré, on les rejette tout simplement au creuset : la même matière s'emploie ainsi indéfiniment.

Y a-t-il une faute quelconque dans la composition, y a-t-il une correction d'auteur à introduire, la ligne entière ou toute une série de lignes sont jetées de même à la fonte et remplacées sur-le-champ par des lignes nouvelles : l'inventeur assure qu'il il y a encore économie de temps sur l'ancien système.

Un ouvrier exercé peut remplacer de la sorte six compositeurs à la casse. Il peut fournir à l'heure jusqu'à 200 lignes de 40 lettres, soit 80 000 lettres dans une journée de dix heures.

La *Tribune* de New-York possède quarante-deux de ces machines. Trente fonctionnent régulièrement. Le journal déclare que ses frais de composition ont diminué des deux tiers : de 8 à 9 000 francs par semaine.

Ajoutons que la machine n'est pas condamnée à un seul corps de caractères. Les tubes se démontent et se remplacent aisément : on y peut employer ainsi le corps 6, le 7, le 8, le 9, et même le 12.

Tout cela tient du prodige. Mais les praticiens français ne se déclarent pas satisfaits encore. Ils estiment, pour diverses raisons techniques, que la *linotypie*, très utile en Amérique et en Angleterre, répond moins bien aux conditions de l'imprimerie française, et ne s'y acclimatera qu'après transformation.

La machine **Lagermann** leur agrée mieux. Son inventeur, M. Alexandre Lagermann, de Jonkoping, est l'ingénieur-directeur

Typotheter Lagermann.

de la célèbre compagnie d'allumettes suédoises et avait déjà eu l'occasion d'y résoudre les plus étonnants problèmes de technologie. Cette fois, il s'est surpassé : il n'y a plus qu'à se mettre à genoux.

Ou plutôt, non ! relevons-nous. C'est plus commode pour travailler, et même pour regarder. Regardons. On travaille. Devant l'ouvrier, sur un rang qui lui vient à mi-corps, un petit appareil à peine grand comme une machine à coudre. Au-dessus, à la hauteur de sa poitrine, une casse d'imprimerie. — Une casse ordinaire? — Tout à fait ordinaire. Seulement il y fourrage des deux mains, comme dans un panier de cerises, sans prendre la peine de regarder les lettres, et les laisse tomber devant lui, les jette à l'aveuglette, au petit bonheur. — Il les jette? où cela? — Dans ce bel entonnoir de laiton placé un peu sur la gauche. C'est un entonnoir qui mène au *typotheter* ou machine à composer. Dans ce typotheter, un composteur aux larges dimensions, ou pour mieux dire une galée partagée en sillons horizontaux par de petites lames de cuivre jaune. — Nos interlignes du chapitre III ? — Justement : mais cette fois placées d'avance, en attendant les lettres. Celles-ci y vont venir tout à l'heure. Mais d'abord il faut qu'elles débouchent de l'entonnoir, fait de façon à ne laisser passer qu'une lettre à la fois, mais à la faire passer très vite. Et où débouchent-elles? Dans un chemin horizontal en bel acier. C'est un portier qui les reçoit, un portier automatique. Ce personnage mystérieux, aussi prompt qu'invisible, réside dans un balancier situé au-dessus de l'ouverture. Aussitôt qu'une lettre se présente, crac! le balancier bascule, aussitôt aussi un mouvement de rotation se dessine, comme dans les anciens tours d'enfants trouvés : la lettre y est prise instantanément, instantanément mise dans sa voie, et instantanément fait place à la suivante. Mais, dites-vous encore, de la façon dont elles ont été jetées, à pile ou à face, il doit y en avoir beaucoup qui tombent renversées, tête en bas.— Sans doute! mais croyez-vous que la technologie soit faite pour les niais? Quand la lettre se présente bien, dans les règles, un petit levier la pousse doucement dans la ligne où elle vient d'entrer; quand elle manque aux convenances, une griffe énergique s'empare de l'étourdie, et la redresse aussitôt.

Toutes ces opérations, encore un coup, se sont produites à la sortie de l'entonnoir, sur un petit palier d'attente : ce sont les bagatelles de la porte. Une fois tout en ordre, les lettres rangées toutes du même côté, des *guides* s'adaptent au cran de la lettre et un ressort de force convenable chasse les types ajustés dans une gouttière au bout de laquelle se trouve la galée aux canaux parallèles. Une rangée, une ligne se trouve à peu près remplie.

Une sonnerie se fait entendre : l'ouvrier jette aussitôt dans l'entonnoir une espèce de petit clou en laiton qui forme arrêt. Un déclenchement s'opère, et le composteur, automatiquement, se trouve chassé de la largeur d'une ligne. On va pouvoir passer à la rangée suivante, à laquelle on donnera de même, à vue de nez, une longueur approximative.

Quand le même manège a été renouvelé plusieurs fois, quand la galée est pleine, il reste à *justifier* les lignes, à leur donner leur largeur mathématique. C'est une autre machine qui s'en charge, le *justificateur*. Il n'y avait pas en typographie de problème plus difficile, qui, mécaniquement, parût plus insoluble, et pourtant le justificateur est simple comme le *b, a, ba*, mais d'une simplicité simplement admirable.

Vous êtes-vous servi parfois de petits dynanomètres à main, de certains pèse-lettres? Une pression quelconque est exercée à l'un des bouts, et elle s'inscrit d'elle-même par la pointe d'une aiguille mobile sur un cadran gradué. Eh bien, aux détails près, trop minutieux à décrire, voilà le principe du justificateur. Concevez que l'aiguille soit en relation avec une paire de pinces d'une certaine espèce dont les extrémités peuvent s'écarter plus ou moins sous l'action d'un ressort intérieur. C'est entre ces extrémités que sera poussée automatiquement, par une griffe spéciale, chaque ligne de composition. A un écartement normal de la pince, à la *justification* voulue, correspond, au bout de l'aiguille, le zéro du cadran. Concevez maintenant, dans la largeur de la ligne, la plus petite différence *en trop* ; l'aiguille va tourner d'un

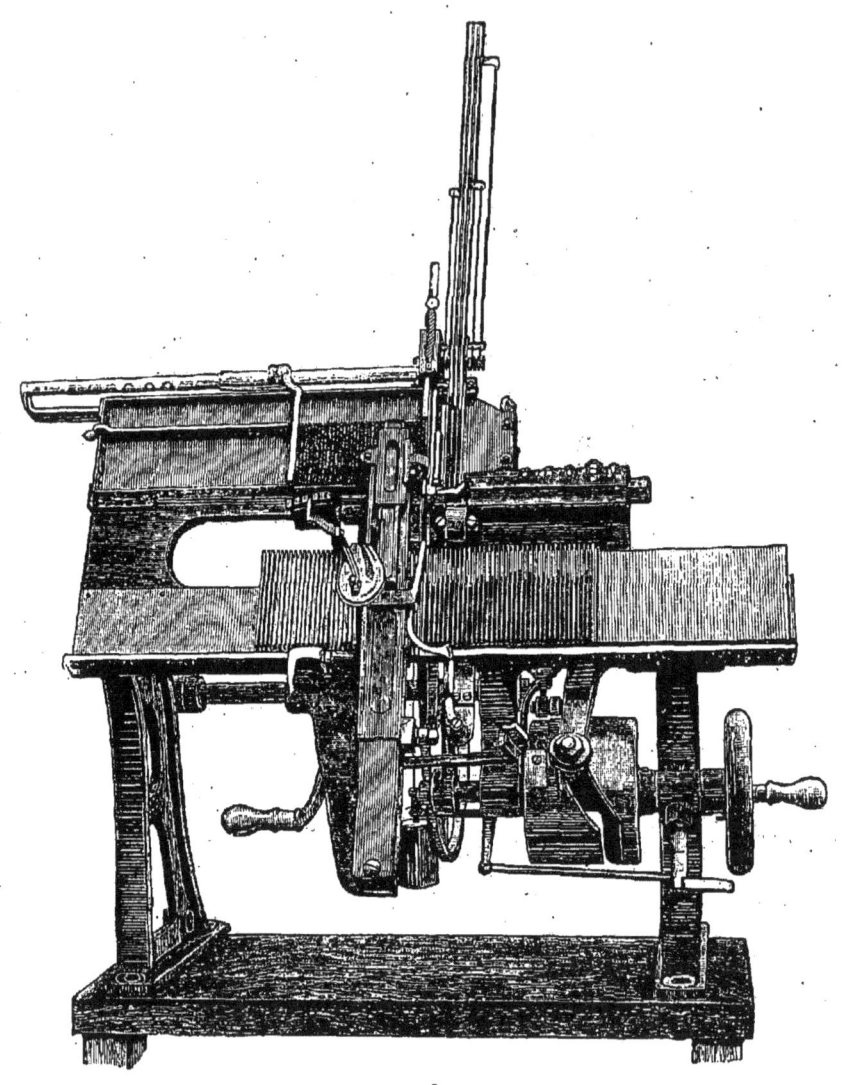

Justificateur Lagermann.

côté, et cette différence insensible, multipliée par la longueur de l'aiguille, s'indiquera par un déplacement très sensible de la pointe : l'ouvrier sait de suite qu'il faut retirer des *espaces* et *en quel nombre*. Qu'il y ait dans la ligne la moindre différence en *moins*, elle se traduit par une oscillation agrandie en sens contraire : l'ouvrier voit de même, instantanément, le nombre d'espaces à ajouter, il les intercale en hâte et l'aiguille revient au zéro. Lorsque, à l'aide d'un mécanisme approprié, il a placé sa galée de composition en regard du dynamomètre en question, ou, pour parler mieux, du lignomètre, toutes ces opérations se font avec la rapidité de l'éclair. Et les lettres, assurées dans les canaux du composteur, ne courent plus aucun risque de mise en pâte. C'est à n'y pas croire.

M. Lagermann ne s'est pas proposé de révolutionner la typographie : il n'a voulu qu'agrandir ses moyens d'action. Il y a grandement réussi. Sa machine espace les mots avec une régularité, une précision, une rapidité surprenantes : 20 000 lettres peuvent être levées à l'heure et donner un travail plus que parfait. Quatre ouvriers *typotheters*, rendus ainsi adroits des deux mains, exécutent sans peine le travail de douze à quatorze compositeurs ordinaires.

Deux constructeurs bien connus à Paris, MM. Berthier et Durey, ont accepté de vulgariser en France ces ingénieuses machines. C'est à leur obligeance que nous avons dû de les voir fonctionner.

Et maintenant consentez à vous vieillir : oh ! pas de beaucoup, de dix ou quinze ans, vingt tout au plus. Voici ce qui se passe :

Les machines à composer ont été améliorées encore ; les ouvriers qu'elles menacent dans leurs conditions actuelles d'existence ont eu le temps de se retourner autrement ; elles s'emploient dans tous les journaux ; il suffit de quelques hommes par équipe pour les surveiller. A merveille ! Mais qu'est-ce donc que tous ces fils télégraphiques partant de la boîte aux caractères ou de la boîte aux matrices ? Ce sont des fils qui se rendent au bureau de rédaction et même au domicile des principaux rédacteurs. Perçons les murs, toujours par supposition, et observons. Chaque écrivain est au travail.

Au travail? allons donc! il n'a devant lui aucun papier, il est assis devant un piano. — Précisément : il rédige. — Comment cela? — Et en même temps qu'il rédige ici, son article s'imprime dans l'atelier. — Je ne comprends pas. — C'est pourtant bien simple. Chaque touche de son piano est une lettre de l'alphabet ou un signe de ponctuation. Chaque fois qu'il met le doigt sur une lettre, un courant électrique passe dans un fil ; ce courant parvient à la casse verticale où sont enfermées les lettres d'imprimerie correspondantes ; un petit clapet s'ouvre, une lettre tombe dans un entonnoir et est menée au composteur mécanique. Les lettres s'alignent, se justifient dans un Lagermann *ad hoc*, les galées s'emplissent : il n'y a plus qu'à tirer les épreuves et à les envoyer par tubes pneumatiques ou par pigeons. Les corrections d'auteur se feront au retour. Il y aura encore çà et là quelques mots oubliés par l'écrivain, des *bourdons,* parfois même quelques *doublons,* mais la distribution des lettres étant faite par la machine, il n'y aura plus de casses mal rangées, il n'y aura plus, plus du tout de coquilles. Plus de coquilles et plus de mauvaises écritures! plus de ces manuscrits savamment illisibles, avec ratures, surcharges, renvois s'étalant, s'étoilant, s'épatant en toutes directions. L'auteur, avant d'écrire, c'est-à-dire de toucher son piano, devra mettre ses idées en ordre, bien savoir ce qu'il veut dire.

Au besoin, s'il se méfie trop de lui-même, il aura commencé par dicter son article à un phonographe : pour se corriger, il se répétera ensuite mot à mot.

Un rêve! dites-vous. — Qui vivra verra.

CHAPITRE V

LA QUESTION D'ARGENT. — I. LES DÉPENSES

Un bout d'histoire. — « Silence aux pauvres! » — Ce que coûtait jadis un journal. — Ce qu'il coûte aujourd'hui. — Dans les petites villes ; dans les grandes; à Paris. — Budget du *Figaro*, budget du *Petit Journal*. — Ce que coûte un numéro. — Matériel d'imprimerie, son entretien. — Énormes quantités de papier. — Les grands journaux ayant leur hôtel à eux, s'imprimant eux-mêmes. — Une maison de dix-huit étages. — Frais de réclame. — La salle des dépêches. — *Le Figaro* sur la Tour Eiffel. — Les primes, les suppléments, les commis-voyageurs. — Traitement des rédacteurs et des administrateurs. — Les correspondants du *Times*. — Les *deux sous* la ligne. — Les potentats du feuilleton. — Six décimes qui font des petits.

Lorsque le gouvernement de Juillet, issu d'une révolution de journalistes, après avoir traité la presse avec une grande mansuétude, en vint, en 1834, à lui imposer des barrières fiscales, on reprit un vieux mot de Chateaubriand et on appela les lois de Septembre des « lois vandales ».

Lorsque la seconde République, après une orgie de liberté, en vint à édicter de dures lois répressives, Lamennais, dans le dernier numéro du *Peuple constituant*, poussa un cri resté célèbre : « Il faut aujourd'hui de l'or, beaucoup d'or, pour jouir du droit de parler; nous ne sommes pas assez riche! Silence aux pauvres! »

De fait, pour fonder un journal politique, il fallait verser quarante mille francs de cautionnement; on était passible de grosses amendes; l'imprimeur, responsable en partie, devait offrir une réelle « surface commerciale ».

Le régime du cautionnement, supprimé en février 1848, fut remis en vigueur sous le second Empire; supprimé de nouveau après le 4 septembre 1870, il fut rétabli jusqu'en 1878. Les feuilles hebdomadaires elles-mêmes, pour avoir le droit de publier des nouvelles politiques accompagnées de quelques commentaires, étaient obligées de déposer au Ministère des finances un cautionnement de plusieurs milliers de francs.

On vit alors les différents partis, stimulés par l'ardeur de la lutte, s'imposer de réels sacrifices. L'esprit français, né malin, se mettait volontiers du côté des opposants. En même temps la compression politique amenait une suractivité littéraire. De tout jeunes hommes, riches seulement d'espérances, mettaient en commun leurs aspirations, leurs énergies. Dispensés du cautionnement, ils fondaient avec rien un *Corsaire*, une *Rive gauche*, un *Quartier latin* quelconque, publié chaque mois, chaque semaine, ou, comme *l'Aspic* de Jérôme Paturot, « paraissant quelquefois ». Ils avaient assez d'esprit pour y glisser d'insaisissables allusions : même où ils n'en glissaient pas, le public en trouvait.

« C'est maintenant, avait dit Weiss à l'annonce de lois prohibitives, c'est maintenant qu'on va voir ceux d'entre nous qui ont du talent. » Il avait été bon prophète : le talent, même pauvre, était un capital.

Aujourd'hui, tout cautionnement a disparu ; la presse politique est libre de tout dire, de tout écrire, et ne se fait pas faute d'user de cette liberté, au besoin d'en abuser. Cependant, réunissez les meilleurs journalistes de Paris et invitez par surcroît ceux de province ; supposez-les bons amis ; donnez-leur toute latitude d'agir à leur gré ; mettez à leur disposition une centaine de mille francs, et proposez-leur de fonder un nouveau journal parisien : ils vous riront au nez.

Triplez le chiffre si vous voulez : ce ne sera pas assez pour les décider. En effet, un journal qui s'établit avec moins de cinq cent mille francs dans sa caisse est à peu près sûr de voir son capital épuisé avant que la clientèle ait commencé à poindre.

Le mot de Lamennais n'a plus de raison d'être au regard de la loi ; mais, en réalité, par suite des conditions nouvelles de la presse, il est plus vrai qu'il ne l'a jamais été. En théorie, tout citoyen majeur a le droit de fonder un journal : il ne faut pour cela que déposer un titre au Parquet; en fait, ce droit a un autre nom : le droit de se ruiner.

Pourquoi? parce que là comme partout la concurrence est de plus en plus grande; parce que le talent littéraire des rédacteurs ne suffit pas toujours à assurer le succès; parce que, de plus en plus, le public est friand, non pas de beaux commentaires, de passes d'armes d'opinion ou d'esprit, mais de nouvelles, d'informations à outrance, rapides, ultra-rapides, de reportages électriques et téléphoniques, archi-téléphoniques et archi-électriques. Nous l'avons déjà dit : Le journal est une industrie; place aux ingénieurs et aux reporters !

Aussi, à peu d'exceptions près, les nouvelles feuilles quotidiennes, fondées en ces dernières années, ont-elles été condamnées à l'insuccès. Celles qui ont réussi disposaient de capitaux considérables; elles ont pu faire une grande réclame, elles ont eu l'art d'attirer l'attention du public. Non seulement les nouveaux journaux ne percent qu'avec peine; mais parmi les anciens, plusieurs, n'ayant pas les moyens de renouveler leur outillage, ont disparu ou tendent à disparaître. Beaucoup continuent à paraître grâce aux sacrifices d'un parti politique, mais, commercialement parlant, ils ne joignent pas « les deux bouts ». A ce point de vue, on peut dire que la presse parisienne s'est *anglicisée*. La place de Londres appartient de longue date, par droit de naissance et par droit de conquête, à une vingtaine de grande feuilles quotidiennes. A peine cinq ou six autres de moindre importance ont-elles pu se faire place depuis une vingtaine d'années. Cent entreprises successives, commencées pourtant avec un chiffre respectable de bank-notes, ont abouti à la faillite. En revanche, et par le fait même de la sélection, les feuilles subsistantes sont de formidables colosses, de prodigieuses usines.

Ce n'est pas ici le lieu de philosopher : prenons les choses telles qu'elles sont, et tâchons de les traduire en chiffres.

Pour mieux nous rendre compte du chemin parcouru, allons des plus petits aux plus grands.

Il y a encore, en province, bon nombre de feuilles qui vivent sur un pied très modeste. Dans chaque petite sous-préfecture, par exemple, on en compte deux ou trois. Le plus souvent elles ont été fondées, il y a dix ans, vingt ans, trente ans, par un brave homme d'imprimeur. De la politique, au fond, il avait peu souci; mais il a dû se discipliner, s'enrégimenter dans un parti ou dans une coterie. Il tire à 1 000, 1 500, 2 000 exemplaires, une fois ou deux la semaine; il n'a pas besoin, pour cela, d'un gros matériel : une machine en blanc, parfois à retiration, mue à bras ou par un moteur, est plus que suffisante. Les « amis » s'empressent autour de lui, procurent de l'eau au moulin; s'il est gouvernemental, il a les annonces officielles; s'il est dans l'opposition, il fait appel aux avoués, aux huissiers, aux notaires de son parti; le journal amène des clients à l'imprimerie, l'imprimerie des abonnés au journal. Prix de l'abonnement : de 10 à 12 francs; avec les annonces locales et le petit contingent (mal rétribué du reste) envoyé par l'Agence Havas ou autres annonciers parisiens, on peut se tirer d'affaire honorablement.

La rédaction est vite faite et coûte peu. Pour la politique, quelques coups de ciseaux dans les feuilles parisiennes du même bord. Pour les nouvelles locales, les notes du lieutenant de gendarmerie plus ou moins arrangées, ou celles de quelques correspondants.

Transportons-nous maintenant dans une préfecture de moyenne importance (40 000 habitants). Le journal est à 10 centimes; il paraît tous les jours, sauf le dimanche; il tire à 3 500, 4 000, 5 000 exemplaires. Pour cela, il faut déjà une machine à retiration et un moteur mécanique, vapeur ou gaz. Comptez comme capital social une cinquantaine de mille francs. Parfois, c'est un homme politique, député ou candidat, qui en a fait l'avance. Le plus souvent, on a émis des actions de 500, ou de 100, ou de 50 francs, et on les a placées dans un groupe d'amis; si parmi les actionnaires quelques-uns habitent la campagne, ils seront des correspondants *de nouvelles* tout désignés. Pour la ville, il faut un nouvelliste attitré, un secrétaire de la rédaction, un rédacteur en chef, deux ou trois employés d'administration. L'Agence Havas envoie de Paris 10, 15, 20 000 francs d'annonces ; on fait sur place, avec la clientèle des commerçants et celle des officiers ministériels, le double, le triple. Prix de l'abonnement : 28 ou 30 francs. On vit encore d'une façon décente. Les membres du conseil d'administration ou de direction peuvent être gens d'un esprit sectaire, enfermés dans des préjugés de coteries, comprenant la politique comme les Capulet et les Montaigu ; ce sont quelquefois des gens passionnés, mais toujours de braves gens : la maison est une maison de verre, qui ne craint aucun regard.

Parfois, dans un chef-lieu de même importance, c'est le journal à un sou qui règne. Les dépenses sont au moins égales, et les recettes moindres. D'abord, il faut paraître tous les jours, sans exception. Puis, très peu d'abonnés ; moins de place pour les annonces. D'où il résulte que pour joindre les deux bouts, le journal à un sou est obligé de tirer au moins à 7 ou 8 000 exemplaires, ce qui exige, non plus une machine à retiration, mais deux ou trois, et un plus grand nombre d'employés.

Dans les très grandes villes, comme Lyon, Bordeaux, Toulouse, Marseille, Lille, tous les chiffres précédents doivent être triplés, quintuplés, décuplés. Un journal à deux sous, par exemple, s'y tire à 20 ou 30 000 exemplaires ; un journal à un sou, de 50 000 à 300 000. Il faut plusieurs machines à retiration, voire des rotatives et un moteur en conséquence. Il faut, pour la rédaction et l'administration, le même personnel que dans certains journaux de Paris. Il y a, en plus, des frais de dépêches considérables.

La plupart de ces journaux louent au gouvernement un fil télégraphique spécial. Ils ont à Paris un, deux, trois correspondants. Ils demandent des articles politiques ou des chroniques aux écrivains les plus en vue de la presse parisienne. Ils publient des suppléments. Tout cela exige, pour chacun, un

LA QUESTION D'ARGENT. — LES DÉPENSES.

budget de plusieurs centaines de mille francs, parfois de plusieurs millions. Si c'est le public qui y fournit, si le journal est prisé par les lecteurs et les annonciers, tant mieux! il fera de beaux bénéfices. Sinon, quel que soit le talent de ses rédacteurs, il aura grand'peine à vivre.

Enfin arrivons à Paris. Laissons de côté bon nombre de journaux auxquels on peut appliquer ce que nous venons de dire des journaux de Lyon ou de Lille, de Marseille, de Toulouse ou même d'Albi, et passons à ceux qui ont le plus de réputation, de succès.

Il y a, d'une part, les grands journaux, d'autre part, les petits.

Nous prendrons comme type des premiers *le Figaro* et *le Matin*.

Voici un aperçu des frais :

Le Figaro dépense, bon an mal an, rien que pour la composition.. . . . . près de 200 000 francs.

Imprimerie, clichage, papier.	1 700 000
Service de bandes.	37 310
Frais de poste.	350 000
Rédaction.	750 000
Administration (employés, plieuses, porteurs)	300 000
Dépenses diverses ou extraordinaires. .	600 000

Ajoutez 40 000 francs pour l'intérêt des obligations, vous avez un budget de dépenses de 4 millions!

Il faut tirer tous les jours, entre 3 et 6 heures du matin, de 70 000 à 100 000 exemplaires et quelquefois 200 ou 300 000. Les presses, alors, vont un train effréné.

Le caissier a entre les mains un maniement de fonds qui peut atteindre jusqu'à 700 ou 800 000 francs en certains mois.

Passons maintenant aux journaux à un sou, et à celui qui les domine tous par l'importance des chiffres, *le Petit Journal*.

Petit, il ne l'est que par son format, déjà agrandi en ces derniers temps; mais, par son organisation et la puissance de son outillage, il compte parmi les plus grands du monde entier; par le tirage, il est hors de pair.

Voici les chiffres du dernier exercice :

Papier (200 000 kil. par semaine) . . fr.	2 937 436 »
Rédaction et informations.	705 175,33
Composition, clichage, tirage.	1 787 969,75
Transport et frais de poste.	2 213 953,62
Gravures et dessins	111 374,43
Administration, service du départ, inspecteurs, porteurs, plieuses, indemnités aux correspondants, etc.	1 031 478,43
Frais de publicité.	698 462,37
Frais généraux	797 774.15
Total	10 283 604,06

Luttez donc contre de tels colosses !

Aux frais généraux de rédaction, d'impression, de papier, de dépêches, etc., etc., au fonds de roulement qu'ils exigent, s'ajoute aujourd'hui un luxe de plus en plus nécessaire : avoir une maison à soi.

Beaucoup de journaux parisiens continuent à se faire imprimer chez de grands imprimeurs, Chaix ou Schiller, Dupont ou Dalloz (ancienne maison Panckoucke), Dubuisson ou Kugelmann, etc... où vivent côte à côte dix, quinze confrères de toutes opinions. Chacun d'eux occupe dans la maison un appartement plus ou moins grand ; ou bien, s'il n'y a plus de place, il s'installe dans les environs, et s'arrange de façon à avoir chez soi un atelier de composition : les formes sont serrées au bureau du journal et portées ensuite, par de petites voitures, à l'imprimerie où se fera le tirage.

Mais, de plus en plus, les journaux bien outillés, disposant de grands capitaux, renoncent à ces anciennes pratiques. Selon l'exemple des grands journaux étrangers, ils se mettent entièrement dans leurs meubles ; ils s'installent dans un hôtel à eux. On a ainsi sous le même toit, répartis et logés avec plus ou moins de commodité, tous les services de la rédaction et de l'adminis-

Hall des machines de la maison Schiller.

tration, et, depuis que la loi a permis aux journaux de s'imprimer eux-mêmes, la massive installation des presses et des machines.

Entrez dans un de ces hôtels ; vous êtes frappé aussitôt par l'air d'élégance ou de richesse, le cachet de confortable qui y règnent.

Dans les vastes sous-sols, transformés en chaufferie souterraine et éclairés à la lumière électrique, les appareils à clichage et le groupe des machines.

Au rez-de-chaussée, les locaux du départ, les tables des plieuses, des colleuses de bandes, etc.

Au premier étage, les bureaux de la direction, de la rédaction, richement meublés. Plus haut encore, en allant vers le ciel, d'autres bureaux pour les reporters, les chroniqueurs, les dessinateurs, etc. Des tableaux, des bronzes, des marbres dans tous les coins et recoins de l'escalier.

Ici le cabinet de l'administrateur avec un ornement remarquable entre tous : le coffre-fort du journal.

Là une grande salle, claire et gaie, autour de laquelle s'étale un large bureau de chêne, coupé par des guichets : c'est la salle des abonnements. Suivez la foule. Avez-vous besoin d'un vieux numéro? voici, dans une autre salle, les collections du mois ou de l'année, s'étageant dans des cases blanches. Tout respire l'ordre, la minutie. Un jour viendra où l'on fera mieux encore : on tiendra un registre alphabétique, comme au *New-York Herald*, de toutes les questions qui ont été traitées dans le journal depuis son origine, et on vous donnera instantanément, sur tel sujet, le numéro ou la série de numéros où il en a été parlé.

Tout près de la rédaction, le bureau télégraphique. Les appareils Hughes, avec leurs claviers blancs et noirs, solidement fixés sur leur énorme tambour, y fraternisent avec le Morse, qui, dans un plus petit espace, dévide ses roues chargées de papier bleu.

Voilà de belles bâtisses assurément. Mais qu'est-ce que cela auprès de l'hôtel des journaux anglais? Qu'est-ce surtout auprès des palais américains, dont le moindre a six ou huit étages? Le *New-York Herald* ne compte pas moins de 170 compositeurs installés au-dessus de la rédaction; croyez qu'ils ont de quoi remuer les coudes.

A ce jeu de constructions, le *New-York Herald* lui-même s'est laissé distancer. Voici que son concurrent, le *New-York World*, vient de se faire bâtir un hôtel de dix-huit étages. Dix-huit! vous avez bien lu. Ce palais, qui mesure 350 pieds de hauteur, a coûté deux millions de dollars (dix millions de francs). Les fenêtres sont assez hautes pour être divisées en deux étages. Les bureaux de la rédaction sont dans la cour, comme aussi les ateliers pour compositeurs et un restaurant pour les employés du journal.

Il y a six ascenseurs : deux sont affectés aux typographes; un troisième, partant du rez-de-chaussée, va à toute vitesse au 18ᵉ étage, réservé à la rédaction : les pigeons voyageurs y doivent entrer comme au colombier.

Les trois autres ascenseurs sont cédés à des locataires : treize étages, comprenant 150 appartements ou *offices*, se trouvent ainsi occupés, en attendant peut-être qu'ils deviennent nécessaires à l'administration.

Ce journal, ou plutôt cette ville en hauteur, cette Babel, appartient à un « milliardaire », M. Joseph Pultzer; le rédacteur en chef suprême est le colonel Cockerill; il y a six départements différents, ayant chacun un rédacteur en chef particulier. Le nombre des reporters est de 110; dont 50 pour New-York, 30 pour Brooklyn, 30 pour New-Jersey. Les correspondants sont au nombre de 10 à Washington; il y en a un dans chaque ville des États-Unis et un dans chaque capitale de l'Europe. Les seules dépenses de la rédaction dépassent un million de dollars par an.

Revenons aux feuilles parisiennes.

Dans toutes celles qui s'installent à la moderne, existe une salle bien connue du public : la salle des dépêches. Y entre qui veut en effet et elle est ouverte pour attirer les passants : il y a des heures où elle ne désemplit pas.

C'est *le Figaro* qui a créé cette innovation, et un de ses rédacteurs nous dira en quelles circonstances : « Un correspondant

Salle des dépêches du *Figaro*

de ce journal, a écrit M. Périvier, s'était rendu en Bulgarie, en 1877, pour y étudier sur place la fameuse question des massacres. Notre correspondant avait trouvé à Philippopoli, je crois, un très beau cimeterre qui avait dû couper un nombre fort respectable de têtes bulgares. Il l'avait envoyé, à titre de curiosité, à M. de Villemessant. Le rédacteur en chef du *Figaro* fit suspendre ce sabre dans le petit vestibule de l'hôtel de la rue Drouot. Il y attira beaucoup de curieux. Au bout de quelques jours, comme la curiosité languissait, on plaça, à côté du sabre, le texte même de notre correspondant.

« Les dépêches, se renouvelant constamment, devinrent un élément sérieux d'attraction....

« Il y avait à côté, au numéro 28, dans l'immeuble contigu, une petite boutique de marchand de vin.... On entama avec lui des pourparlers diplomatiques. Les négociations furent longues et délicates. Enfin, moyennant une indemnité raisonnable, son bail fut résilié et la salle des dépêches fut définitivement installée dans un local convenable, devenu déjà trop petit, mais qui a l'avantage d'être de plain-pied avec la rue et de ne pas gêner le service intérieur du *Figaro*, tout en étant très accessible au public. »

Ailleurs on a organisé de véritables expositions publiques : exposition de tableaux, de statues, de pastels, etc., etc.

Le but de tout cela? faire entrer les amateurs, les curieux; les transformer, si l'on peut, en clients.

Étant une industrie, le journalisme doit faire pour lui-même ce qu'il fait pour les autres; il a besoin de réclame. Il vit en grande partie des annonces qu'on lui apporte : il dépense une part de cette recette pour s'annoncer à son tour.

Déjà la construction de l'hôtel a été une première réclame. Comment passer près d'un de ces beaux échafaudages, voir le va-et-vient des matériaux, des maçons, voir les étages se succéder, les murs s'édifier, sans se dire à soi-même : « C'est mon journal qui aura ce palais! Peste! son escarcelle est bien garnie! »

Puis l'hôtel construit, quand on entre dans la salle des dépêches, comment ne pas se dire : « Qu'il est bien renseigné mon journal ! avec quelle activité ses reporters courent le monde ! avec quelle prodigalité il rassemble tant de photographies, d'objets de toutes sortes ! »

Troisième genre de réclame, plus vieux, celui-là, que le journalisme, mais qui reste toujours actuel : les affiches sur les murs. Chaque grand journal en pose partout, de tout genre, de toutes dimensions. Tantôt ces affiches font connaître au public le nom des collaborateurs, tantôt la transformation du prix ou du format, tantôt le titre du roman à sensation. Nombre de vieux Parisiens se rappellent encore le fameux « *Féringhea a parlé* », affiche par laquelle *le Petit Journal* annonçait chaque jour le roman des *Thugs* et qui est resté un modèle du genre.

Quatrième réclame : les camelots. A point nommé, ils envahissent les rues de Paris, les villes, les villages. Toutes leurs trompettes déchirent l'air à la fois, toutes leurs voix, sonnant comme un cuivre troué, assourdissent ensemble les oreilles du promeneur. Ce jour-là, du reste, ils ne vendent pas le journal, ils le donnent, ils l'imposent, ils vous le mettent de force dans la main, dans la poche du paletot. Ainsi se *lance* (terme consacré) un feuilleton émouvant. Ainsi fut lancé encore le premier numéro du *Petit Journal*.

Le 2 février 1863, M. Polydore Millaud, son fondateur, fit littéralement joncher les rues de Paris des exemplaires de la nouvelle feuille. Bon gré mal gré, les Parisiens durent se courber pour les ramasser et les lire. En même temps, des équipes de courtiers, des armées de commis voyageurs parcouraient la province. Aujourd'hui encore, *le Petit Journal* a tout un personnel d'inspecteurs, de *missi dominici*, chargés de visiter sans cesse les dépositaires, de stimuler leur zèle, d'en établir là où il n'y en a pas. C'est un des services le plus curieusement organisés et qui nourrit fort bien son monde : grâce à lui, l'édition de province, partie de Paris la veille au soir, peut être distribuée chaque matin, dès l'aube, dans les villages les plus reculés.

Autre réclame : les primes. Il y en a de toutes sortes : primes en argent ou en nature, primes de librairie, de photographies, d'eaux minérales, d'horlogerie, etc.... On a vu des journaux offrir à leurs abonnés des coupons de flanelle ou des caisses de bougies. On en a vu d'autres offrir des tickets d'assurance. Par suite de combinaisons avec des industriels gênés dans leurs affaires et qui ont un stock à écouler, il peut arriver que ces primes, loin de coûter de l'argent au journal, lui en rapportent : l'objet qu'il cède à 2 francs, *dans des conditions exceptionnelles*, lui revient à 1 fr. 50. D'autres fois, la prime est tout à fait gratuite pour l'acheteur.

Autre réclame : les *suppléments*. C'est encore *le Figaro* qui, à l'imitation des journaux étrangers, a créé cette mode. Elle se répand de plus en plus, à Paris et dans les provinces.

Depuis quelque temps, il y a aussi des suppléments illustrés, et tirés en polychromie. Comment les petits enfants eux-mêmes ne s'y intéresseraient-ils pas?

Et jadis, sur la Tour Eiffel, comment passer indifférent devant l'installation du *Figaro*? à peine les portes furent-elles ouvertes, qu'on vit rédacteurs, compositeurs, conducteurs, s'associer, à 160 mètres au dessus de la Seine, pour élaborer de toutes pièces sous les yeux du public un numéro du journal.

Et ces affiches de toutes couleurs, collées sur le dos d'hommes-sandwich, allant seuls ou en files indiennes; ces affiches traînées sur de petits pousse-pousse; ces affiches peinturlurées sur les vélocipèdes, sur les voitures qui portent le journal aux gares; ces affiches palpitantes : *Lire dans le .... le roman du célèbre X...*, *etc.*, comment faire pour n'y prendre garde?....

Si le journal donne à vivre aux afficheurs, aux photographes, aux épiciers, aux marchands de primes, aux cochers, aux carrossiers, aux vélocipédistes, fait-il subsister aussi les journalistes? Sans doute; consultez les listes du bureau de bienfaisance : vous n'y trouverez guère de gens de lettres.

Quant à dire qu'ils vivent richement, ou sur quel pied ils vivent, c'est autre chose. Il y a peu de gagne-pain qui offrent moins de certitude, qui soient soumis à tant de circonstances extérieures, à tant de chances bonnes ou mauvaises. Le *Dictionnaire des professions* (d'Édouard Charton), dans un article remarquable du regretté Eugène Yung, va même jusqu'à nier que le fait d'écrire dans les journaux constitue une profession : l'auteur voulait dire qu'il n'y a pas dans le journalisme de règles pour le recrutement et l'avancement, et qu'un homme de talent peut se trouver sans emploi.

Que le journal où vous écrivez, où vous réussissiez, vienne à disparaître, pour rien au monde, si vous avez le respect de votre plume, vous ne voudriez écrire dans un journal d'opinion contraire. Mais les journaux de votre opinion peuvent être rares, ils peuvent être dans la gêne, ou très encombrés : vous pouvez enfin, très innocemment, par le seul fait de jalousies littéraires, vous y être fait des ennemis qui vous en rendront l'accès difficile. Voilà qui restreint singulièrement le champ d'action. Ou encore, vous n'êtes propre qu'à une seule besogne. Or, il n'y a, pour aucune spécialité, de prix établi. Tout dépend de la prospérité du journal. Le même article, payé cent francs au *Figaro*, eût valu un louis ailleurs. Les facultés productives de l'écrivain ne sont pas moins variables. Aujourd'hui que la politique passe au second plan, et que les chroniques parisiennes tiennent le haut du pavé, il devient plus loisible d'écrire à la fois dans plusieurs journaux. Tel journaliste, qui a le travail extrêmement facile, ou peu de souci de sa renommée, collaborera à cinq ou six feuilles de Paris ou de province et y gagnera 60 à 100 000 francs par an. Tel autre, moins sollicité par les directeurs, ou qui écrit moins facilement, ou qui aime, selon de vieux préceptes, à remettre *l'ouvrage sur le métier*, ne saura collaborer qu'à un seul journal, et se fera à peine 6 à 8 000 francs. Vous pourriez vous tromper en concluant de là qu'il a moins de talent.

Donnons pourtant quelques indications générales.

Il y a pour les journalistes trois modes de rémunération : à l'année ; au mois ; à l'article ou à la ligne.

Sont payés au mois ou à l'année le rédacteur en chef, le secrétaire de la rédaction, le bulletinier politique, le « fait-diversier », le rédacteur des nouvelles étrangères, le critique de théâtre, le rédacteur financier,... tous ceux enfin dont la collaboration a un certain caractère de régularité.

Combien un rédacteur en chef peut-il être payé ?

Cela dépend des ressources du journal, c'est-à-dire du nombre des abonnés. Quelquefois 12 000 francs, quelquefois 50 000. En Angleterre, le rédacteur en chef (*editor*) a des appointements princiers, mais il a en même temps une responsabilité écrasante. De même dans les grands journaux américains.

Combien le secrétaire de la rédaction ? De 6 000 à 12 000 francs, et quelquefois plus.

Combien le bulletinier politique ? De 300 à 600 francs par mois.

Combien l'articlier politique ? 6 000, 10 000, 20 000 francs par an.

Combien sont payés les correspondants de journaux anglais ? Presque aussi cher que les *editors*. Le correspondant d'un célèbre journal de Londres gagne, dit-on, 80 000 francs par an. Il écrit son article de minuit à deux heures du matin, aux bureaux du télégraphe. A trois heures, on l'imprime ; à sept heures du matin, le journal est mis en vente à Londres. Le *Times* dépense pour ses seules correspondances étrangères 750 ou 800 000 francs, sans compter les dépêches !

Sont payés à l'article, les collaborateurs intermittents, qui ont un nom dans la presse et dont la prose est plus ou moins appelée à faire sensation. Rien de plus variable, on l'a déjà dit plus haut, que le prix d'un article de journal.

Sont payés à la ligne[1] (de 10 à 25 centimes) : les échotiers

---

1. En Angleterre, les *penny-a-liners* (les deux sous la ligne).

de passage, les auteurs de « variétés », d'articles bibliographiques, etc., etc.... et aussi et surtout les auteurs de romans-feuilletons. Mais, pour ces derniers, la ligne a des faveurs spéciales : ils en obtiennent aisément jusqu'à 75 centimes, 1 franc, et même davantage.

Moralité : Jeunes gens qui lisez ceci, si vous ne vous sentez pas l'*influence secrète* du ciel, c'est-à-dire non seulement quelque talent de plume, mais un rare esprit de décision, beaucoup d'entrain, de primesaut, de santé, et surtout une chance exceptionnelle, faites-vous ingénieur, professeur, avoué, commerçant, employé de l'État ; mais ne soyez pas journaliste.

C'est un dur métier ; il demande une tension d'esprit perpétuelle, des nerfs qui vibrent à toutes nouvelles, des muscles qui résistent aux nerfs, une santé en argent comptant.

Et si, voulant être journaliste quand même, vous pensiez à avoir un journal à vous, méditez le code de la presse, qui tient en deux mots :

Aujourd'hui, grâce aux conquêtes incessantes de la liberté, pour fonder un organe quotidien, il ne faut plus qu'une feuille de papier timbré de soixante centimes — et un petit million dans sa poche[1].

---

[1]. La déclaration officielle, faite sur une feuille de papier timbré, comporte l'indication d'un gérant responsable. En cas de procès avec le gouvernement ou avec les particuliers, celui-ci aurait à payer l'amende au nom du journal ou à faire les mois de prison. Parfois, c'est le directeur ou le rédacteur en chef qui assume ces fonctions. Le plus souvent, c'est un collaborateur moins en vue, qui reçoit de ce chef une petite augmentation de traitement.

CHAPITRE VI

LA QUESTION D'ARGENT. — II. LES RECETTES

Une propriété à bien garder. — Trois genres de recettes. — La vente au numéro. — A Paris : l'*heure du journal*; animation extraordinaire de la rue du Croissant; la foule aux nouvelles. — Les kiosques. — Le camelot et ses exploits. — La salle du départ. — Plieuses et colleuses. — Les voitures-réclames. — Le porteur. — Un ami rare. — Les complaisances de la Poste et du Télégraphe. — Vente dans les gares. — Relations des journaux avec les compagnies de chemin de fer. — Avec les théâtres et les libraires. — Le prix d'un numéro unique. — Vendre à perte et faire fortune. — Les annonces : leur développement incroyable en Angleterre et en Amérique. — Les recettes du *Times* et du *New-York Herald*. — Dix-huit millions de moutarde. — Un nez pour quinze francs. — Journaliste à tout faire. — Pourquoi l'annonce pâtit en France. — Exceptions; bénéfices réalisés. — Travestissements des réclames. — Le bulletin financier.

Le titre d'un journal est-il une propriété réelle? — Oui, mais à une condition : c'est qu'il trouve acquéreur. Concevez le plus ronflant de tous les titres, le plus spirituel, le plus séduisant : s'il ne plaît pas au public, si vous n'avez pas les moyens matériels de le faire goûter, vous n'en trouverez pas deux sous sur la place. Si, au contraire, il est ratifié par le succès ou l'habitude, il pourra se vendre très cher.

Cette propriété est-elle garantie par la loi? — Oui, mais à une condition : c'est qu'on ne vous la vole pas impunément. Tantôt les tribunaux ont empêché qu'on reprît même le titre d'un vieux journal, disparu depuis des années; tantôt il a pu être soufflé du jour au lendemain, sans autre forme de procès.

Une plaisanterie restée classique dans le monde de la presse est celle que fit un jour le fondateur du *Figaro* actuel, M. de Villemessant. Un rival annonçait depuis quelque temps, dans les cercles, une feuille destinée à lui porter un coup mortel. Cette feuille aurait un titre superbe, qu'on disait tout bas. Un beau matin, M. de Villemessant déclare tout net, en tête du *Figaro*, que jamais le journal prédit ne paraîtra. On se récrie. Il offre en riant de parier une forte somme. Quand on se présenta au Bureau de la presse, où se faisaient alors les déclarations, on trouva en effet que le fameux titre avait été déposé par lui. Personne d'autre ne pouvait plus s'en servir.

Tous les ans, surtout dans la presse spéciale, dite professionnelle, plusieurs centaines de titres sont déposés par une demi-douzaine de personnes, pour des feuilles qui ne paraîtront jamais C'est justement pour les empêcher de paraître. Quand il s'agit de la politique, des sciences, des lettres, des arts, les fondateurs en mal de journaux arrivent toujours à se retourner, à trouver dans leur imagination quelque enseigne encore libre; est-il question de cordonnerie ou de chapellerie? le champ des combinaisons possibles est plus vite parcouru : que toutes soient retenues d'avance par un publiciste malin, voilà les concurrents dans un cruel embarras.

Mais nous n'en sommes plus à vouloir fonder une feuille nouvelle, même de cordonnerie ou de chapellerie; nous ne parlons que des feuilles existantes, et surtout de celles qui prospèrent.

Le chapitre précédent nous a montré leurs dépenses; voyons comment elles y font honneur, voyons leurs *recettes*.

Celles-ci sont de trois sortes :

La vente au numéro;

Les abonnements;

Les annonces.

Sur ces trois points, nous donnerons quelques faits et quelques chiffres empruntés à la presse française et à la presse étrangère.

La rue du Croissant.

LA VENTE AU NUMÉRO

Vous est-il arrivé de passer rue du Croissant à 3 heures de l'après-midi? c'est le plus curieux spectacle. Les vieux hôtels aristocratiques dont la presse s'est emparée, les échoppes modernes qui les entourent, ont l'air d'être assiégés. On dirait une émeute subite, une clameur de halles, un grouillement de Ghetto, de cour des Miracles, une agitation de Pandémonium.

Y êtes-vous passé à 2 heures du matin? Non sans doute. C'est plus curieux encore, et surtout plus triste. Hiver comme été, par la pluie, par la neige, les *porteurs* et les *camelots* sont là. Des marchands établis aussi; de vieux bonshommes et de vieilles femmes, venus de tous les quartiers de Paris, des faubourgs, de Clichy et de Montrouge, de Sèvres ou de Saint-Cloud, de plus loin encore. Ils ont fait la route à pied, de nuit, ou bien ont pu monter dans quelque voiture de maraîcher apportant ses légumes aux Halles centrales. Tout à l'heure, à l'aube grise et froide, ils repartiront, par un moyen quelconque, pour servir à leurs clients la pâture intellectuelle. En attendant, ils se sont réconfortés d'une bonne soupe chaude prise sur le Carreau ou d'un grand bol de café noir.

D'autres sont installés, rue du Croissant même, chez quelque marchand de vin qui a une permission de nuit. Ils y avalent du « fil en quatre », jouent une partie de tourniquet ou de « zanzibar », parlent des questions politiques, du favori populaire du jour, des complications extérieures, et surtout des chances de vente que tout cela peut offrir.

D'autres encore, plus sobres ou moins chargés d'argent, restent dans la rue, piétinant ou accroupis philosophiquement le long d'un mur.

Tout d'un coup, des guichets s'ouvrent. Guichets appartenant à l'administration du journal ou aux marchands en gros. On crie, on se précipite, on se bouscule. « — Cent numéros! — Moi, deux cents! — Soixante-quinze! — Trois cents *Lanterne*!

— Quinze *Autorité*! etc..., etc.... » — Et les sous et les pièces blanches passent à travers les guichets, et les guichets, béants comme des gargouilles de vieille église, font pleuvoir sur la foule hurlante les flots de papier noirci. Et les porteurs, les camelots vont de l'un à l'autre, toujours pressés, toujours se bousculant, afin de compléter au plus vite leur collection bi-quotidienne.

Il y a une vingtaine d'années, toute la vente au numéro de la presse parisienne était concentrée rue du Croissant. Depuis, certains journaux, ayant pignon sur rue dans des quartiers plus riches, ont retenu chez eux toute leur vente et commencé ainsi une sorte de décentralisation. Mais la vieille rue garde ses fidèles obstinés: plusieurs même des journaux qui s'impriment ailleurs y sont représentés par un entrepositaire.

Que les camelots et les porteurs se soient fournis ici ou là, il n'importe! Leur cueillette est faite maintenant, il s'agit de l'emporter. Les camelots, moins pressés, vont faire encore une petite station chez le débitant, leurs paquets sous le bras. Leurs paquets sur la tête, les porteurs se sauvent au galop, s'égrènent dans toutes les directions.

Où courent-ils? Chez les marchandes, dans les kiosques. Il y a dans Paris de deux à trois mille personnes qui *tiennent des journaux*. Souvent elles ne tiennent pas autre chose, souvent elles ajoutent ce petit commerce à un autre. Ce sont des mercières, des libraires, des papetiers, des marchands de sucre d'orge. Parfois aussi de pauvres vieilles femmes qui louent à un marchand de vin un coin d'échoppe ou s'installent devant sa porte dans une petite cahute ouverte à tous les vents. Les profits, très variables, dépendent du quartier, de la saison, de la rue plus ou moins passagère. Tel kiosque, sur les quais, donnera à peine trente sous par jour; tel autre, sur le boulevard, 20, 30, et même, en certains jours, 50 francs. Heureuses titulaires! Et comme elles payent d'un cœur léger à la Préfecture de la Seine le droit de location!

C'est le boulevard Montmartre qui est le siège de la vente la plus animée; c'est la grande aorte parisienne, où le pouls de la badauderie acquiert son maximum d'intensité, où peut le mieux s'observer cette fièvre spéciale de curiosité que les habitués appellent l'*heure du journal*. Certes, à l'instant où nos ouvriers et nos ouvrières descendent des faubourgs, il se fait aussi, de la rue Saint-Antoine à la rue de Vaugirard, de Montmartre à la Glacière, une singulière consommation de carrés de papier. Les ro-

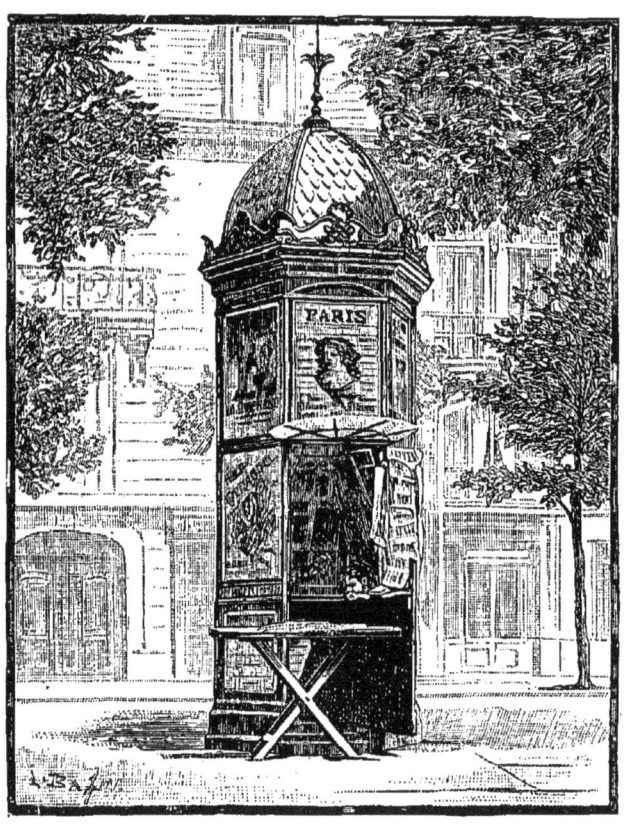

Un kiosque de journaux.

bustes travailleurs se plongent dans les dernières nouvelles, les petites apprenties dévorent les faits-divers et les romans-feuilletons, qui leur apprendront qu'elles ignorent bien des choses. Mais ce n'est pas là « l'heure du journal ». L'heure du journal, c'est quatre heures du soir, et elle ne sonne que du faubourg Montmartre à l'Opéra. Entre ces points extrêmes, les deux bouts du monde pour le Parisien parisiennant, elle se répercute de porte en porte. Pour un empire, les abonnés n'y manqueraient pas. Ils assiègent les marchandes, ils assiègent les cafés, surtout ceux où se réunissent les journalistes. Toute une gazette s'écrirait à écouter leurs propos.

Voilà pour les temps réguliers, pour les trois cent soixante-cinq jours ordinaires de chaque année, sans compter les bissextiles. En temps de crise politique, les jours d'élections passionnantes, l'heure du journal sonne une seconde fois, le soir, avec un éclat renforcé. Tout Paris y prend part. Des curieux débouchent de partout. C'est surtout au début de la guerre de 1870 ou pendant les pseudo-émeutes de 1869 qu'il fallait voir ce spectacle. Le vaste boulevard n'était plus qu'une cuvette où voudrait se loger un océan. On s'étouffait, on s'écrasait, on se portait. Parfois des charges de cavalerie vinrent augmenter le brouhaha, ajouter une émotion spéciale à toutes les autres. De nos jours encore, que la moindre occasion se présente, les Parisiens courent au rendez-vous. Les journaux jettent alors sur la place trois, quatre, cinq éditions différentes ou prétendues telles, qui se succèdent de demi-heure en demi-heure, de dix minutes en dix minutes, apportant chaque fois deux ou trois chiffres de plus, deux ou trois nouvelles à sensation. Les malheureux porteurs peuvent à peine se frayer un passage. Les camelots viennent à la rescousse. On les entoure, on les courtise, on leur arrache les exemplaires des mains, on les accable d'une pluie de gros sous. Et, suivant les nouvelles obtenues, suivant l'opinion des acheteurs, ce sont des visages qui s'épanouissent ou des mines qui s'allongent, des disputes qui éclatent, des cris de haine ou de joie, des vociférations, des hurras. Si les Athéniens de l'Agora pouvaient ressusciter subitement, ils auraient la joie de penser que leur place dans le monde n'est pas restée vide : peut-être nous trouveraient-ils un peu agités.

Revenons à nos porteurs. Ce ne sont pas des Athéniens, mais ce sont d'ordinaire de très braves gens, mariés, pères de famille, presque des fonctionnaires publics. A tout le moins sont-ils inscrits à la préfecture de police, titulaires d'une médaille spéciale. Ils ont la confiance des marchandes. Très souvent on leur donne une double clef du kiosque, pour que, le matin, au sortir de la rue du Croissant ou de la rue Lafayette, ils laissent sur leur passage les exemplaires commandés la veille. Ils en toucheront le prix dans la tournée du soir, et en même temps reprendront *le bouillon*.

Le bouillon, encore un terme du métier, mais que tout le monde connaît. On appelle ainsi les numéros non vendus. Les journaux en tiennent compte aux intermédiaires, à la condition qu'on les rende de suite. L'administrateur prélèvera quelques numéros pour *les collections* et vendra le reste au poids.

— « Demandez le *Pays*! » — « Voilà la *France*! son supplément. » — « *Paris*, deuxième édition! » — « Faut voir la *Lanterne*, les curieuses nouvelles. » — Qui chante ainsi? qui lance ces notes aiguës? qui psalmodie ces traînants refrains? C'est le *crieur public*, comme on disait au temps de Renaudot ou de Panckoucke; c'est le *camelot* actuel, la sauterelle de nos climats, le moustique du Sahara parisien. A toute heure du jour, il cherche sa proie, il la poursuit, la harcèle; chaque vent d'orage politique en fait surgir par milliers. Ils sont partout, dans les passages et les impasses, dans les rues ou sur les boulevards, aux stations de tramways ou sur les ponts. Leurs feuilles à la main, ils ne vous lâcheront qu'ayant sucé au moins un sou. Même à la porte d'un libraire, même sous le toit pointu d'un kiosque, même si vous emportez déjà une demi-douzaine de journaux, ils vous offriront encore leur marchandise. Aimez-vous le papier d'emballage? le camelot, au besoin, vous propose trois journaux pour un sou (dont le numéro de la veille et celui de l'avant-veille). Montez-vous sur l'impériale de l'omnibus? il vous tendra ses tentations au bout d'une perche et, si vous succombez, ramènera votre monnaie dans une timbale adaptée à la perche.

On rapporte ce mot de Talleyrand lorsqu'il apprit la mort de l'Empereur à Sainte-Hélène : « Autrefois, c'eût été un événement ; ce n'est plus à présent qu'une nouvelle ». L'art du camelot est de transformer toutes les nouvelles en événements. Il faut dire qu'il y est aidé par les rédacteurs. La mode s'est prise d'étaler en tête du journal, sur toute la largeur, en caractères d'affiches, les titres les plus criards. Ou bien, dans le corps des colonnes, on placera des titres et sous-titres de quinze lignes, pour une nouvelle qui tiendrait en trois. Non seulement le camelot tire parti de ces indications, mais il est fécond en découvertes. Au fin fond de la troisième page, dans le fait divers le plus anodin, il taillerait des drames et des romans. Il fait merveille. Il a même si bien fait qu'il a fallu y mettre ordre. Les bonnes âmes, lasses de se voir extorquer des sous ou des décimes pour des événements imaginaires, ont fini par se plaindre ; forts d'une longue impunité, les industriels du plein vent en étaient venus, en outre, à mêler la politique à leurs contes, à assaisonner les fausses nouvelles de propos injurieux ou agitateurs. On s'est décidé à faire respecter la liberté du passant. Ils n'ont plus droit de crier que le nom du journal, sans commentaires. Ne croyez pas qu'ils s'avouent battus. Ne pouvant plus lutter d'audace, ils luttent de ruse. Ne pouvant plus annoncer à haute voix les sujets d'articles, ils les annoncent par des pancartes et portent celles-ci triomphalement. Ou bien, sur des poteaux, sur des pupitres-sandwichs, ils collent le numéro du jour, et entourent d'un crayon bleu les faits divers ou les entrefilets tentateurs. Des choses ainsi papillonnantes doivent être des choses bien curieuses ; quelques naïfs s'y font prendre encore. Les oreilles du public sont ménagées ; les porte-monnaie courent toujours des risques.

Quel est le prix de tant d'ingéniosité, de persévérance ? 30, 35, parfois 50 pour 100 des numéros vendus. On cite même tel journal tapageur, très fier de son tirage, qui cédait à trente sous chaque centaine d'exemplaires. Marge pour les vendeurs, 3 fr. 50. Souvent aussi, quand il s'agit de lancer, à Paris ou en province, quelque *numéro extraordinaire*, quelque feuilleton à sensation, le camelot reçoit, en sus du tant pour cent, un *fixe* de 7 à 10 francs. On ne paye jamais trop cher les grands artistes.

LA VENTE EN PROVINCE. — LE DÉPART. — LES ABONNÉS.

Si, à la porte des journaux ou des marchands en gros, les camelots et porteurs trépignent d'impatience, les chemins de fer attendent encore moins : ils n'attendent pas une seule minute.

Rien de plus important donc que le service du *départ*. Pour la plupart de nos grandes feuilles, la clientèle de province l'emporte de beaucoup sur celle de la capitale.

Comment le journal parvient-il en province ? — Nous dirons, du même coup, comment on sert les abonnés.

Les exemplaires, imprimés, coupés, comptés par les machines, ont été portés dans une salle spéciale. Là, entouré d'un nombreux personnel, trône le *chef du départ*.

Une ou plusieurs grandes tables : sur chacune on pourrait servir un dîner de cent couverts.

Tout autour, les plieuses, les colleuses, les faiseurs de paquets.

Les paquets destinés aux dépositaires de province sont vite faits. Pour chaque localité, des étiquettes ont été imprimées d'avance, portant le nom du correspondant, l'indication du bureau de poste, le nombre de numéros à servir. Il n'y a qu'à ficeler le ballot et à le mettre en tas avec ceux qui prendront la même direction.

Le pliage et la mise sous bande des numéros destinés aux abonnés sont plus délicats. Il faut, selon le format et le goût de l'administrateur, un pli absolument uniforme : au tiers ou au quart. Fiez-vous pour cela aux plieuses. Des fées ne feraient pas mieux. Trois cents numéros au moins (cinq par minute) leur passent chaque heure entre les doigts : il est vrai qu'au bout de peu d'années ceux-ci n'ont plus forme humaine, les mains se changent en spatules. Les bonnes, très bonnes plieuses gagnent à ce métier 5 francs par jour, les autres 50 sous, 3 francs.

Pliés, les tas d'exemplaires passent aussitôt sous bande, *au collage*. Encore une opération qui va vite ! Mais les journaux qui ont beaucoup d'abonnés ne la trouvent que trop longue encore. Là comme partout, nous l'avons dit, commence à s'introduire la machine.

C'est de 3 à 5 heures du matin, ou de 4 à 6 heures du soir, que s'exécute le gros de la besogne. S'il fallait dans cet intervalle écrire sur la bande le nom et l'adresse des abonnés, classer les bandes suivant leur destination, coller des timbres sur les bandes, on n'y arriverait jamais. Aussi, rassurez-vous ; tout le travail est fait d'avance. D'avance, imprimées les bandes ; d'avance, placées sur chacune d'elles, dans un coin, des lettres initiales indiquant ou la zone de Paris, ou les lignes de chemins de fer et les bureaux de poste.

Tout abonné de trois mois a ainsi à son compte quatre-vingt-dix bandes rappelant, en outre, la date d'expiration de son abonnement. Les bandes relatives à une même échéance sont autant que possible imprimées ensemble sur de grandes feuilles de papier bulle : on les détache selon les besoins.

Un abonné change-t-il de domicile ? ou bien désire-t-il recevoir son journal à la campagne ou aux bains de mer ? C'est toute une complication d'écritures sur les registres. On n'a pas tous les jours des clients comme ce duc de Portland, mort en 1880, et qu'on avait surnommé à juste titre *l'ami des journaux*. Il prenait *quatre abonnements* de tous ceux qui lui plaisaient et faisait adresser chaque service dans chacune des propriétés où il résidait au cours de l'année, afin, disait-il, d'éviter à son intendant le souci de faire modifier les adresses. Il dépensait, bon an mal an, à cette fin charitable, une somme de 32 000 francs. Heureux journaux anglais !

Imprimées et classées d'avance, les bandes sont encore

Le service du départ.

d'avance soumises au timbrage. Cela grâce à l'administration des postes qui, depuis longtemps, se prête à une combinaison spéciale. Les bandes relatives à un numéro, triées l'avant-veille, lui sont portées la veille. Les employés les frappent d'un timbre sec et les rendent en temps utile : il n'y a plus qu'à y intercaler le carré de papier, qui sera en règle pour partir. C'est ce qui s'appelle « timbrer à l'extraordinaire ». De la sorte, le départ sera assuré par les premiers trains, et le travail des commis aura été allégé d'autant.

La Poste et le Télégraphe, du reste, ont beaucoup d'autres complaisances pour la presse, surtout depuis dix ans.

D'abord un tarif spécial pour l'affranchissement ; faculté pour les correspondants de n'affranchir les articles adressés à la rédaction que de cinq centimes, à la condition, bien entendu, d'y éviter tout ce qui aurait le caractère d'une lettre personnelle ; faculté plus précieuse encore : les courriers destinés aux journaux, triés en route par les facteurs ambulants, peuvent être retirés directement à l'arrivée du train, sans passer par les bureaux de poste ; permission également de porter les paquets à la gare.

Des facilités analogues sont données pour les télégrammes. Loue-t-on un fil spécial pendant une heure ou deux déterminées ? il n'y a à payer qu'un abonnement très réduit. Une dépêche passe-t-elle par les fils ordinaires ? le correspondant n'aura à verser que moitié du tarif. Il est admis aussi que les dépêches destinées à la presse ont, sur les autres, un tour de faveur.

Tous ces avantages n'ont pas peu contribué, il faut le dire, à l'essor extraordinaire qu'ont pris les feuilles à grand tirage.

Enfin, et ce n'est pas un avantage moindre, les journaux ont été autorisés, depuis la chute du second Empire, à se passer de l'intermédiaire de la poste et à organiser eux-mêmes leurs messageries. Pour les localités voisines de Paris, c'est un grand bénéfice. Ainsi le *Petit Journal*, le *Petit Parisien*, la *Lanterne* ont des voitures qui partent de nuit et arrivent à six ou sept heures du matin sur les points les plus reculés de la grande banlieue.

dix lieues à la ronde. Ni la poste ni le chemin de fer ne permettraient un service aussi prompt.

Maintenant qu'en causant avec l'un ou l'autre nous avons appris toutes ces choses, jetons un dernier coup d'œil sur la salle du départ. Les plieuses, les colleuses sont de plus en plus affairées; les doigts courent, courent; les pots de gomme, les sébiles de colle de pâte se vident, les piles se forment. A mesure qu'une pile est en état, on l'enlève, on la classe avec ses compagnes de route, on emballe, on ficèle.... A la porte, les voitures attendent, les chevaux piaffent. On descend les ballots, on les entasse, on ferme la voiture.... Fouette, cocher! et n'oublie pas de faire claquer ton fouet pour que les passants se retournent, pour qu'ils admirent l'enseigne roulante, pour que tous les autres véhicules se garent. Laissez passer la justice du roi! laissez passer la tyrannique servante du peuple!

A Paris, le service des abonnés est fait par des porteurs, les *gazetiers* et *gazetières* d'autrefois. Chaque journal en emploie de 30 à 60, chargés chacun d'une zone spéciale et ayant à distribuer, au minimum, une centaine de numéros. Lorsque, les pieds sur les chenets, vous froissez machinalement la bande qui vous est remise, vous rendez-vous compte de tout le labeur humain qu'elle représente? Songez-vous, indépendamment du travail des *typos*, des clicheurs et des conducteurs, aux ouvrières qui ont passé une partie de leur nuit, loin du ménage et des enfants, à travailler pour vous? Pensez-vous au pauvre vieux qui par tous les temps, engourdi de froid, trempé de pluie, grillé du soleil, court de porte en porte glisser son journal dans la boîte aux lettres ou dans la loge du concierge?

Autre petit métier de Paris qui s'en va. La vente au numéro, mise de plus en plus dans nos mœurs par la presse populaire, est en train de tuer l'abonnement. Beaucoup de journaux en porteront un deuil sincère. Qu'il avait de charmes pour eux, l'abonnement! D'abord, garantie absolue, pendant trois mois, six mois, un an, contre les caprices du lecteur, certitude qu'il restera fidèle pour toute la durée du bail. Puis, qu'est-ce qu'un abonné, sinon un caissier donné par la force des choses? Ici, on paye en entrant, on verse d'avance. A 40, 50 francs, ce qui est aujourd'hui le prix moyen, supposez dix mille abonnés, cela fait déjà un joli fonds de roulement. De plus, qu'il était doux et commode de chômer toutes les fêtes! Repos pour tous les collaborateurs, économie de papier, d'encres, de tirage : tout y était. Et l'abonné payait tout de même! Jamais aucune feuille, même la plus voltairienne, n'eût oublié les grandes dates de l'Église.

Voilà tous les services assurés : les marchands de Paris et ceux de province, les kiosques, les abonnés par porteurs, les abonnés par la poste. Mais vous interrompez encore, vous dites : « J'ai voyagé quelquefois, j'ai acheté mon journal dans les librairies des gares. Est-ce aussi l'administration qui y fournit? » — Oui et non. C'est là une organisation spéciale. Pour les journaux comme pour les livres, la maison Hachette a acquis des compagnies de chemins de fer français un droit exclusif de vente.

Par son entremise, la moindre feuille politique ou littéraire peut se faire connaître dans les gares les plus excentriques, là où personne n'en accepterait le dépôt.

Puisque nous en sommes aux chemins de fer, c'est l'instant de toucher un mot de leurs relations avec la presse. Ce sera, en somme, une transition assez naturelle au chapitre des annonces.

Beaucoup de personnes ont entendu parler des fameuses *passes*, ou, dans le langage officiel, *permis de circulation*.

Il n'y a là rien de mystérieux : on peut expliquer la question en deux mots.

Les compagnies de chemins de fer s'adressent aux journaux pour faire connaître au public les avis qui l'intéressent.

De leur côté, les journalistes, par profession, voyagent souvent sur les lignes de chemins de fer : c'est à chaque instant un événement quelconque, revue militaire ou inauguration d'un monument, représentation dramatique ou procès d'assises, qui les oblige à se rendre dans une ville plus ou moins éloignée.

14

Ainsi, les compagnies ont besoin des journaux, et les journaux des compagnies de chemins de fer.

Les journaux insèrent les avis qui leur sont communiqués par les compagnies de chemins de fer; ces avis sont de toute sorte : payements de coupons, tirage d'obligations, trains de plaisir, voyages circulaires, etc., etc.

A leur tour, les compagnies de chemins de fer délivrent des permis de circulation aux journalistes.

C'est un échange de bons procédés.

La preuve qu'il y a bien là une réciprocité de services, un payement en nature, c'est l'exemple de l'Angleterre. Les journalistes anglais ne demandent rien aux « railways », mais en revanche n'insèrent aucune annonce que contre argent comptant : il n'est pas sûr que les Compagnies ne préféreraient pas le système français.

Il en va de même, ou à peu près, pour les places de théâtre et le service des librairies. Si, chaque jour, le rédacteur en chef d'un journal fait demander des coupons de loges, non seulement pour lui et ses rédacteurs, mais pour tous les amis de ses amis, il *abuse*, il devient l'obligé personnel du Directeur de théâtre, et la sincérité de la critique peut s'en ressentir. Mais s'il se tient dans des limites raisonnables, les quelques places dont il se sert ne sont que la rétribution de la publicité qu'il accorde en troisième ou quatrième page : le feuilletonniste théâtral n'est lié en rien par ce marché. Une librairie envoie-t-elle un ou deux exemplaires du livre qui vient de paraître? le journal insérera, s'il le juge convenable, quelques lignes de réclame plus ou moins banales. Mais que Sainte-Beuve ou Jules Janin, huit jours après, critiquent à outrance le même livre, cela pourra irriter l'auteur : le libraire, lui, a trop de philosophie pour s'en fâcher.

Cela acquis, voulez-vous que nous nous permettions un petit retour en arrière? Vous plaît-il, pour deux minutes, de reprendre les chiffres du précédent chapitre?

Tenons-nous au *Figaro*. Sa dépense annuelle, disions-nous,

est de 3 millions et demi à 4 millions; divisons par 365, cela donne environ 10 000 francs par jour. Dix mille francs auxquels il faut faire face quand même, et qui, à la différence près du papier, différence presque négligeable, se retrouvent pour n'importe quel tirage. Supposez qu'un jour quelconque les machines se brisent au moment où l'on donne au rédacteur en chef le premier exemplaire; voilà un numéro unique qui aura coûté à l'administration au moins 9 500 francs : c'est le cas de dire qu'on « se rattrape sur la quantité ».

Se rattrape-t-on tant que cela? Mettons un tirage moyen de 80 000 exemplaires, ce qui, pour un journal à 15 centimes, est phénoménal. 10 000 francs divisés par 80 000, cela fait ressortir l'exemplaire à 12 centimes 1/2. Or, des 15 centimes que paye l'acheteur au numéro, il en reste au moins 6 dans la poche des intermédiaires. Des 16 francs par trimestre que paye un abonné de Paris, il faut retrancher l'affranchissement, le papier et l'impression des bandes : c'est 12 francs à peine, soit 13 centimes et 1/3 par numéro, qui entrent dans la caisse du journal.

Ainsi, qu'il s'agisse de l'abonné ou qu'il s'agisse de l'acheteur au numéro, le plus favorisé des journaux à 15 centimes perd sur chacun de ses clients. Que sera-ce donc pour les feuilles à 10 centimes? Que sera-ce pour celles à 5? Tous, tant que nous sommes, nous payons notre journal au-dessous de ce qu'il a coûté.

Pourtant, certains journaux s'enrichissent. Pourtant le *Figaro* prospère si bien que les 2 400 actions de la société, émises, en 1866, au capital nominal de 500 francs, ont été dédoublées *trois fois* : de chaque titre, on en a fait huit. Et chacun de ces huitièmes, représentant 62 fr. 50 versés par les souscripteurs, se vend aujourd'hui en Bourse plus de 1 500 francs !

Le dividende servi aux actionnaires, qui était de 432 900 francs en 1872, pour un capital social nominal de 1 million 200 000 francs, atteignait dix ans après un chiffre supérieur à ce même capital.

Vendre sa marchandise à perte et décupler, ou même vingtupler son capital, voilà le problème qui se pose dans les journaux : comment est-il résolu ?

La solution, elle est dans le talent des administrateurs, dans leur habileté à plaire au public, à ne lui donner que la nourriture qu'il aime, à prévoir ses goûts et ses dégoûts, à soigner par des plats nouveaux chaque renouvellement trimestriel, à inventer des primes imprévues, à allécher de plus en plus les acheteurs au numéro. Mais, plus on vendra, et plus l'on perdra sur la vente ? — Oui, sans doute, et précisément c'est là le chemin de la fortune. Plus on tirera, et plus aussi afflueront les courtiers de la publicité, plus on verra monter le chiffre des annonces.

LES ANNONCES.

La clef de l'énigme est là. Tous les journaux du monde, quand ils vivent, vivent de la publicité.

Et cela, nous l'avons vu, depuis l'origine même du journalisme. Théophraste Renaudot avait eu la première idée des *Petites Affiches*; le pauvre Colletet créait l'annonce anglaise bien avant les Anglais.

Mais c'est surtout en Angleterre, surtout en Amérique, que l'idée a germé, qu'elle a pris des développements extraordinaires. En France, nous sommes en retard sur le chapitre des annonces : même l'Allemagne et la Hollande nous ont dépassés. Il semble que l'annonce soit un besoin particulier des races anglo-saxonnes, laissant presque indifférentes les races latines. Nulle part le contraste n'est plus frappant qu'en Suisse : dans les cantons français ou italiens, des journaux de dissertation ou de polémique; dans les cantons allemands, des feuilles beaucoup plus ternes, mais bourrées d'annonces.

Un Parisien qui tombe pour la première fois sur un numéro du *Times*, ou mieux encore du *New-York Herald*, recule effrayé. Quoi ! ce grimoire en petit texte, ce casse-tête microscopique, c'est un journal! Quoi! il y a des malheureux condamnés à lire ces huit pages, ces douze pages, ces trente-deux pages du caractère le plus serré, le plus imperceptible! Non, Parisien, mon ami, on ne les lit pas; on les parcourt; on s'y dirige les yeux fermés. Les annonces commencent dès la première page, parfois avant le titre. On les retrouve à la deuxième page, à la troisième, à la trente-deuxième. Il y en a sur tous les sujets, pour tous les goûts, pour toutes les professions, pour toutes les classes de la société. Entre les annonces, de place en place, s'intercalent les articles politiques ou littéraires émanés de la rédaction, les *editorials*, comme on dit. Mais tout cela est si parfaitement classé, rangé sous des rubriques si connues, si bien catalogué, que chaque lecteur, en dépliant son journal, sait d'avance où trouver ce qu'il désire. Il en est quitte pour ne pas lire le reste.

Sur un numéro sans supplément, un numéro de huit pages, les annonces tiennent déjà le tiers, la moitié. Calculez ce que peuvent rapporter les suppléments quotidiens, ayant pour le moins de 8 à 12 autres pages!

On estime qu'à New-York paraissent tous les ans, dans le *Herald*, le *World*, la *Tribune*, etc..., pour plus de soixante millions d'annonces commerciales. Le seul Barnum, qui vient de mourir, contribuait à ce chiffre pour deux ou trois millions. Le *Herald*, pour sanctifier son dimanche, s'amusait à compter, en 1881, combien il y avait eu de colonnes d'annonces, la veille, dans les principaux journaux de la ville, et arrivait à ces résultats effrayants : 22 colonnes et demie, comprenant 503 annonces différentes, pour le *Times* new-yorkais; 18 colonnes et demie ou 525 annonces, pour le *World*; 14 colonnes et un quart, ou 413 annonces, pour le *Sun*, ...; bref, en dehors du *Herald* lui-même, un total de 85 colonnes trois quarts et 1 972 annonces. Quant au numéro du *Herald* du même soir, il contenait à lui seul 4 457 annonces formant une échelle de 105 colonnes : 105 colonnes de 300 lignes chacune! Depuis, ces chiffres sont dépassés.

Le *Times* anglais, lui, peut contenir journellement de 60 à 80 colonnes d'annonces, chaque colonne en **6** compact. Il tire de cette publicité un profit annuel de 10 à 15 millions. Chacune de ses soixante actions a touché cette année, en deux fois, un dividende de 125 000 francs.

En Angleterre et en Amérique, l'annonce est regardée comme une des forces motrices destinées à porter l'industrie nationale sur tous les marchés du monde. « Les annonces sont au commerce, disait textuellement l'historien Macaulay, ce que la vapeur est aux machines. » Et un autre écrivain anglais ajoute : « L'annonce est considérée chez nous comme aussi utile et plus indispensable que la partie politique elle-même.... La politique est le domaine privilégié de quelques-uns, l'annonce est le domaine de tous. »

Un journal américain formule ainsi à son tour le bréviaire du parfait commerçant :

« Ne pas se faire annoncer quand les affaires sont calmes,
« *c'est comme si on faisait enlever le barrage d'une rivière*
« *quand les eaux sont basses.*

« Ne pas se faire annoncer quand les affaires marchent bien,
« *c'est diminuer bénévolement ses bénéfices.* »

Aussi, que les affaires marchent bien ou qu'elles languissent, il y a toujours même foule aux guichets. Les journaux ne paraissant pas le dimanche, il en résulte que le numéro du samedi soir reste deux jours sur les tables. Ce fait, qui se reproduit en France dans quelques villes de province, donne une valeur particulière au numéro du samedi. Tout le monde veut y être. On fait littéralement queue, jusqu'à neuf heures du soir, pour être inscrit dans les annonces. C'est ainsi qu'on vend son cheval, qu'on achète ses voitures, qu'on se place, qu'on se marie. C'est ainsi encore qu'on fait fortune. C'est ainsi, en plaçant des réclames partout, jusque sur les rochers, jusqu'au-dessus des cascades du Niagara, que certains « milliardaires » yankees ont arrondi leur escarcelle. C'est ainsi, à Londres, que l'inventeur d'un fameux condiment, la *Worcestershire sauce*, a laissé à ses héritiers 18 millions, après avoir semé des annonces dans les journaux du monde entier.

Une duchesse anglaise a besoin d'une femme de chambre? C'est au *Times* ou aux 300 000 lecteurs du *Daily News* qu'elle la demande. Une nourrice leur demande un nourrisson. L'ouvrière qui cherche de l'emploi, le propriétaire qui a un appartement à louer, s'adresse au *Daily Chronicle*. Quelqu'un a-t-il perdu un portefeuille, un avocat cherche-t-il un héritier pour un client mort *intestat*, un capitaliste veut-il placer ses fonds, un commerçant en emprunter, il va frapper au *Daily Telegraph*, qui, de ce chef, encaisse toutes les nuits 25 ou 30 000 francs.

« Le journal, nous dit M. Mermet dans son *Guide de la publicité*,
« est lu par une fraction du public dont les goûts, les ambi-
« tions et les vues sont en quelque sorte au diapason de l'esprit
« qui préside à l'agencement des annonces.... Est-ce un mal-
« heur de famille, un amour déçu, un projet de suicide, la
« fuite d'un caissier infidèle, une mère éplorée que sa fille a
« abandonnée, toutes choses que l'on craint et que l'on cherche,
« vite on tourne le journal, et on regarde en haut de la der-
« nière colonne de la dernière page; c'est là le coin sacré où
« tant de mystères passent inaperçus aux yeux du monde....
« Aussi ces annonces coûtent beaucoup : elles se payent au moins
« une demi-guinée la ligne;... on paye, les larmes aux yeux,
« sans savoir ce qu'on donne.... Quelqu'un tient-il à savoir
« qu'une cousine qui s'est mariée bien loin de Londres, vient
« d'avoir un baby; qu'un oncle d'Amérique, qui est bien malade,
« a dit adieu aux richesses qu'il possédait.... il regarde au con-
« traire le commencement du journal..... Il y a les départs des
« vapeurs transatlantiques, les assemblées d'actionnaires, les
« élections de candidats, les fins de vacances qui se trouvent
« aussi groupés par série sur la première page.... Il y a les
« annonces sous la *cloche*. La cloche est la gravure sur bois d'un
« petit cadran au-dessus du premier article, et qui indique

« l'heure à laquelle l'édition a paru.... Bref, le journal anglais
« coopère à toutes les transactions, à tous les actes de famille;
« il est le perpétuel factotum, l'intermédiaire indispensable ou,
« comme l'appellent eux-mêmes nos voisins, le *medium*. Dans
« un pays où le temps est de l'argent, dans une ville immense
« comme Londres, la publicité supprime les distances! »

La charité même sollicite et s'exerce par l'annonce, au profit des pauvres honteux qui n'osent pas ou ne veulent pas s'adresser à leur paroisse.

Est-il besoin de dire que, dans ce fouillis d'annonces de toutes sortes, il en est parfois de bien étranges? Ceci n'est le monopole d'aucun pays. Si le *Times*, ou, comme on l'a déjà baptisé, « la foire permanente de Londres » annonce pour 15 shillings

THE NOSE MACHINE

ou « machine à remplacer le nez »;

Une simple feuille du midi de la France publiera l'avis suivant :

TITRE DE NOBLESSE Une famille, propriétaire d'un titre de noblesse remontant à plus de quatre cents ans, désire céder ce titre, que le cessionnaire fera valoir comme il avisera.

Ou bien un journal genevois recommandera aux familles :

X.....

PROFESSEUR DIPLÔMÉ

ENSEIGNE LE FRANÇAIS EN VINGT-CINQ LEÇONS
Avec le plus pur accent suisse.

Ou bien encore un organe parisien vantera une baratte extraordinaire :

FABRICATION INSTANTANÉE DU BEURRE
MÊME AVEC DU LAIT!

Voici une autre annonce prise textuellement dans un journal américain :

« UN JOURNALISTE sans enfants et ne buvant que de l'eau désire obtenir une place de reporter. Fait l'article de fond, la chronique légère, l'*interview*, la critique littéraire, dramatique et musicale, ainsi que les comptes rendus de meetings et de tribunaux. Imagination fertile : peut faire du moindre incident une ou deux colonnes intéressantes. »

Aux bizarreries inconscientes du texte se joint, en Amérique, une bizarrerie voulue : l'originalité typographique. Tandis que l'aristocratique Angleterre a réalisé l'égalité absolue devant l'annonce, tandis que toutes les enseignes imaginables s'y suivent sans tapage avec une disposition et des caractères uniformes, en lettres lilliputiennes, volontiers les feuilles yankees y mêlent des caractères d'affiches, s'étudient à produire l'aspect le plus singulier, à tirer l'œil par mille étrangetés. On s'arrangera, par exemple, à mettre en vedette les premiers mots avec des capitales fantastiques formées par l'assemblage de petites capitales ordinaires : « This week » (*cette semaine*).....

```
TTTT   H  H  H   SSS       W   V   W    EEEE EEEE  K   K
 T     H  H  H  S   S      W  W W  W    E       E  K K
 T     H  H  H  S          W  VV   W    E       E  K K
 T     HHHHH H   SSS       W  V V  W    EEE   EEE  KK
 T     H  H  H      S      VV   VV      E       E  K K
 T     H  H  H  S   S      W        W   E       E  K K
 T     H  H  H   SSS        V    V      EEEE EEEE  K   K
```

Si ce n'est pas très beau, cela prend de la place. Mais quoi! lorsqu'il y a déjà tant d'annonces serrées dans le plus petit texte, quelques autres ne peuvent-elles se donner le luxe d'extravaguer, de s'ébattre? Après tout, on est chez soi. Le journal américain n'existe que par les annonces et pour les annonces.

Pourquoi, en France, les annonces n'ont-elles pas pris le même essor? Cela tient à bien des causes.

D'abord à la différence d'esprit. Tandis que le négociant anglais, américain, hollandais, ne cherche qu'à se faire connaître par tous les moyens et ne rougit pas plus de s'adresser à la publicité que de s'appeler Jean ou Pierre, on dit chez nous : « Bon vin n'a pas d'enseigne ». Il est de grands tailleurs, de grands orfèvres, de grands horlogers, qui n'ont jamais voulu publier deux lignes dans un journal. De proche en proche, on les imite.

Ou bien, dans certains cas, d'honnêtes commerçants, de petits industriels, ont pu avoir affaire à des courtiers peu délicats. On leur a fait dépenser leur argent dans des feuilles sans tirage. Le profit n'a pas répondu à leur attente : ils se sont découragés, et ont découragé de même tous leurs amis

Beaucoup de journaux parisiens, au lieu de garder comme les confrères d'Angleterre ou d'Amérique la gérance de leur publicité, ont traité avec des compagnies fermières.

Alors qu'est-il arrivé? Les annonces étant moins lucratives au journal, il en a fallu un plus grand nombre pour obtenir le même produit. Les abonnés se sont plaints qu'on restreignît leur part de lecture. Pour obvier au même inconvénient, les journaux étrangers ont augmenté sans cesse leur format; les journaux français ont préféré augmenter leurs prix. A Londres, dans les feuilles les plus lues, beaucoup d'annonces ne dépassent pas le prix de 2 ou 3 francs la ligne. A New-York, le prix de la ligne ne dépasse jamais un dollar. A Paris, il s'élève souvent à 7, 8, 10, 12 francs la ligne. Une telle exagération disperse les amateurs.

Ces raisons et quelques autres de moindre importance ont fait que l'annonce, au lieu de se démocratiser, de devenir comme en d'autres pays un besoin universel, est restreinte chez nous au cercle limité des annonces légales et à celui, plus limité encore, de certains virtuoses de la publicité. En somme, l'annonce n'occupe guère que la quatrième page, et cependant il faut qu'elle rapporte au journal de mille à deux mille francs par jour ; si elle ne les rapporte pas, et le cas n'est que trop fréquent, le journal est dans l'embarras.

Nous ne parlons, bien entendu, que des feuilles politiques ; nous ne parlons pas des feuilles qui se sont fait une spécialité de la publicité commerciale et industrielle, comme les journaux d'entrepreneurs, ou les *Petites Affiches* de Paris et leurs similaires des départements. Toutes font de belles affaires. A Londres comme à New-York, à Chicago comme à Berlin, les journaux politiques ont visé à être autant de *Petites Affiches*.

Quelques grandes feuilles départementales se proposent le même but et réalisent aussi de beaux bénéfices. A Paris, plusieurs journaux se sont mis également au régime des annonces anglaises et s'en trouvent bien. Parmi eux, en première ligne, le *Figaro* et le *Petit Journal*. Le produit de la publicité entre pour une part considérable dans leurs recettes et constitue un grand élément de prospérité.

Le *Tintamarre* fut fondé, en 1843, par le fantaisiste Commerson, qui avait en tout 40 francs dans sa poche. Le journal ayant plu à une certaine fraction du public, son propriétaire s'empressa de mettre des annonces en première page. Il les encadra de réflexions amusantes, de commentaires échevelés. Il les fit lire. Depuis, le *Tintamarre* a gardé soigneusement l'exploitation de sa publicité. Il a prospéré et agrandi son format.

Disons pour finir que, depuis quelque temps, la publicité prend volontiers des formes artistiques. C'est encore le *Figaro* qui a inauguré cette mode. Aux étrennes de 1880, il publia un supplément reproduisant les plus belles gravures des ouvrages illustrés édités par la maison Hachette. De nombreuses imitations ont suivi.

Une question, lecteur, est sur vos lèvres. Vous vous demandez si les journaux doivent accepter, oui ou non, la responsabilité morale des annonces. Question controversée. Jadis, on eût répondu : Oui ; c'est ainsi que Bertin l'aîné, propriétaire des *Débats*, se crut dans l'obligation de rembourser une paire de draps à un abonné qui écrivit avoir été trompé par une annonce de la quatrième page. Ces temps primitifs sont loin de nous. Une autre théorie a prévalu. « La quatrième page d'un journal, dit-on, est un mur où chacun peut, au prix du tarif, afficher ce qui lui plaît. » Un mur n'est pas responsable; la quatrième page d'un journal ne l'est pas non plus.

Ne discutez pas : ce serait temps perdu. Remarquez seulement, pour votre gouverne, que le mur de la quatrième page se prolonge parfois jusqu'à la troisième page, et même, sans qu'on y prenne garde, jusqu'à la seconde ou à la première. La *réclame* prend alors toutes les formes, se masque sous toutes sortes de ruses. Vous croyez lire un écho piquant, un fait divers à sensation : c'est un boniment ingénieux qui s'y cache, *latet in herbâ*.

CHAPITRE VII

LES JOURNAUX ET L'ART

Un mot d'histoire. — Importation ou création. — Le *Magasin pittoresque*, l'*Illustration*, le *Tour du Monde*, la *Bibliothèque des Merveilles*, etc.... — Puissance éducatrice de l'image. — Les moyens primitifs de la gravure. — Rapidité extraordinaire des moyens actuels. — Illustrés bi-hebdomadaires ou quotidiens. — Les galvanos. — La photographie et ses merveilleuses applications. — Les machines pour la photogravure. — Presses rotatives pour la polychromie. — Les grands illustrés français. — Journaux pour la jeunesse et pour les enfants. — Les illustrés anglais et américains. — La photographie des couleurs. — Un horizon prochain.

Nous avons vu, dans la partie historique, le premier de tous les journaux, les *Niewe Tydinghen*, devenues hebdomadaires, donner une vignette chaque semaine ; nous avons vu la *Gazette de France*, le *Journal des Savants*, publier plusieurs fois des gravures ; nous avons même vu les placards illustrés précéder l'apparition de la presse périodique.

Nous avons vu encore plusieurs feuilles révolutionnaires donner régulièrement un dessin par semaine.

Et cependant la presse illustrée, dans le vrai sens du mot, est une chose toute moderne. Elle n'est devenue possible, dans les conditions de bon marché qui l'ont rendue populaire, que par les progrès réalisés au xixe siècle dans les arts graphiques. La photographie et ses diverses applications lui ont donné, en ces dernières années, un élan prodigieux.

Si la presse illustrée et la presse ordinaire ont eu des destinées diverses, elles ne diffèrent pas moins par le but qu'elles se proposent.

Le journal politique ou philosophique ne s'adresse qu'à l'homme, au citoyen, au chef de famille; le journal illustré s'adresse en même temps à la femme, aux enfants, à la famille entière.

Il a eu son origine en Angleterre; il dérive des journaux de lecture créés par nos voisins, les *Magazines*. A son importation en France se rattache un nom qui restera cher aux lecteurs de la Bibliothèque des Merveilles, celui d'Édouard Charton. Et l'idée première, grâce à M. Charton, a pris un développement si exceptionnel, un caractère si artistique, qu'il doit être regardé chez nous comme le vrai créateur du genre.

C'est du reste l'avis d'un bon juge et d'un autre ami de la jeunesse, M. Legouvé. « Le trait distinctif de M. Charton, a-t-il écrit, c'est d'être réellement en France le fondateur des recueils illustrés. Ce qui l'a poussé dans cette carrière, c'est son amour passionné pour les classes pauvres, sa conviction que le meilleur moyen de les aimer, c'est de les instruire; et que le meilleur moyen de les instruire, c'est de les instruire par les yeux. Il y avait trois hommes en M. Charton : un moraliste, un artiste et un homme d'invention. Ces trois qualités ont merveilleusement trouvé leur place dans ce genre de travail. Inventeur, il a imaginé toute une suite de recueils aussi variés qu'intéressants : *l'Illustration, le Tour du Monde, les Voyageurs anciens et modernes, l'Histoire de France par les Monuments, la Bibliothèque des Merveilles, le Magasin pittoresque*. Artiste, il a présidé avec autant de goût que d'activité au choix ingénieux des dessins et à la direction des dessinateurs. Moraliste, il a répandu à pleines mains, dans les recueils créés par lui, une foule de pages charmantes non signées, en même temps qu'il maintenait ces recueils dans la ligne de la plus sévère moralité. »

Une belle vie, a-t-on dit, c'est une pensée de la jeunesse réalisée dans l'âge mûr. Le mot serait applicable à M. Charton. En son enfance il avait été frappé par une gravure de Mérian, placée dans sa chambre d'écolier. C'était *le tableau de Cébès*, représentant un fier jeune homme qui gravissait rocs et montagnes. M. Charton y vit une allégorie éternelle, une profonde leçon de morale pratique. « En avant, toujours en avant ! Et en haut ! »... devint la devise de toute sa vie.

Ayant éprouvé lui-même les bienfaits éducateurs de l'art honnête, il voulut donner aux autres la même éducation. La préface placée en tête de la collection du *Magasin pittoresque* et écrite un an après la fondation du recueil, le constate en termes significatifs :

« Il n'est personne aujourd'hui qui ne remarque avec surprise ou avec intérêt l'activité extraordinaire de la presse ; mais, en étudiant les résultats de cette singulière fécondité de travail, on retrouve le phénomène qui se manifeste à l'occasion de toute espèce de productions mal réparties. Par exemple, les écrivains ne manquent pas à l'imagination, aux passions, aux débats politiques ou religieux, et peut-être même, dans ces directions, quelques impatiences publiques accusent parfois une sorte de surabondance; mais si, détournant les regards, on prête l'attention à des besoins plus simples et aussi impérieux, si l'on oublie un instant les agitations extérieures de la société, et si l'on cherche ce que la presse produit d'utile et de bienfaisant pour *la vie intérieure, pour le foyer domestique*, riche ou pauvre, on reste étonné de voir que là où tant de connaissances sont à répandre, où tant de goût naïf, tant de dispositions, de sentiments heureux sont à entretenir et développer, il n'y a encore, sous le rapport de la qualité surtout, que rareté et disette. Cette vérité importante est déjà vulgaire pour quiconque, observant la puissante impulsion imprimée à l'instruction depuis quelques années, et comprenant que le moment approche où la moindre ville ouvrira sa bibliothèque publique et où chaque village aura son maître de lecture, s'est demandé une seule fois sérieusement quels sont les livres de notre temps qu'on pourrait faire écouler sans danger et avec utilité par cette pente rapide.

« Notre *Magasin* à deux sous, dans un ordre d'entreprise bien différent, se recommande à tout le monde; mais il est plus particulièrement destiné à tous ceux qui ne peuvent consacrer qu'une humble somme à leurs menus plaisirs....

« Une année d'expérience semble déjà laisser pressentir ce que pourra recevoir de développements féconds, dans diverses séries, cette importation, qui donne un degré d'utilité encore inconnu jusqu'ici à l'alliance du dessinateur et de l'écrivain.... Le nombre de nos lecteurs, la popularité de notre titre, que d'autres entreprises se partagent aujourd'hui comme une recommandation auprès du public; les encouragements et les conseils affectueux de nos correspondants; enfin, notre conscience elle-même, nous autorisent à croire que nous avons réussi. » (31 décembre 1833.)

Au bout d'un demi-siècle, la même conscience pouvait dire avec une satisfaction non moins enviable :

« La condition de l'écrivain, petit ou grand, ignoré ou célèbre, n'est digne et heureuse que lorsqu'il exprime sincèrement et librement sa pensée, et que, semblable à un ami qui parle à son ami, il ne dit à son lecteur que ce qu'il croit juste, vrai et utile. Cette condition, depuis notre première page, a toujours été la nôtre. »

Fonder le *Magasin pittoresque*, le rédiger honnêtement, ce n'était pas tout. Le plus difficile, c'était de l'illustrer. La taille-douce sur métaux était inabordable; la gravure sur bois était retombée dans l'enfance. Lorsque M. Charton demanda à une maison de Paris de s'engager à fournir quatre ou cinq gravures par semaine, on jeta les hauts cris: tout au plus, pourrait-on livrer le même nombre de gravures dans un mois.

Cependant le directeur de la nouvelle publication tenait essentiellement à exécuter son programme; il disait en 1836 :

« Les procédés qui permettent de reproduire avec du métal

d'imprimerie plusieurs empreintes du bois sur lequel sont gravés les dessins, et d'obtenir ainsi des exemplaires par centaines de mille, sont encore fort nouveaux et n'ont peut-être pas acquis toute leur perfection. Cette invention, se faisant jour au moment où tous les esprits sont tournés vers la recherche des expédients propres à répandre activement l'instruction, est susceptible d'acquérir une puissance incalculable dans l'enseignement. Notre conviction est telle à cet égard que nous dirions volontiers : Sans les dessins, *il est impossible d'arriver à l'éducation complète des hommes, grands et petits....*

« De même que les sons d'une musique suave traversent les airs sans y laisser la trace du chemin qu'ils ont suivi, de même la lecture passe souvent dans l'esprit de certains individus sans descendre au cœur pour y déposer un souvenir. Cela ne tient pas à une faiblesse d'esprit, mais à une nature particulière, qui a surtout besoin d'être frappée par les yeux. Ceux qui en sont doués sont comme ces gens de courte haleine, qui s'épuisent après quelques minutes de marche, mais franchiraient d'un bond un énorme fossé : ils sont insensibles pour une pensée qui vient tomber sur eux goutte à goutte, tandis qu'ils absorbent tout entière celle qui vient les frapper d'un seul trait. »

Pendant un certain temps, il fallut emprunter des clichés à Londres. Mais bientôt les graveurs français, stimulés dans leur amour-propre, encouragés par le succès, revinrent au genre délaissé et se montrèrent les dignes rivaux des artistes anglais. C'est certainement au *Magasin pittoresque*, et ensuite à l'*Illustration*, qu'il faut attribuer la renaissance chez nous de la gravure sur bois.

On n'a pas à décrire ici ses procédés : ce serait faire double emploi avec un autre volume de la collection[1]. Deux mots seulement pour rappeler les vieux principes qui ont servi aux diverses illustrations.

---

1. *Les Merveilles de la Gravure*, par M. G. Duplessis.

Prenez une planche de bois bien dressée (de préférence du buis) : à l'aide d'un burin tracez, sans creuser à fond, un trait quelconque ; encrez avec un rouleau ; appliquez une feuille de papier : le léger relief du bois se sera noirci et apparaîtra sur la feuille de papier ; les creux, restés exempts d'encre, se traduiront à l'impression par des lignes blanches sur un fond noir.

C'est la gravure en creux ou *taille-douce*.

Si, au contraire, laissant vos traits en relief, vous creusiez fortement de chaque côté, vous auriez à l'impression, après encrage, des traits noirs sur fond blanc.

C'est la *gravure en relief*, ou typographie.

La taille-douce peut aussi être opérée sur pierre : c'est la *lithographie*.

Elle peut être opérée sur métaux : ce sont alors les *aciers*, les *cuivres*.

Maintenant supposez qu'au lieu d'entamer une plaque de cuivre ou de pierre par le burin, vous la couvriez d'un vernis gras, et que sur cet enduit vous dessiniez avec une pointe, en mettant à nu la pierre ou le métal partout où doivent exister des traits creux pour constituer le dessin ou ses ombres. Soumettez ensuite le dessin à l'action d'une eau acidulée : elle *mordra* la pierre ou le métal sur tous les points où le vernis a été enlevé.

C'est là, d'une manière générale, la *gravure chimique*, et, lorsqu'on opère sur métal, c'est l'*eau-forte*, si recherchée de certains amateurs.

Pour former l'épreuve ou estampe, il faut ensuite imprimer.

Qu'une planche ait été gravée à l'eau-forte ou par tout autre procédé, la taille-douce constitue toujours une réunion de traits creux, forment autant de petits sillons ou canaux, où se logera l'encre d'imprimerie.

L'imprimeur, à qui l'on remet la planche gravée, l'expose sur un instrument nommée *boîte*, où elle reçoit un certain degré de chaleur douce. Au moyen d'un tampon, il la couvre aussi également que possible d'une couche mince de noir broyé avec une couche d'huile très épaisse. Ce noir se liquéfie et peut entrer dans les plus fines entailles du cuivre ou de l'acier : on l'y pousse avec un chiffon de grosse mousseline.

Placée ensuite sur un support de noyer qu'on recouvre d'une feuille de papier humecté, par-dessus lequel plusieurs morceaux d'étoffe, elle reçoit l'action de la presse : le papier s'y imprime comme une page de livre ou de journal.

Certaines estampes obtenues ainsi sont de purs chefs-d'œuvre, mais n'ont été terminées qu'après un travail de dix, vingt, trente années. On cite même quelques planches qui ont occupé la vie entière d'un graveur.

Ce n'est pas avec de tels procédés qu'on peut faire du journalisme. La taille-douce ou les eaux-fortes font merveille dans certaines publications de luxe destinées à un petit nombre de souscripteurs et tirées à des intervalles éloignés : elles n'étaient pas de mise dans les publications populaires. Seule, la gravure sur bois en relief pouvait donner des résultats pratiques. Inventée au XIVe siècle au grand scandale des artistes du temps, qui n'y voyaient qu'une imagerie grossière, elle a été portée de nos jours à un degré de perfection extraordinaire. Elle aura été un puissant moyen de vulgarisation. De plus, au point de vue du tirage, le *bois* présente un énorme avantage : il peut être intercalé au milieu des caractères typographiques et imprimé sans plus de façon.

Mais... il y a encore un *mais*. Un dessin pris sur nature, ou reproduit d'après un maître, a été traduit sur bois. On tire. A quelle vitesse? à huit cents, mille exemplaires par heure. Et s'il y a un gros tirage? s'il faut cent ou deux cent mille exemplaires tous les huit jours?... Cent ou deux cents heures consécutives de travail par semaine : quel problème insoluble!

La solution est la même que nous avions vue au chapitre III. La solution c'est le *cliché*. On cliche la gravure comme on clichait les caractères et on tire sur le nombre de presses voulu. On cliche de dix façons différentes : à la terre de pipe, à la terre glaise, au plâtre, au papier mâché, etc...; on cliche sur bois, sur zinc, sur cuivre, sur métal, sur nickel, sur nickelé, sur celluloïd, etc.

On cliche ou l'on galvanise. On galvanise ou l'on photographie.

Plus l'on va, en effet, et plus il faut produire vite. Les illustrés mensuels ou hebdomadaires ne suffisent plus : il en faut de bi-hebdomadaires, il en faut de quotidiens; il faut saisir au vol les nouvelles toutes vibrantes. L'art se déclarait vaincu. C'est la science qui est venue à son secours. C'est elle qui lui a recruté les deux agents rapides par excellence, la photographie instantanée et le ministre même de l'éclair, le fluide électrique.

L'application de la galvanoplastie à l'imprimerie était tout indiquée. Pourquoi, si l'on peut couvrir d'or une cuiller ou damasquiner un poignard, ne reproduirait-on pas une planche destinée à l'impression? L'électricité, on le sait, donne le moyen de diviser *à froid* tous les métaux en une sorte de poussière extrêmement ténue que le courant lui-même va porter à l'autre pôle, grain par grain, molécule par molécule, de façon à déposer sur le moule (cire ou gutta-percha) un conglomérat métallique ayant toute l'épaisseur ou toute la minceur nécessaire.

Ce procédé, appliqué au journalisme, soit pour les gravures, soit pour les annonces, donne ce qu'on appelle les *galvanos*.

La galvanoplastie peut servir aussi pour reproduire la gravure en taille-douce. Elle permet alors de conserver sans altération la planche originale du graveur.

Passons maintenant aux applications de la photographie.

Un graveur émérite, M. Baudran, connu par de splendides illustrations dans la *Gazette des Beaux-Arts* et dans la *Revue archéologique*, par la *Divine comédie*, etc., est le premier qui ait réussi, de 1848 à 1852, à embaucher le soleil comme collaborateur. Il avait entrepris un travail considérable et il n'avançait que lentement, beaucoup trop lentement à son gré. Il remplaça le travail préparatoire des eaux-fortes par l'emploi de feuilles de gélatine transparentes. Cette gélatine, enduite chimiquement et mise en contact avec une presse, se gravait d'elle-même. L'invention, modifiée quelque peu, reçut de son auteur le nom de *glymmatographie* et servit à exposer, en 1855, un grand nombre de gravures commandées par le gouvernement en reproduction des dessins de Rosa Bonheur, Mélin, Émile Van Marck, etc....

D'autres chercheurs, travaillant sur d'anciens essais de Niepce de Saint-Victor ou sur les procédés au charbon de M. Poitevin, ont fait entrer enfin dans l'application journalière la photogravure et ses mille succédanés.

Ici encore, sous peine de faire double emploi avec les *Merveilles de la photographie*, nous sommes tenu à ne rappeler qu'un principe.

L'objectif photographique s'est braqué sur un dessin, un tableau, un coin de paysage, une scène animée. On a un cliché ordinaire, un *négatif*. Au lieu de le reporter sur papier sensibilisé, on le pose sur une plaque de verre garnie préalablement de gélatine bichromatée; on insole à la lumière comme dans la photographie. Par suite des propriétés du bichromate, une action moléculaire se produit à la superficie de la plaque gélatinée : les creux et les reliefs se dessinent peu à peu; la plaque de verre devient ainsi une véritable planche d'imprimerie; elle est portée sur des machines, où elle subit l'influence d'une encre grasse. On imprime ensuite.

Voilà l'idée générale : les applications en sont infinies.

Emploie-t-on le soleil à graver en relief? on a la *phototypographie*.

L'emploie-t-on à graver en taille-douce? c'est la *photolithographie* ou la photogravure.

Et dans chacune de ces grandes divisions, toutes sortes de subdivisions.

Tantôt la plaque gélatinée est plus ou moins exposée au soleil; tantôt on mêle à la gélatine des substances sucrées ou des sels chimiques ; tantôt c'est la plaque de verre elle-même qui sert de cliché d'impression, tantôt c'est la couche de gélatine, ou la couche de colle-forte bichromatée. Héliogravure, photogravure, phototypographie, au trait et au modelé, photoglyptie, phototypie, typophotographie, héliotypie, héliographie, photozincogravure, photolithogravure, photozincographie, platinotypie, Albertypie, Woodburytypie, mercurographie, la leimtypie, le procédé Sylvestre, etc. etc., ne sont au fond que des cas différents d'une théorie à peu près semblable. Il n'y a guère de changé dans chaque maison que certaines opérations de détail : *le tour de main* de l'inventeur, la marque de fabrique.

Non seulement ces procédés économisent un temps précieux, une main-d'œuvre onéreuse ; mais, quel que soit l'original, peinture à l'huile, aquarelle ou gouache, ils donnent à toutes les reproductions une fidélité infaillible, l'inaltérabilité de la nature. L'œuvre du graveur (et c'est en cela qu'elle est remarquable) est toujours dans une certaine mesure une *interprétation* plus ou moins personnelle, plus ou moins heureuse : la photogravure, c'est la vérité même.

« L'insuffisance du dessin », a dit un maître de la critique artistique, M. Charles Blanc, « l'insuffisance du dessin, sur toutes ou presque toutes les anciennes planches lorsqu'elles n'avaient pas été gravées, par exception, sous les yeux du peintre, comme l'ont été les estampes de Bolswert, de Lucas Vosterman, de Pontius, a éclaté au grand jour dès qu'on a vu revenir de Rome, de Florence, de Venise, de Madrid, d'Anvers, d'Amsterdam, des photographies de Braun, d'Allinari, de Naja et des autres. Les renseignements authentiques fournis par un procédé infaillible, une fois comparés avec les estampes qu'on avait regardées, durant des siècles, comme des chefs-d'œuvre, ont fait baisser fatalement notre estime pour la gravure ancienne et, de plus, cette comparaison a mis en évidence la choquante disproportion qu'il y avait, la plupart du temps, entre la faiblesse du résultat obtenu et l'énormité du labeur accompli.

« Pourquoi passer, en effet, des années et des années à labourer péniblement une planche, à discipliner ses tailles, à les combiner, à les croiser et les recroiser, à les empâter de points ronds ou aigus, à en boucher les losanges, à les rentrer ici de toute l'épaisseur du burin, à les tranquilliser là par un fin glacis de pointe sèche; pourquoi prendre tant et tant de peine si, en fin de compte, le modèle ne nous est pas transmis avec une fidélité sans reproche, avec une ressemblance parfaite de sentiment et de manière? »

Avec les nouveaux *procédés*, au contraire, l'exactitude n'est pas mathématique, elle est miraculeuse. Chez MM. Boussod et Valadon ou chez M. Rouillé, dont il nous a été donné de visiter les ateliers, on ne peut trop admirer les belles reproductions de toutes sortes destinées à des publications artistiques : médailles antiques qui ressortent avec leurs plus minuscules détails; terres cuites anciennes, avec leur modelé et leur couleur; paysages, portraits, fac-similés d'aquarelles reproduisant exactement les couleurs.... Il y a mieux ; chaque dessin ou chaque objet se trouve ressuscité dans son caractère artistique spécial : ainsi un dessin au trait se distinguera parfaitement d'un dessin à l'encre de Chine, un fusain d'une sanguine, un pastel d'une eau-forte, etc.

C'est par des procédés semblables que se trouvent imprimés aujourd'hui le *Figaro illustré*, le *Figaro-Exposition*, la *Revue des Musées*, l'*Art français*, la *Revue illustrée*, etc. etc. Un habile photographe reproduit une toile de maître ou bien un artiste de talent donne un corps à sa fantaisie, fait revivre à la plume ou au crayon des scènes d'histoire ou d'actualité. Un chimiste reçoit le dessin, et sans l'altérer, sans détruire le papier, le reporte sur métal, sur verre, sur gélatine, etc.; il obtient en quelques heures une planche-matrice qui servira à des milliers et des milliers de reproductions.

Ne parle-t-on pas aussi de reproduire les livres par la photographie? et, après avoir reproduit des livres, d'imprimer des journaux quotidiens? Deux inventeurs, MM. Varley et W. Greenont construit une machine présentée récemment à la Société photographique de Bath, au moyen de laquelle on obtient déjà trois positifs dans une seconde, soit 10 800 positifs par heure. C'est toujours aux typographes qu'on demandera l'épreuve-type, *les formes*. Mais au lieu de les clicher aux feux sataniques du sous-sol, on les portera au grenier, en plein soleil ou en pleine lumière électrique, et on imprimera ensuite avec les clichés photographiques. Qui sait? nous verrons peut-être un de ces jours une feuille quelconque où les caractères d'imprimerie auront disparu : c'est le manuscrit même des auteurs, *la copie*, qui aura été photographiée directement. Prière, ces jours-là, de soigner les écritures !

Est-il besoin de dire que pour ces modes nouveaux d'illustrations et d'impressions il a fallu créer des machines spéciales? Il existe des presses phototypiques, des presses chromolithographiques, des presses zincographiques, des presses à taille-douce, etc. Là encore les divers constructeurs, MM. Alauzet, Caigneur, Marinoni, Voirin, ont lutté entre eux et avec les constructeurs étrangers d'ingéniosité infatigable. M. Voirin s'est même proposé de mettre la phototypie à la portée des amateurs. Pour moins de 400 francs on a un laboratoire complet avec une petite presse manuelle qui permet, après exposition de 4 à 5 heures d'un cliché photographique à la lumière solaire, d'obtenir par heure 50 à 60 bonnes épreuves. Avec un petit moteur on peut décupler cette quantité. L'économie sur la photographie ordinaire est considérable. Ainsi une photographie de 20 centimètres sur 24 revient en général à 30 francs le cent; pour le même prix on peut avoir un millier d'épreuves phototypiques possédant un glacis, un cachet artistique auquel la photographie n'atteint pas.

Rien qu'à Paris, on compte aujourd'hui 250 journaux illustrés se subdivisant en diverses catégories : Journaux *d'actualité*, tels que l'*Illustration*, le *Monde illustré*, l'*Univers illustré*, etc.

Journaux satiriques ou amusants : le *Charivari*, qui est le doyen de tous (fondé en 1853 en même temps que le *Magasin*

Reproduction d'une première page de l'*Illustration*.
(Réduction au tiers.)

pittoresque), le *Journal pour rire*, la *Caricature*, l'*Éclipse*....;

Journaux de modes;

Journaux de famille : le *Magasin pittoresque*, le *Tour du Monde*....; journaux pour les adolescents, tels que le *Journal de la jeunesse*, le *Petit Français*, le *Magasin d'éducation*.... Il est aussi des journaux pour les plus petits de nos petits enfants : *Mon Journal*, *Saint Nicolas*, etc. Les meilleurs écrivains, les plus fins artistes s'y disputent l'honneur de rendre la science et même la morale amusantes; on se prend, à feuilleter, du désir de redevenir bambin : ah! mes parents, que je vous veux de mal de ne m'avoir pas fait naître trente ans plus tard!

En tête des journaux d'actualité figure toujours l'*Illustration*; à côté, le *Monde illustré*.

Un événement se passe-t-il sur un point quelconque du globe, un correspondant se trouve là, ou y est envoyé pour lever un croquis ou prendre une photographie. Le document, aussitôt expédié, passe entre les mains du graveur, et chaque samedi les 100 000 lecteurs ont une représentation exacte de la scène. Le besoin de *voir* n'est pas moins universel que celui de *savoir*.

Dans certains journaux moins bien outillés, il arrive parfois que l'exactitude est moins scrupuleuse. N'ayant pas de dessin nouveau à produire, on *chique* les anciens. C'est surtout avec les tableaux de batailles, qui se ressemblent à peu près tous, que ce procédé est commode. Qui empêcherait le *combat de Solférino*, un peu modifié, de représenter très décemment la *prise de Sontay*? il n'y a que la foi qui sauve.

Parmi les illustrés anglais, deux sont également hors de pair : *The illustrated London* et *The Graphic*.

Le premier, fondé il y a cinquante ans par un ouvrier anglais que patronnait un lord, atteignait au bout de l'année un tirage d'un million, et, cinq ans après, un tirage de 5 millions 1/2. Il s'y est toujours maintenu.

Le *Graphic* est plus connu du public français. Il a aujourd'hui à Paris une édition quotidienne. On n'y voit pas l'évènement de la semaine, mais celui de la veille. Les gravures sur bois sont exécutées en cinq ou six heures au plus, le bois étant divisé en autant de fragments qu'on a d'ouvriers sous la main. La lumière électrique, très bien installée, permet d'obtenir des photographies en tout temps. En cas de grande presse, on emploie certain papier à transfert qui dispense des deux opérations indiquées plus haut : photographie et électrotypie.

A noter aussi parmi les journaux satiriques le célèbre *Punch*, *Vanity fair* (La Foire aux vanités) et une foule de journaux du dimanche ayant plus ou moins de valeur artistique, mais bourrés de dessins, de légendes, d'intraduisibles calembours, etc. etc., le tout pour la modeste somme d'un penny (10 centimes.)

Il y a également de très beaux illustrés dans les autres pays d'Europe : à Vienne surtout; en Allemagne, où les *feuilles du dimanche* ont une influence sociale toute particulière; en Italie, où une feuille satirique, le *Capitan Fracassa*, a contribué dans une large mesure au mouvement vers l'unité nationale, etc.

Si tous ces journaux étaient exposés à la fois — et il est étonnant que cette hypothèse ne se soit pas réalisée déjà — à quelle nation reviendrait le prix? Il est toujours difficile de se louer soi-même. Laissons la parole à un journal anglais. Il disait en 1889, à propos des arts graphiques : « La France justifie sa réputation de maître. Une légèreté gracieuse et une grande souplesse d'esprit donnent un attrait extraordinaire aux produits français. »

On n'est pas plus aimable. Il nous est aisé de rendre cette politesse aux Anglais, en proclamant bien haut, et nous n'y avons pas manqué, la puissante volonté et l'initiative hardie de leur esprit.

Ce qui est vrai des illustrations ordinaires en blanc ou en noir cesse de l'être pour un genre qui devient à la mode, les illustrations en polychromie. Là, nous avons des maîtres à notre tour, les Américains. Leurs graveurs ne surpassent pas les nôtres, au contraire; ils ne manient pas mieux, tant sans faut, les procédés de phototypie et d'héliogravure, mais en ce qui concerne l'agencement, l'harmonie, l'impression des couleurs, ils ont des secrets que nous ne possédons pas encore, surtout lorsqu'il s'agit de journaux à forts tirages. Ils ont aussi, paraît-il, deux modes nouveaux de gravure qui ont une grande valeur pour la presse illustrée. L'un de ces procédés n'emprunte rien ni à la photographie, ni à la gravure chimique. L'artiste dessine sur une plaque couverte d'un enduit qui a l'apparence de la craie. Le dessinateur se sert d'une pointe semblable à celle que nos lithographes emploient pour graver sur pierre, et découvre assez la plaque dont le fond est noir, pour juger de l'effet de son dessin. Ce travail sert de matrice pour obtenir les clichés. On ne sait rien ni de la pâte crayeuse, ni de la constitution de la plaque. L'inventeur, M. Hoke, en fait mystère. Tout ce qui est certain, c'est qu'il peut préparer un portrait ou un dessin en un quart d'heure.

En revanche, il était réservé à la France de résoudre un problème cherché en tous pays depuis longtemps. Ce problème, c'est l'application des machines rotatives à l'impression polychromique.

Il fallait autrefois, pour imprimer plusieurs couleurs sur la même feuille, une série d'opérations des plus délicates : Une première fois, ne passaient sous la presse que les parties du dessin destinées à telle couleur; pour en obtenir une seconde sur les parties voisines, il fallait un second tirage et ce tirage n'avait lieu qu'après une seconde mise en train et un *repérage* très minutieux; pour une troisième couleur, troisième *repérage*, troisième tirage, etc. La maison Marinoni est arrivée à lever toutes ces difficultés. Ce sont les divers cylindres qui, avec leurs divers encriers, se chargent de tout. La machine reçoit d'un côté le papier blanc et de l'autre le rend imprimé avec trois, quatre, six couleurs superposées. Cela à très grande vitesse, dix à douze mille exemplaires par heure.

Et ce ne sera pas là, assurément, le dernier mot du journal illustré. La photographie des couleurs nous promet d'autres merveilles. Quel horizon nouveau pour l'art! quelles ressources surprenantes pour le reportage!

Nous visitions récemment l'atelier d'un artiste cité plus haut, M. Baudran. Il nous montrait deux procédés non encore livrés au public et pour cause.

Dans certain *diagraphe* de son invention, un reporter n'ayant aucune notion du dessin peut se placer et reproduire avec fidélité un paysage, la tête d'un passant, une scène de police, etc. Mieux encore : sans aucune intervention de la photographie, tout dessin, tout objet matériel, peut s'imprimer directement sur un cliché d'une composition spéciale et être reproduit ensuite à de nombreux exemplaires. C'est ce que l'auteur appelle l'*impression solaire*.

Enfin, et ceci n'est pas moins incroyable, le même auteur se charge de la *peinture solaire*. Ce n'est pas tout à fait la photographie des couleurs : mais on pourrait dire que c'est la *couleur dans la photographie*. En d'autres termes, dans un cliché photographique ordinaire on retrouve et on peut reconstituer ensuite sur la toile ou sur le papier la couleur précise de chacune des parties frappées originairement par chaque rayon de soleil. Cela permet à l'auteur de livrer des fac-similés absolument exacts d'une œuvre quelconque, même sans l'avoir vue. Il a été chargé par l'État de reproduire ainsi un grand nombre des tableaux du Louvre.

Eh bien! pour en revenir à nos journaux et terminer encore par une vision d'avenir, vieillissons-nous de nouveau. Certaines lois nécessaires pour prévenir la fraude ont été votées. Ce procédé mystérieux a pu entrer dans le domaine public. Tous les musées alors appartiennent à tout le monde. Votre journal vous donne en supplément, sur une feuille encartée, la *Vierge à la chaise*, la *Mater dolorosa*, le Van Dyck ou le Vélasquez le plus célèbre, le Rembrandt le plus rare, même un de ceux qu'on garde sous triple écrin au British Museum. N'est-ce pas une merveille nouvelle à ajouter à tant de merveilles?

CHAPITRE VIII

LES GRANDS JOURNAUX DES DEUX MONDES

Toute nomenclature impossible. — Une croissance rapide. — 2 000 journaux pour Paris, 4 000 pour la province. — Variété infinie du journalisme français. — Journaux du matin et journaux du soir. — Éditions multiples, suppléments. — La presse provinciale; tendance à la décentralisation. — Les plus vieux journaux de France. — Journaux d'informations télégraphiques donnant les nouvelles avant ceux de Paris et empruntant à a presse parisienne ses meilleurs écrivains. — Le fil spécial de la *Gironde*. — M. Gounouilhou et le capitaine Trivier. — L'Agence Havas, les correspondances. — Mieux se connaître, c'est mieux se respecter. — La presse coloniale. — Les Revues et les « Magazines »; — services rendus à la science, aux arts, aux lettres. — Leur influence particulière en Angleterre.

La presse de Paris et de Province

Qu'on ne cherche pas ici des monographies. Parler avec détail de nos grands journaux, faire l'historique de quelques-uns, donner même une sèche nomenclature des autres, nous serait tâche impossible. M. Hennin y consacrait, il y a trente ans, avec une patience de bénédictin, toute une série de gros volumes. Il y renoncerait aujourd'hui. Il y a trop d'apparitions et trop de disparitions[1]. Autant peindre une par une les vagues de l'océan ou les feuilles de la forêt. Non seulement la plus petite ville, la moindre bourgade possède au moins son *canard*;

---

1. Plus d'un journal se crée par jour; à peine, au bout de l'an, en reste-t-il la moitié.

mais, dans les grandes villes, chaque corps d'état commence à s'offrir le même luxe. Paris comme Londres compte des journaux de quartier qui rivalisent de zèle et se chantent pouilles à qui mieux mieux. A quand des journaux par rues, par maisons?

Voulez-vous découvrir un monde inconnu? Ouvrez chaque année l'*Annuaire de la Presse*, fondé en 1878 par M. Mermet, et continué par sa famille[1]. C'est, de plus en plus, un recueil de titres, de noms, de documents. Il avait au début quatre cents pages, il en a maintenant un millier. Là s'étalent, sous terre, les filons les plus inattendus. Il y a la *Caisse des Dotations*, journal des mariages, et l'*Album des voyageurs*, les *Affiches de l'éleveur*; il y a l'*Anarchie* et il y a le *Sauveteur*. Il y a des journaux de tailleurs et de coupeurs, de boulangerie, de menuiserie, de meunerie, de mécanique; il y a des journaux de cuisiniers, de cordonniers, de tourneurs sur bois, de gaziers, de confiseurs, de grainetiers; des journaux d'huissiers, de notaires, d'avoués, de gens de loi, de greffiers, d'administrateurs judiciaires, de diplomates, de musiciens, de sténographes, de typographes, de marchands de cuivre, d'horlogers, d'étudiants, de tanneurs et de corroyeurs, de propriétaires, d'entrepreneurs, de stratégistes, de comptables, d'architectes, de brasseurs, de photographes, d'hôteliers-logeurs; il y a des journaux de facteurs et le journal des *zoophytes*; des journaux de pédagogie et des journaux de médecine, de pharmacie, de stations balnéaires; des journaux d'astronomie et de terrassements, de microscopie et de chemins de fer; des journaux de luxe et des journaux vulgarisateurs; de céramique, de théâtre, de tribunaux, de science; il y a des journaux de nourrices, des journaux de jeunes mamans, des journaux d'enfants; il y a des journaux de philosophie et des journaux de bavardage, des journaux pour toutes les opinions et pour tous les doutes, pour toutes les croyances et toutes les négations, des journaux pour tous les âges, toutes

---

1. Aujourd'hui par M. H. Avenel.

les sectes, toutes les classes; pour toutes les récréations, toutes les occupations, toutes les frivolités, toutes les études. Liste pareille, du reste, dans toutes les grandes métropoles.... Il y a même en Amérique le journal des voleurs, *the Summary* (le Sommaire), rédigé exclusivement, dans la prison d'Elmira, par des filous qui ont fait leurs preuves!...

En l'an XI (1803), Bonaparte, premier consul, demanda à Rœderer un état de situation sur la presse parisienne; voici le tableau qui lui fut fourni concernant les journaux quotidiens et le chiffre de leurs abonnés dans toute la France :

	Abonnements.
Le Moniteur universel	2500
Le Publiciste	2850
Les Débats	8160
Gazette de France	3250
La Clef des cabinets des souverains	1080
Le Citoyen français	1300
Journal des défenseurs de la Patrie	900
Journal du soir	550
Feuille économique	2500
Journal du Commerce	1580
Journal de Paris	600
Journal d'Annonces et d'indications	24
Anciennes Affiches	20
Petites Affiches	30
Courrier des Spectacles	170

En tout, pour quinze journaux quotidiens, 25 514 lecteurs. Aujourd'hui le tirage de 25 000 n'est, pour une seule feuill quotidienne, qu'un tirage très ordinaire, et il y a 60 de ces feuilles! Le *Petit Journal* tire à 1 million d'exemplaires, le *Petit Parisien* à 500 000, le *Figaro* à 80 000 (parfois 200 000, le *Rappel* à 70 000, etc....

En 1824, une statistique officielle accusait en faveur du gouvernement six journaux, comptant ensemble 14 344 abonnés, et pour l'opposition, six autres journaux en comptant 41 330.

En 1827, 19 journaux politiques, dont treize quotidiens, fleurissent plus ou moins à Paris.

En 1836, 42 millions d'exemplaires passaient par an entre les mains du Timbre; en 1846, ce chiffre était porté à 80 millions : le nombre des abonnés aux journaux parisiens, de 70 000, s'était élevé à 200 000.

Le *Siècle* tirait à 30 000 exemplaires, la *Presse* à 40 000 : c'étaient des chiffres exceptionnels, motivés par l'exceptionnel bon marché.

En 1860, Paris comptait 500 journaux; il en comptait plus de 800 au commencement de 1866. Le tirage moyen de la presse politique quotidienne était de 350 000 numéros, dans lesquels le *Petit Moniteur*, affranchi du timbre, entrait à lui seul pour 130 000.

D'après une note confidentielle, fournie à l'Empereur le 15 septembre 1867, le tirage des journaux du gouvernement s'élevait en 1858 à 67 000 numéros, celui des journaux opposants à 75 000; en 1867, le tirage de ceux-ci était monté à 128 000, celui de la presse gouvernementale tombé à 42 000.

En 1869, le nombre des journaux publiés en France dépassait 2 000 dont 900 pour Paris.

En 1885, Paris en comptait 1540, la Province 2 810. Deux ans après, le premier de ces deux chiffres passe à 1655, le second à 3 176.

Enfin, en l'an de grâce 1891, l'an 260me du journalisme, il faut compter 5180 feuilles pour les départements[1] et 1998 pour Paris.

Ce dernier total se décompose ainsi :

Politiques................. 161
Agriculture................. 55
Commerce.................. 59
Industrie................... 37
Sciences................... 71

1. 1012 républicains, 467 conservateurs, le reste sans opinion tranchée.

Les journaux à cinq centimes.

Economie politique.. 17
Instruction et éducation. 84
Religion catholique.. 67
Religion protestante. 23
Religion israélite. 3
Revues littéraires, scientifiques, politiques. . 121
Etc., etc....

Faire la physiologie ou la psychologie de toutes ces feuilles ne saurait se tenter. La presse française n'a pas un seul et même caractère, elle les a tous. Elle va incessamment, selon le vœu du poète, du doux au grave, du plaisant au sévère ; elle tombe du sévère au frivole, au bouffon, elle rebondit vers les hauteurs. Elle plane ou elle rampe. Elle est dogmatique ou elle est enjouée ; doctrinaire ou illogique ; passionnée ou sarcastique ; elle fait rire, elle fait pleurer ; elle loue, elle bafoue ; elle instruit, elle démoralise ; elle berce l'intimité du foyer, elle pousse au tumulte de la rue ; elle sème des perles ou jette des couleuvres ; elle gaspille des trésors d'esprit ou débite des sornettes ; elle improvise, elle burine ; elle est triviale ou pleine d'afféterie ; elle est une et multiple comme l'âme humaine, mobile comme la plus mobile de toutes les âmes, l'âme parisienne : elle reflète en tous sens, avec ses fougues et ses paniques, ses découragements et ses enthousiasmes, le génie de la race française, ondoyant et primesautier entre tous. « Notre nation, écrivait Voltaire dans ses conseils à *un journaliste*, aime tous les genres de littérature, depuis les mathématiques jusqu'à l'épigramme » : on l'a vue trouver du bon au genre ennuyeux.

A l'heure actuelle, il semble pourtant qu'une tendance générale soit à signaler. Même les journaux les plus sérieux, les plus graves semblent se lasser de la discussion, de la polémique ; ils penchent à devenir des bureaux de renseignements, des magasins de nouveautés dont tous les rayons doivent être fournis au jour le jour. La politique et la littérature sont remplacées de plus en plus, dans les feuilles vraiment parisiennes, ou comme on disait jadis, dans la petite presse, la « presse boulevardière », par le reportage perpétuel et permanent, par les nouvelles de sport et de théâtre, les concerts, les échos des villes d'eaux et la chronique de la cour d'assises.

Il ne se donne pas un dîner au faubourg Saint-Germain ou au parc Monceau que, le lendemain, le public n'en connaisse les invités et le menu, ne sache tout ce qui s'y est dit ou murmuré; il ne se donne pas un bal sans qu'on chante en dix journaux les grâces de la délicieuse comtesse X., sans qu'on décrive les diamants de la richissime Américaine Mme Z.

Nous causions, au chapitre II, avec un reporter très affairé et qui court lui-même. « Moi, nous dirait un autre roi du reportage, je puis causer. Il y a des reporters qui courent : je fais courir. J'ai sous mes ordres dix ou quinze apprentis et sous-reporters, qui sautent les ruisseaux pour moi, battent les buissons et m'apportent avec zèle le produit de leur chasse. J'arrange tout cela dans le style de la maison, et les lecteurs sont ravis.

« Tel de nous gagne autant que trois députés. Jamais de mortes saisons. Un journal décline ? nous passons dans un autre, sans avoir même besoin de changer d'opinions, puisqu'on ne nous en demande pas. Les nouvelles chôment ? la semaine est peu propice aux accidents ? Là encore nous ne sommes pas pris sans vert. C'est alors que les veaux à deux têtes naissent dans les étables et que les raretés physiologiques se multiplient surnaturellement. C'est alors que les chiens enragés se promènent par la ville, même au mois de décembre. C'est alors que les passants rapportent fidèlement des portefeuilles bourrés de billets. C'est alors que des mendiants délabrés meurent sur des paillasses cousues d'or... Mais je vous laisse, voici un de mes rabatteurs qui revient. »

Le soir ou le lendemain de cette conversation, ouvrez le journal, vous y trouverez le récit de ces divers phénomènes. Mais, tout à côté, vous avez chance de trouver aussi les articles les plus réfléchis écrits dans la meilleure langue, des chroniques

Les journaux du matin.

légères, alertes, spirituelles, saisissant chaque fois l'occasion aux cheveux et au besoin sachant lui en prêter, d'aimables causeries sur les sciences, les lettres, les arts, l'industrie, toute une encyclopédie au jour le jour étalant, égrenant, effeuillant sous vos yeux, faisant rayonner en toutes directions les richesses de l'esprit humain. Quel débordement de vie! quelle foule d'improvisateurs! quelle ébullition perpétuelle! quelle somme étonnante de labeur condamnée à l'oubli! quel tonneau jamais rempli! quel feu d'artifice dont il ne restera plus que la carcasse!

La presse parisienne, plus qu'aucune autre, c'est le blanc et le noir, c'est le soleil et c'est la nuit, c'est le oui et le non, c'est l'épopée et la satire, c'est tous les contrastes à la fois; c'est le phare tournant auquel s'éclairent plus ou moins tous les passants et viennent se brûler tous les talents; c'est une mise en scène perpétuelle et une perpétuelle métamorphose; c'est le Protée moderne.

Nous ne pouvons donner ici la liste complète de tous les journaux qui se publient actuellement à Paris. Parmi eux nous citerons seulement :

L'Autorité, fondée en 1886 par M. Paul de Cassagnac, qui est encore actuellement son rédacteur en chef;

Le Constitutionnel, fondé en 1815, sous le titre de *L'Indépendant*; passa successivement entre les mains du docteur Véron et de Mirès à l'époque de sa plus grande prospérité; a aujourd'hui pour rédacteur en chef M. A. Hamm;

La Croix, rédacteur en chef, M. Le Moine, des Augustins de l'Assomption;

La Défense, dont le rédacteur en chef est actuellement M. le baron de Claye;

Le XIXe Siècle, fondé en 1871 par Edmond About; son rédacteur en chef est aujourd'hui M. Portalis;

L'Écho de Paris, publié sous la direction de M. Valentin Simond;

L'Éclair, dont le rédacteur en chef est M. Denécheau;

L'Estafette, dont le directeur politique est M. Jules Ferry et le rédacteur en chef M. A. Peyrouton;

L'Étendard, dont le rédacteur en chef est M. H. Pessard;

L'Événement a pour rédacteur en chef M. Ed. Magnier;

Le Figaro, fondé en 1854 par M. H. de Villemessant, est aujourd'hui dirigé par MM. F. Magnard, rédacteur en chef, A. Périvier, secrétaire de la rédaction, et F. de Rodays, administrateur;

La France, fondée en 1861 par M. de la Guéronnière, continuée par Émile de Girardin, a maintenant pour directeur M. Lalou;

Le Gaulois, publié sous la direction de M. Arthur Meyer;

La Gazette de France, la doyenne des feuilles françaises, fondée en 1631 par Renaudot, placée actuellement sous la direction de M. Gustave Janicot;

Le Gil-Blas, dont le directeur est M. René d'Huber;

L'Intransigeant a pour rédacteur en chef M. Henri Rochefort;

Le Jour, dont le rédacteur en chef est M. Charles Laurent;

Journal des Débats, créé en 1789, a passé ensuite entre les mains de la famille Bertin, et est publié aujourd'hui sous la direction de M. Patinot;

Le Journal officiel de la République française, qui a maintenant pour directeur M. L. Jezierski;

La Justice, fondée en 1880 par M. G. Clémenceau, qui en est toujours le directeur;

La Lanterne, fondée en 1877; M. Eug. Mayer en est le rédacteur en chef;

La Liberté, fondée en 1866 par Émile de Girardin;

Le Matin, fondé en 1883, sur le type des journaux anglais par M. Edwards, et publié d'abord en anglais sous le titre de *Morning News;*

Le Monde, publié actuellement sous la direction de M. V. Levé;

Le Moniteur universel, fondé par Panckoucke en 1789, et qui a été pendant soixante ans le Journal officiel de l'État français;

Le Mot d'ordre, dont le directeur est M. Valentin Simond;

La Nation, publiée sous la direction politique de M. Camille Dreyfus;

Le National, fondé par MM. Thiers, Mignet et Sautelet en 1830, eut successivement pour rédacteurs en chef Armand Carrel et Armand Marrast, après lequel sa publication fut interrompue; son titre fut repris en 1869; est publié aujourd'hui sous la direction de M. Génin;

Les journaux du soir.

L'Observateur français, publié sous la direction de M. Denis Guibert;

La Paix, a pour directeur M. Joseph Montet;

Le Paris, dont le rédacteur en chef est M. A. Ranc;

Le Parisien, a pour rédacteur en chef M. A. Boubert;

Le Parti National, fondé par M. Jules Brisson;

La Patrie, publiée sous la direction politique de M. E. Guyon;

Le Pays, fondé en 1849, eut en 1849 pour directeur politique M. de Lamartine, et pour rédacteur en chef M. de la Guéronnière; ces fonctions furent successivement remplies après lui par MM. Granier et Paul de Cassagnac; il est aujourd'hui dirigé par M. Paul Lenglé;

Le Petit Journal, publié pour la première fois en 1863; paraît aujourd'hui sous la direction politique de M. Marinoni;

Le Petit Moniteur uniservel, paraît depuis 1865;

Le Petit National, paraît depuis 1869;

Le Petit Parisien, publié sous la direction de M. J. Dupuy;

La Petite Presse, publiée sous la direction politique de M. Maxime Paz; a pour rédacteur en chef M. Besleys.

La Petite République française, fondée par Gambetta, a maintenant pour rédacteur en chef M. J. Albiot;

La Presse, publiée sous la direction de M. G. Laguerre;

Le Radical, a pour rédacteur en chef M. Henry Maret et pour directeur M. Victor Simond;

Le Rappel, fondé en 1869, sous le patronage de Victor Hugo, a pour rédacteur en chef M. Aug. Vacquerie;

La République française, fondée en 1871 par Gambetta, est publiée actuellement sous la direction politique de M. Joseph Reinach;

Le Siècle, fondé en 1836, a compté successivement parmi ses rédacteurs en chef : Ledru-Rollin, Havin, Jules Simon, Ph. Jourde; est publié actuellement sous la direction de M. François Deloncle;

Le Soir, paraît depuis 1866;

Le Soleil, fondé en 1873 par M. Edouard Hervé, qui en est toujours le directeur politique;

Le Télégraphe, fondé en 1877, a maintenant pour rédacteur en chef M. Camille Le Senne;

Le Temps fut réellement créé par Nefftzer en 1861, bien qu'un journal ait paru sous ce titre de 1830 à 1842 ; est publié aujourd'hui sous la direction de M. Adrien Hébrard ;

L'Univers, fondé en 1832, a dû particulièrement sa notoriété à Louis Veuillot, qui en devint le rédacteur en chef en 1843 ;

Le Voltaire, créé en 1878, par Ménier, le grand industriel, paraît aujourd'hui sous la direction de M. J. Laffitte.

Plusieurs de ces feuilles, nous l'avons dit ailleurs, publient un ou deux suppléments par semaine : supplément de littérature ou d'illustrations.

On peut compter parmi les feuilles parisiennes quotidiennes, le *Galignani's Messenger*, fondé en 1844, à l'usage de la colonie anglaise de Paris, par les frères Galignani : ils y gagnèrent une belle fortune, consacrée en partie depuis leur mort à un asile pour les gens de lettres.

Se trouve également, à Paris depuis 1867, une feuille destinée à la colonie américaine, l'*American Register*, et depuis six ans, une édition spéciale du *New-York Herald*.

En revanche, il se publie à Londres un journal rédigé en français, le *Courrier de Londres*, et plusieurs en Amérique, notamment le *Courrier des États-Unis*.

Disons enfin que le *Times*, le *Standard*, les *Daily News*, le *Graphic* ont aussi à Paris un bureau d'informations et d'annonces.

La plupart des journaux de province ont commencé par être des feuilles d'avis. Après la tourmente révolutionnaire et le grand silence qui suivit, Napoléon autorisa dans différentes villes de l'Empire, par décret du 26 septembre 1801, la création de *feuilles* et d'*écrits* périodiques : les articles 3, 4 et 5 de ce décret portent que les feuilles d'affiches, annonces et avis divers seront publiées séparément des journaux déjà existants et qu'elles ne pourront contenir aucun article de nouvelles politiques ou de littérature.

Sous la Restauration, ces feuilles se maintinrent ; elles prirent

Journaux des départements.

de l'importance sous la monarchie de Juillet et ensuite, par l'avènement du suffrage universel, une influence politique.

Depuis vingt ans, leur nombre a plus que doublé.

Parmi les 3 200 existantes, voici les plus anciennes :
Journal du Havre, 141 ans; *Journal de Rouen*, 130 ans; *Journal de Maine-et-Loire*, à Angers, 118 ans; le *Courrier du Loiret*, de Pithiviers, 102 ans; le *Journal de Lot-et-Garonne*, à Agen, 101 ans; le *Courrier du Bas-Rhin* (devenu *Journal d'Alsace*), à Strasbourg, 92 ans; le *Journal de la Meurthe et des Vosges*, à Nancy, 89 ans; le *Journal d'Indre-et-Loire*, de Tours, 88 ans; le *Courrier du Pas-de-Calais*, 83 ans, etc.

Et, en dehors de ces feuilles, voici, si nous ne nous trompons, celles qui nous paraissent les plus connues du public parisien :

A Angers, *l'Union de l'Ouest;* etc.;

A Bordeaux, *la Gironde, la Petite Gironde, le Nouvelliste de Bordeaux*, etc.;

Au Havre, *le Journal du Havre*, etc.;

A Lille, *l'Écho du Nord, le Petit Écho du Nord, le Petit Nord, la Vraie France*, etc.;

A Lyon, *le Lyon Républicain, le Progrès de Lyon, le Nouvelliste de Lyon, l'Express de Lyon, le Salut public*, etc.;

A Marseille, *le Petit Marseillais, le Petit Provençal, le Soleil du Midi, la Gazette du Midi, le Journal du Midi, le Sémaphore*, etc.;

A Montpellier. *le Petit Méridional*, etc.;

A Nancy, *la Dépêche, le Petit Nancéien*, etc.;

A Nantes, *le Phare de la Loire, l'Union Bretonne, l'Espérance du peuple*, etc.;

A Orléans, *le Journal du Loiret*, etc.;

A Reims, *l'Indépendant Rémois*, etc.;

A Rouen, *le Journal de Rouen, le Nouvelliste de Rouen*, etc.;

A Toulouse, *la Dépêche de Toulouse, le Messager de Toulouse, les Nouvelles*, etc.;

Bien que ces nombreuses feuilles aient toujours eu une valeur sérieuse, il n'est pas moins vrai que la presse provinciale, jusqu'en ces dernières années, n'avait pas de physionomie propre.

Non seulement Paris a compté longtemps plus de journaux que la province, mais ces derniers, même quand ils sont devenus les plus nombreux, n'étaient guère qu'un écho. Lyon, Marseille, Bordeaux, Lille répétaient, à peu de chose près, ce qu'avait dit Paris; Carcassonne ou Caen, ce qu'avaient dit Lyon et le Havre. Depuis quinze ans, une véritable décentralisation est en train de se faire. La province a conquis son autonomie. Elle peut penser autrement que Paris : elle pense tout autant. Il y a dans la presse provinciale, politique ou littéraire, des écrivains de grande valeur et d'esprit libre. Même pour les nouvelles de Paris, on sait se passer de la presse parisienne. On loue à l'Administration des Postes pendant deux ou trois heures un service télégraphique, ou bien, si l'on est plus riche, on a un fil télégraphique à soi. C'est à quoi, le premier, pensa M. Gounouilhou, en 1880. Il obtint du Ministère des Postes et Télégraphes que l'État fît poser, entre Paris et Bordeaux, un fil télégraphique à l'usage exclusif de la *Gironde* et de la *Petite Gironde*. Cette concession coûta aux deux journaux la bagatelle de 72 000 francs. Il est vrai qu'elle eur valut un redoublement d'influence. Chaque matin, la *Gironde* reçoit par dépêche, *in extenso*, tous les documents importants et une longue correspondance télégraphique, qui donne le résumé complet des nouvelles et des articles ayant paru le matin même à Paris. C'est plus que le journal d'une ville et d'un département : c'est une organisation qui rayonne sur tout le Sud-Ouest.

On connaît, du reste, le noble emploi que M. Gounouilhou sait faire de ses excédents de recettes. Il a associé tous ses collaborateurs à la prospérité de son entreprise, et c'est lui, il y a trois ans, qui a mis le capitaine Trivier à même d'entreprendre son merveilleux voyage d'exploration en Afrique. Il y a là un trop bel exemple donné à la presse française pour que, malgré notre désir d'éviter les noms propres, nous ne nous soyons pas fait un devoir de le signaler.

Sur chaque point un peu important du territoire, c'est une

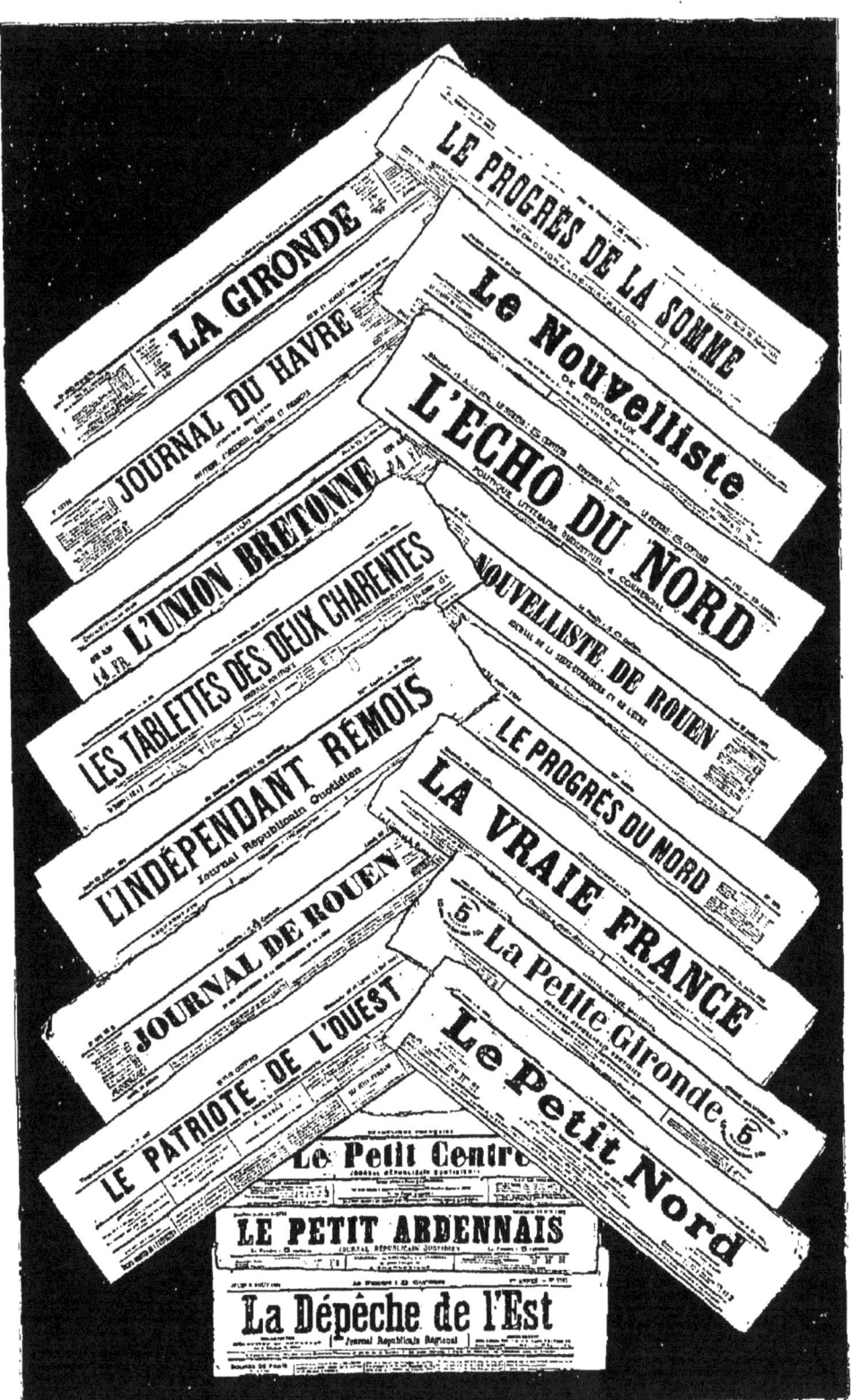

Journaux des départements.

lutte fiévreuse d'influence et de vitesse, une concurrence acharnée dont profitent les lecteurs. Les journaux de Paris du matin, pour être de bonne heure dans les départements reculés, font-ils une édition spéciale expédiée le soir à 8 heures ou même à 6? les feuilles départementales ne manquent pas de remarquer malignement que ce qui vient de Paris, c'est un journal de la veille, avec la date du surlendemain, tandis que leurs lecteurs à elles, grâce aux nouvelles télégraphiques, ont le vrai journal du jour. Les journaux de Paris comptent-ils sur la supériorité de leur rédaction? voici que les feuilles départementales leur empruntent leurs meilleurs écrivains. Chaque jour, le *Petit Marseillais*, le *Lyon-Républicain*, la *Gironde* et la *Petite Gironde*, etc., publient des articles spécialement écrits à leur intention par les ténors et les barytons les plus goûtés de la chronique parisienne.

Plusieurs de ces journaux publient aussi des suppléments littéraires. La *Petite Gironde* a un supplément illustré.

Mieux encore : les grandes feuilles provinciales ne se bornent pas à se défendre sur leur propre terrain, elles viennent jusqu'à Paris. Elles s'ingénient à battre le rappel des Lyonnais, des Girondins, etc., habitant la capitale. A la vitrine de nos kiosques, à l'étalage de nos marchandes, on voit des journaux normands, marseillais, auvergnats, disputer la place aux papiers indigènes.

Reliant à la fois Paris à la province, et l'étranger à Paris, donnant des nouvelles aux organes qui ne sont pas assez riches pour s'en procurer eux-mêmes, sont les agences d'informations, et particulièrement l'agence Havas.

« L'Agence Havas, disait à bon droit l'an dernier une de ses circulaires, est le plus vaste organe de publicité qui ait jamais existé.

« Son exploitation se divise en deux parties bien distinctes : les informations, les annonces.

« Elle s'est assuré un service de renseignements télégraphiques de tous les points du globe, en établissant partout des succursales et des correspondances. Propriétaire ou associée de toutes les agences étrangères, son organisation est telle qu'une nouvelle qui passe par son entremise est immédiatement communiquée aux journaux du monde entier.

« C'est, en quelque sorte, un système de répercussion universelle et instantanée.

« Dans ces dernières années, elle a inauguré pour les journaux de province une ingénieuse combinaison. Elle expédie tous les soirs par les trains-poste, à qui en fait la demande, un cliché de six colonnes (30 000 lettres) comprenant les dernières nouvelles du jour même jusqu'à 6 heures 1/2, et le compte rendu complet des séances des deux Chambres.

« Le même système a été appliqué aux feuilletons; de sorte qu'aujourd'hui le journal de province qui ne dispose que de faibles ressources peut, s'il le désire, se borner à composer les nouvelles locales. »

Depuis 1879, l'agence Havas s'est constituée en société anonyme au capital de 8 millions 500 000 francs.

Et tout récemment, au capital de 20 millions, vient de s'établir une autre agence qui a déjà pris une place considérable, l'agence Dalziel. Son fondateur, un Anglais élevé en France, avait déjà une agence à Londres et une à New-York. S'associant à un rédacteur du *Journal des Débats*, M. H. Percher, il en a voulu une en France. Londres jusqu'ici a été en quelque sorte la capitale des informations; tout ce qui en part — et qui est reproduit souvent par la presse française — est ainsi marqué à l'origine de la griffe anglaise. L'ambition de la nouvelle agence est de transporter à Paris cette suprématie. Il n'y entre pas un seul journal étranger. Tous les faits, grands ou petits, qui y arrivent y sont venus par le télégraphe ou le téléphone; transcrits immédiatement au mimographe Edison, ils ne restent pas une minute au bureau, ils sont immédiatement communiqués aux journaux abonnés. Nous voilà par là sur le pied de la presse anglaise. Que s'il était à Paris des incrédules, M. Dalziel leur ferait sans doute la même réponse qu'il fit à Londres à un sceptique Écossais. Celui-ci mettait en doute l'invraisemblable rapidité des communications avec New-York. « Que voulez-vous savoir de New-York ? » lui demanda M. Dalziel. — Le sceptique réfléchit, puis il dit : « Je voudrais savoir quel sera ce soir le menu de Delmonico (un restaurant new-yorkais à la mode). — Très bien. » Et M. Dalziel griffonna quelques mots qu'il remit à un groom de son agence. — *Treize minutes après*, montre en main, le menu désiré fourni par Delmonico était sous les yeux des interlocuteurs. — Treize minutes d'Europe à New-York ! il n'y a plus d'Atlantique....

Il y a aussi une presse coloniale. L'Algérie compte aujourd'hui une quarantaine de journaux, dont plusieurs quotidiens et recevant des dépêches télégraphiques. Nos pays de protectorat ont aussi les leurs, de création récente : à Saïgon, le *Journal officiel de la Cochinchine française*; à Haïphong, le *Courrier*; au Tonkin, l'*Avenir*; à Tunis, la *Dépêche* (quotidienne), *Tunis-journal*; à Nouméa, le *Néo-Calédonien*; à Saint-Pierre-de-Martinique, les *Colonies*; à la Réunion, le *Créole*, etc.

Cette rapide esquisse de la presse française serait trop incomplète si nous ne disions un mot des *périodiques*, des *revues*.

Comme nos vins nous reviennent des Indes, la « Revue » nous est revenue d'Angleterre.

La revue anglaise, en effet, c'est l'ancien *journal* français du xviie et du xviiie siècle, c'est-à-dire, par opposition aux gazettes ne débitant que des nouvelles, le *supplément* de discussion politique, imaginé par Renaudot, la publication cherchant à commenter les faits, à en tirer une leçon utile ou agréable.

Les quotidiens anglais n'étant guère, au fond, que de colossales gazettes télégraphiques rapportant un déluge de faits et les appréciant fort peu, ce sont les revues, les magazines qui tiennent le sceptre de la critique, qui viennent au bout de la semaine, au bout du mois, au bout du trimestre, juger les vivants et les morts, prononcer en dernière analyse le grand verdict qui devient l'opinion des gens éclairés. *Mens agitat molem.*

L'*Edinburgh review* (fondée en 1802 par Brougham et Sidney-Smith), la *Quarterly review* (créée en 1809 avec le concours de Walter Scott), etc..., qui paraissent tous les trois mois; la *Contemporary review*, la *Fortnightly review*, le *Nineteenth Century* (Dix-neuvième siècle), etc., qui se publient mensuellement; le *Reynold's Newspaper*, le *Lloyd's*, l'*Athenæum*, la *Weekly dispatch*, etc..., qui sont hebdomadaires, ont une réputation universelle.

En France, la doyenne des revues est la *Revue des Deux Mondes*[1]. Elle a des abonnés dans le monde entier et a vu défiler dans ses colonnes, depuis 1830, les plus grands écrivains de notre siècle. Son fondateur, M. Buloz, n'était pas un littérateur, mais un homme de grand sens, de ferme raison, comprenant à merveille le goût de son public, et mettant à le satisfaire, outre une sorte de génie spécial, une application passionnée.

Il en fut récompensé par le succès, même matériel. La *Revue des Deux Mondes*, lisions-nous récemment, constitue une des meilleures affaires du monde entier.

Parmi les revues de fondation plus récente, et à qui le succès a également souri, citons : la *Revue des cours scientifiques et littéraires*, devenue, en se dédoublant, la *Revue Bleue* et la *Revue scientifique*, le *Correspondant*, la *Revue contemporaine*, la *Revue illustrée*, la *Nouvelle Revue*, la *Revue historique*, l'*Écho de la semaine*, les *Annales politiques et littéraires*, la *Revue encyclopédique*, etc....

Tout dernièrement vient de se créer encore une revue qui se propose d'analyser toutes les autres : la *Revue des revues*.

Ce sera le « mot de la fin ».

1. En exceptant, bien entendu, le *Journal des Savants*.

CHAPITRE IX

LES GRANDS JOURNAUX DES DEUX MONDES

Un dénombrement impossible. — La presse allemande : caractères généraux. — L'Angleterre; trains spéciaux des feuilles londoniennes. — Autriche-Hongrie : la confusion des langues. — Belgique : ses journaux *parisiens*. — Danemark; un journaliste esquimau. — Espagne. — Grèce. — Hollande. — Italie. — Portugal. — Suède et Norvège. — Suisse : un des pays où on lit le plus; curieuse complexité de la presse helvétique; journaux français, allemands, italiens. — La Turquie. — Presse africaine : Égypte et colonies françaises. — Asie : Un journal en Chine depuis mille ans; un imprimeur qui entend le commerce; la presse fondée au Japon par l'empereur; le shah de Perse journaliste. — Amérique du Nord; Béhémoth et Leviathan; une fantasmagorie perpétuelle; une école de journalistes; journaux de nègres, journaux d'aliénés, journaux spirites; un journal *qui se mange*; le plus grand et le plus petit des journaux du monde. — Le Canada : un journal sans caractères typographiques. — Amérique du Sud : nombreux journaux en français; un journaliste qui se suicide.

La presse étrangère.

L'*écrivaillerie*, pour prendre un mot de Montaigne, sévit dans tous les climats, sous toutes les longitudes. Comme il y a partout des faiseurs de livres, il y a partout des journalistes. A qui ces champs, ces bourgades, ces petits pays? à nos seigneurs de Carabas, marquis de la plume et de l'imprimerie. A qui les royaumes et même les républiques de la terre? au démon du journalisme.

La haute montagne d'où l'on pourrait nombrer les journaux des deux mondes n'a pas encore surgi. Tout au plus cherche-t-on à procéder par additions partielles. Une statistique incomplète alors, et déjà vieille de dix ans, évaluait à 35 296 le chiffre des journaux publiés sur notre planète. Comptez hardiment le double[1].

Dans ce total, la France figurait pour 3 800 feuilles, et elle en a aujourd'hui 6 000 ; l'Amérique pour 6 600, et elle en compte plus de 10 000.... Et ainsi du reste.

De ce même total se dégageait une proportion curieuse et qui a dû rester sensiblement la même :

Les journaux publiés en langue anglaise (Grande-Bretagne, colonies, Amérique) étaient au nombre de 16 500, ce qui représente 48 et demi pour 100 ; la langue allemande fournissait 25 pour 100, le français 11 pour 100 ; l'italien 2 pour 100 ; l'espagnol 6 pour 100, etc.

Les feuilles quotidiennes, au nombre de 5 000, représentaient alors 7 milliards d'exemplaires par an.

L'Asie ne comptait que 2 000 journaux ; l'Europe en avait 25 000, dont 2 500 paraissant tous les jours.

Il y a également des journaux en Afrique, il y en a en Océanie, il y en a sous les pôles et à l'équateur, il y en a dans les Indes, en Chine, en Perse, chez les Lapons, chez les Esquimaux, aux îles Sandwich, peut-être chez les Patagons et à la Terre de Feu.

La presse européenne[2].

Pour ne froisser aucune préséance, nous suivrons l'ordre alphabétique :

L'Allemagne. — Publiait, en 1888, 5 500 feuilles périodiques dont 800 quotidiennes. Ce chiffre, aujourd'hui atteint et dépassé

---

[1]. Soit, à raison de 2 milliards d'habitants sur le globe, un journal par 28 000 individus.

[2]. La plupart des renseignements qui suivent sont dus à l'amabilité de journalistes étrangers, parmi lesquels nous devons citer MM. Cranmer, de Mesteer, O'Gallighan, Lagoudakis, Cortina.... et surtout M. Louis Macon, directeur de la Correspondance helvétique, qui a pris à notre travail un intérêt dont nous ne saurions trop le remercier.

par la presse française, a-t-il augmenté ou diminué? ce serait assez difficile à dire. Le journalisme provincial, très prospère il y a une dizaine d'années, est tombé dans une certaine torpeur. De plus la loi rendue contre les socialistes a abattu d'un coup 390 journaux, et il est peu probable qu'ils se soient relevés.

Sur ce chiffre de 5500 feuilles, Berlin ne figure que pour 620. Ce seul rapprochement montre tout de suite le caractère essentiel de la presse allemande : une décentralisation extrême. Pourtant, voici ce qu'on lisait récemment dans un journal d'imprimerie : « A Berlin, les grands journaux se font bâtir de superbes hôtels. En revanche, la petite presse provinciale n'est pas également favorisée. Il paraît que les propriétaires de journaux, imprimeurs et autres, consentent des rabais considérables sur le prix des annonces, ce qui ne leur rapporte pour ainsi dire qu'un gain illusoire.... C'est à qui attirera à lui le client en faisant à meilleur marché pour écraser le confrère ».

Le fonds « des reptiles », créé par M. de Bismark afin de procurer de chaudes couvertures aux journaux bien sifflants, a trop fait parler de lui pour qu'on puisse regarder la presse allemande comme un paradis d'innocence. Ce n'est plus une de ces bergeries à la Florian auxquelles on reprochait de manquer de loups. Il n'en faut pas moins proclamer que la presse allemande reste une des plus sérieuses qu'il y ait au monde. Elle a pu légitimement garder sa part des politesses internationales qu'un syndic de la presse parisienne, M. Spuller, adressait un jour à nos confrères étrangers :

« La rapidité, la sûreté, l'ampleur des informations, les renseignements les plus divers mis à la portée de tous et de chacun, la variété des articles spéciaux, les comptes rendus, précis et complets, les faits analysés avec brièveté, justesse et netteté, les jugements prompts et indépendants, l'opinion éclairée sur tout ce qui l'intéresse et la passionne, la vérité répandue comme la lumière.... voilà l'exemple que vous nous donnez. »

Tous les étrangers, y compris les Allemands, étaient trop

courtois pour ne pas répondre que nous en avons autant à leur service.

Une des originalités de la presse allemande est ce qu'on appelle les *feuilles du dimanche*. L'une d'elles, l'*Allgmeine Zeitung* (Gazette universelle), tire à plus de 500 000 exemplaires, ce qui, en Allemagne, est un chiffre prodigieux. La plus répandue des feuilles quotidiennes, le *Berliner Tagblatt*, ne va en effet qu'à 70 000 exemplaires.

Les journaux de dogmatique religieuse, de controverse catholique ou protestante, de doctrine scientifique, foisonnent. Beaucoup de revues aussi, et même de feuilles de modes.

Les *annonces* ayant en Allemagne un grand développement, il en résulte que les journaux quotidiens sont entrés depuis longtemps, à l'imitation des Anglais, dans la voie des suppléments. Nulle part au monde, même en Suisse, la presse n'est à meilleur marché. Grâce aux conditions exceptionnelles faites par la poste, on peut s'abonner à certaines feuilles quotidiennes pour 10 marcs par an, c'est-à-dire 12 fr. 50. Il est vrai que souvent on a 8 pages 1/2 d'annonces, quand ce n'est pas dix, pour deux ou trois pages de texte !

Dans les grandes villes, la vente au numéro commence à s'implanter. Partout ailleurs, c'est l'abonnement qui prévaut.

Quelques-uns des journaux publiés en Allemagne sont « bilingues », notamment ceux de notre chère Alsace, qui continuent à consacrer au français une partie de leurs colonnes.

Angleterre. — Si l'Amérique n'existait pas, la presse anglaise serait la première du monde ; non pas peut-être par le nombre des journaux et par le talent des écrivains, mais par les dimensions gigantesques du format, par l'abondance des caractères microscopiques, par la puissance de l'outillage.

Nous avons suffisamment parlé de tous ces points dans nos autres chapitres pour être en droit de glisser dans celui-ci.

Il y avait aux Iles Britanniques, en 1885, 2 093 journaux, dont 1 634 pour l'Angleterre, 195 pour l'Écosse, 162 en Irlande,

85 dans le pays de Galles, 24 dans les îles de la Manche; les revues étaient au nombre de 163. Comptez aujourd'hui un total de 3 000 feuilles.

Les journaux quotidiens (quotidiens moins le dimanche) paraissent en général à Londres, qui compte 29 feuilles du soir ou du matin. Mais il y a aussi une presse provinciale très forte, très bien organisée, en lutte perpétuelle d'influence avec celle de la capitale. Telle feuille de Manchester, *the Guardian*, journal de l'industrie et du coton, aura jusqu'aux Indes, en ces matières, plus d'autorité que le *Times*. Telle autre, *the Evening News* (les Nouvelles du soir), donne chaque jour pour 5 centimes huit pages de papier, entretient des correspondants sur tous les points du monde, et publie chaque samedi un supplément spécial tiré à 150 000 exemplaires.

Ces feuilles, bien entendu, jouent du télégraphe et du téléphone à outrance et se tiennent avec Londres en perpétuelle communication; elles payent jusqu'à 2 500 francs par mois le correspondant qu'elles y entretiennent.

Mais les grands organes londoniens ne s'avouent pas pour battus. Qu'eussiez-vous fait à leur place? Eux se sont entendus avec les chemins de fer et ont obtenu qu'on mit à leur disposition des trains spéciaux. Dans ces trains, les exemplaires sont jetés pêle-mêle, tels qu'ils sortent des vastes presses. On les classe, on y colle des bandes en route, on les lance par ballots à chaque station sans s'arrêter. Le même journal imprimé dans la nuit est ainsi dans tout le royaume aux premières heures du matin.

Le caractère général des journaux anglais, nous l'avons déjà indiqué, tient en deux traits : multiplicité des annonces; sérieux et rapidité des informations. Peu ou presque point de commentaires. Chaque grand journal vise à se tailler une clientèle dans toutes les classes, toutes les opinions et par conséquent évite d'en froisser aucune. On peut encore, lorsqu'il s'agit de l'étranger, présenter les choses sous un jour plus ou moins conventionnel.

Mais lorsqu'il s'agit des nouvelles intérieures, l'intérêt même du journaliste garantit son impartialité. Des faits, rien que des faits. Impossible de les travestir, de tronquer ou de falsifier le compte rendu des Chambres, le récit des tribunaux ou des meetings. Le spectre des désabonnements veille à la porte, il empêche d'entrer les fausses nouvelles.

Pour en avoir rapidement de vraies — sans trop augmenter les frais généraux, — certaines feuilles se sont syndiquées et ont créé une agence à elles : le *Central News*. Et toutes au besoin installent en plein air des bureaux télégraphiques locomobiles (système Wheatstone).

A Londres, peu ou presque pas d'abonnés; vente au numéro pratiquée sur une large échelle. Elle est confiée à des *boys* (petits garçons) de 7 à 8 ans, qui crient à pleins poumons le titre du journal. On en rencontre dix, douze et même une vingtaine dans chaque rue, faisant un tapage à rendre jaloux nos camelots. Devant eux, une énorme pancarte où sont écrites, en lettres d'affiches, les nouvelles à sensation. Tous les cochers accourent aussitôt (il y en a 9 000 à Londres) et avec eux la grande majorité des passants. Tous, même les mendiants déguenillés, donnent le *penny* (dix centimes) ou le *half penny* (un sou) obligatoires, et s'en vont lisant le journal en plein vent, sans le plier, dévorant gloutonnement le récit du *murder* (du meurtre) ou de la pendaison (*hanging*).

Ce sont là, paraît-il, les plats de prédilection du lecteur londonien. Parmi les nouvelles politiques, il n'y a guère que celles de Paris qui, à certains jours, aient le don de le passionner au même point. Y a-t-il eu place de la Concorde une simple promenade de grévistes? On écrit aussitôt : « Révolution à Paris! barricades! » (avec des points d'exclamation gigantesques). L'effet est infaillible. Deux, trois éditions supplémentaires y sont consacrées : c'est un point de foi chez nos voisins que Paris est une ville de sédition et de perdition.

Aussi a-t-on perpétuellement les yeux sur nous. Les nouvelles qui nous laissent le plus indifférents prennent là-bas de l'importance. Chaque soir à 5 heures, les lecteurs de *Pall Mall gazette* ou de *the Star* (l'Étoile) connaissent sur Paris une foule de détails que les Parisiens ignorent. Le tout, résumé en petites dépêches de vingt à trente lignes, qui sont, il faut bien le dire, des modèles de précision et de concision.

Quelques mots maintenant sur les principales feuilles de Londres.

Le *Times* entre aujourd'hui (1er janvier 1892) dans sa cent cinquième année. Il fut fondé par l'imprimeur John Walter sous le nom de *Daily universel register*. C'est le fils du fondateur qui, de 1803 à 1847, parvint à lui donner le sceptre de l'opinion. C'est lui qui réussit, nous l'avons vu, à l'imprimer à la vapeur; c'est lui qui dépensa 250 000 francs pour avoir, par Suez et Alexandrie, un service plus rapide que la Malle des Indes. Jusqu'au premier tiers de ce siècle, le *Times* avait le format de nos petits journaux et n'entretenait en Europe que deux correspondants, l'un à Paris, par nécessité politique, l'autre à Madrid ou à Lisbonne, par fidélité à une habitude prise sous Napoléon Ier pendant les guerres de la Péninsule. Aujourd'hui il compte plus de trois cents correspondants dans l'intérieur du royaume, chacun muni d'enveloppes spéciales qui arrivent en franchise à toute heure de jour ou de nuit; il a dans chaque capitale un correspondant ayant presque rang d'ambassadeur. Un diplomate a dit : « On a toujours l'œil fixé sur lui dans toute l'Europe! », il tient constamment en haleine la curiosité de tous les partis : les tours de force et de vitesse de ses reporters ne se comptent plus. En 1842, c'est lui qui prévient la police d'un complot redoutable, ce qui lui vaut dans la Cité une influence quasi-mystique. En 1877, c'est lui qui insère et fait crier dans les rues de Londres le texte intégral et définitif du traité de Berlin à l'heure même où signaient les plénipotentiaires.

Le numéro continue à se vendre *three pence* (trente centimes), mais c'est un volume : la matière de vingt feuilles in-octavo (500 pages).

The Daily News. — Fondé en 1846 par Dickens et Dilke. — Libéral ; — quatre pages et volumineux suppléments. — Ami de la France. — De 300 à 350 000 exemplaires. — Dix centimes le numéro. En pleine prospérité.

The Daily Telegraph. — C'est à son initiative qu'est due la découverte du Congo par Stanley : il s'est entendu pour cette expédition avec le *New-York Herald.*

The Standard (l'Étendard). — Fondé en 1827. — Tory (conservateur). — Deux éditions par jour, 255 000 exemplaires. — Paye 50 000 francs par an à l'administration des postes pour l'usage d'un fil télégraphique entre Londres et Paris.

The Morning Post. — Fondé en 1772. — Haute Église et whig (libéral). — Dix centimes.

The Evening News, à cinq centimes ; tirage considérable.

The Observer, hebdomadaire (1881) ; signe particulier : ne paraît que le dimanche.

Etc., etc....

La presse irlandaise a acquis une grande importance politique. *The United Ireland,* fondée en 1880 comme organe des nationalistes irlandais, s'est fait remarquer particulièrement par ses polémiques. Une autre feuille fondée à Londres en 1887 pour défendre la même cause, *the Star* (l'Étoile), est arrivée de suite à 800 000 exemplaires, puis à un million et demi ; elle est aujourd'hui au double million. Moyennant cinq centimes, ses lecteurs peuvent s'offrir chaque soir quatre grandes pages de texte et d'innombrables annonces.

Presse coloniale très développée aussi. On comptait en 1864 647 gazettes et revues dans l'Amérique anglaise (381 à Ontario, 106 à Québec, 47 à la Nouvelle-Écosse, 38 au Nouveau-Brunswick), 12 à Terre-Neuve, 700 en Australie, etc.

L'Autriche-Hongrie. — De douze à quinze cents journaux en tout, dont 150 quotidiens. En 1846, il n'y en avait encore que 164, dont 18 d'annonces.

D'après un relevé officiel daté de 1872, l'empire austro-hon-

Fragment de la première page d'un numéro du *Times*.

grois possédait : 1 016 journaux dont 204 exclusivement politiques, 170 politiques et littéraires, 642 non politiques ; 600 étaient rédigés en allemand, 170 en hongrois, 79 en tchèque, 58 en polonais, 50 en italien, 22 en slovène, 9 en ruthène, 8 en roumain, 6 en croate, 5 en serbe, 5 en hébreu, 2 en grec, 2 en slovaque, 2 en français.

A citer, parmi les principaux journaux autrichiens :

Vienne. — Le *Fremdenblatt*, qui publie chaque jour un article inspiré par le gouvernement et tire à une trentaine de mille ;

La *Morgenpost*, démocratique, tirage semblable ;

La *Neue freie Presse* (la Nouvelle Presse libre), paraissant deux fois par jour et organe du parti allemand-autrichien ; fondée en 1864 par un publiciste d'origine française, M. Michel Étienne, fils d'un maître de langues établi à Vienne : tirage, 40 000.

La *Wiener Zeitung* et son supplément ;

Le *Danube*, hebdomadaire, publié en français et sympathique aux choses françaises. — 4 000 exemplaires.

Buda-Pesth. — Le *Budapester journal*, quotidien ;

Le *Pester Lloyd*, organe semi-officieux du ministère hongrois ;

L'*Ustokos*, journal illustré humoristique.

Cracovie. — Le *Czas* (le Temps), 9 fois par semaine ; fondé en 1848, l'un des plus importants journaux polonais paraissant en Autriche ;

Etc., etc.

L'abonnement aux journaux quotidiens de Vienne ou de province varie entre 20 et 24 florins, c'est-à-dire 50 à 60 francs.

Belgique. — Même sous la domination espagnole, la presse belge avait trouvé le moyen de s'étendre ; elle est aujourd'hui une des plus actives et des plus intelligentes qu'il y ait en Europe.

L'*Indépendance belge*, fondée en 1830 par un Français et toujours restée depuis entre des mains françaises, peut être regardée comme un journal parisien paraissant à Bruxelles. Les hommes qui ont atteint la quarantaine se souviennent même d'un temps où les Parisiens cherchaient dans cette feuille, quand elle n'était pas arrêtée à la frontière, les nouvelles politiques que les journaux de Paris n'auraient pas été autorisés à publier.

L'*Indépendance* a eu longtemps pour correspondant M. Paul Foucher, beau-frère de Victor Hugo, et, après sa mort, nombre de littérateurs distingués. Son correspondant actuel est un des directeurs, M. Gaston Berardi. Lui et son associé, M. Tardieu, ont donné au journal une physionomie toute nouvelle. Paris et Bruxelles s'y parlent par téléphone, trois fois par jour. Il y a en effet trois éditions : à 6 heures et à 9 heures du matin, et le soir à 5 heures. Prix du numéro, 10 centimes dans toute la Belgique; abonnement : 20 francs.

A citer encore :

Pour Bruxelles, l'*Étoile*, reliée également à Paris par téléphone; le *Nord*, organe officieux de la Russie;

A Liège, la *Meuse*, le *Journal de Liège* (129ᵉ année), etc. etc. En tout 500 journaux.

Danemark. — Presse fort bien organisée aussi. Principaux représentants : le *Berlinsgske Tidende*, quotidien, grand format, journal officiel; le *Dagbladet*, conservateur; le *Dago Télégraphen*, organe du parti libéral national; le *National Tidende*, qui publie deux éditions par jour, etc.

Faut-il, avec beaucoup de géographes, regarder le Groënland comme une colonie danoise? C'est ici, alors, plutôt qu'en Amérique, que doit se placer une particularité curieuse. Dans les terres de glace où habitent les Esquimaux, là où nulle végétation ne pousse, existe aujourd'hui un journal qui porte ce beau nom : *le Lecteur*. Il est rédigé et imprimé par un indigène qui n'est jamais sorti de sa patrie, Lars Moëller. Ce paysan du pôle, non moins remarquable que celui du Danube, possède tous les signes distinctifs de sa race : nez plat, grandes oreilles, en saillie de chaque côté de la tête comme une collerette donnée par la nature, barbe peu épaisse mais taillée selon les rites. C'est de l'explorateur Nordenskiöld qu'il a appris à lire et reçu quelques caractères d'imprimerie. Portant sayon de grosse laine, sabots de peau de phoque, les mains protégées contre le froid par des gants de fourrure, il rédige, compose, imprime lui-même son journal; mieux encore, il l'illustre! Il est devenu son propre dessinateur, il a appris à graver. Loin, bien loin dans ces régions désolées, dans les nuits sans fin ou les froids soleils de six mois, il voyage incessamment; il va d'une tribu à l'autre, porter sa flamme, sa lumière; s'installant dans une hutte, usant d'une lampe à huile de poisson, il rassemble ses compatriotes autour de lui, il les initie aux beautés de son art. Un voyageur a récemment présenté à une société littéraire du Danemark deux exemplaires de ce journal unique. Les membres de la société se sont cotisés spontanément et ont envoyé à l'imprimeur des Esquimaux des caractères neufs, de l'encre à imprimer, du beau papier et une presse plus grande que celle dont il se servait. N'est-ce pas que l'anecdote valait d'être connue? N'est-ce pas qu'il y a là, dans la robuste patience, dans l'obstination méritoire de ce pionnier voué obscurément à faire partager à ses frères les connaissances fraîches acquises, quelque chose de sain, d'honnête, de saintement naïf qui saisit au cœur? Travaille, brave Esquimau! continue ta noble tâche! Ces lignes, que tu ne liras sans doute jamais, te saluent bien fraternellement. Ton humble journal ignore les merveilles du fil spécial, les exploits des rotatives et la puissance gigantesque des annonces, mais je te le dis en vérité, s'il est un journaliste au monde dont j'admire particulièrement la mission, l'action civilisatrice, c'est toi, Lars Moëller, apôtre des tristes tribus, aède de l'archipel boréal!

Espagne. — 850 feuilles environ, dont le tiers quotidiennes ou bi-hebdomadaires. Puisque à l'instant même nous parlions d'aèdes, rappelons que ce furent des aveugles qui, au XVIIe siècle, colportèrent les premiers échantillons des gazettes appelées alors *relaciones*; elles prenaient souvent la forme de romances que les aveugles chantaient et vendaient dans les rues. Mais c'est seulement dans la seconde moitié de notre siècle qu'une presse un peu sérieuse a pu s'implanter en Espagne.

Depuis 1875 surtout, elle a pris une réelle extension. A noter, *El Correo de Madrid* (quotidien), monarchique et libéral, abonnement 20 francs ; la *Epoca* (id.), conservateur officieux, abonnement 46 francs ; *El Globo*, organe de M. Castelar et de la République conservatrice ; *El Imparcial*, libéral et démocratique, 6 000 exemplaires ; etc. ; à Barcelone, *El Diario*, *El Diluvio* (quotidiens), 2 000 exemplaires ; *la Ilustracion*, revue hispano-américaine, éditée sur le même plan que notre *Illustration* et ayant seize pages de format ; abonnement 13 pesetas (13 francs), etc. — Autour d'eux, une foule de petits journaux entre 2 000 et 10 000 exemplaires.

La Correspondancia (à Madrid) est presque exclusivement remplie de petits faits et de nouvelles qui répondent au goût du public madrilène. Elle tire à une cinquantaine de mille.

Grèce. — Un tout petit coin du monde, mais où l'humanité regardera toujours ; un jardin, mais le jardin des dieux.

Le journal, depuis la disparition de la lourde tutelle ottomane, y a poussé de vives racines. On compte aujourd'hui, tant en Grèce qu'à l'usage des colonies, 102 journaux publiés en langue hellénique :

A Athènes, 21 ; au Pirée, 1 ; île de Syra, 5 ; Patras, 8 ; les autres provinces, 40 : soit un total de 75 dans la mère patrie.

A Constantinople, 6 ; à Philippopolis, 1 ; à Bucharest, 3 ; à Trieste, 1 ; à Salonique, 1 ; à Smyrne, 3 ; à Alexandrie, 6 ; au Caire, 1 ; île de Samos, 1 ; île de Chypre, 4 : soit 27 publiés à l'étranger.

Il y a en outre 8 journaux imprimés en français, dont 2 à Athènes.

Les 27 journaux publiés à l'étranger par des Hellènes vivent uniquement de leurs ressources, et défendent le ministère grec ou l'opposition sans subvention aucune. Pas d'autres lecteurs que les abonnés. La vente dans les rues des villes de Turquie est insignifiante, voire défendue.

Les journaux grecs venus de Grèce sont formellement interdits en Turquie. Ils y entrent par contrebande ou dans des enveloppes affranchies comme lettres.

Feuilles de parti, et toujours prêtes au coup de feu, surtout à la veille des élections, les feuilles d'Athènes ou de province suivent forcément les vicissitudes des partis. Dans les journaux officieux se trouvent quelques journalistes de profession gagnant de 300 à 500 francs par mois. Mais, la plupart du temps, l'inspiration vient de plus haut. Les vrais rédacteurs sont les hommes politiques, des députés, des chefs de cabinet, d'anciens ministres ou d'anciens directeurs de services.

Opposants ou ministériels ont juste le nombre d'abonnements et la vente au numéro nécessaires pour végéter. Ils sont criés dans les rues par des enfants. Ces jeunes péripatéticiens tiennent tous les concurrents à la fois : ce sont des kiosques ambulants.

La plupart des journaux publient un feuilleton traduit du français.

Hollande. — Une Grèce du Nord, où l'art, la littérature, la pensée ont eu longtemps de libres autels. Le journalisme s'y était fait au XVIIe siècle une situation toute particulière.

Aujourd'hui chaque petite ville a son journal ordinairement hebdomadaire, édité par un libraire-imprimeur et constituant une publication assez lucrative, à cause des annonces. Annonces par abonnements, annonces commerciales, annonces judiciaires, *annonces des familles.* Souvent ces petites feuilles s'abstiennent de politique, afin de pouvoir s'adresser à la clientèle de toute la ville.

Il y a à Amsterdam ou à la Haye une trentaine de grands journaux ayant vraiment situation d'organes politiques. Mais leur influence n'est pas comparable à celle des journaux français. Écrire dans les journaux était devenu, après les exploits de certains gazetiers, une besogne peu estimée. Encore à présent, un député, un professeur universitaire, tout en collaborant à un journal, hésiterait à donner sa signature. Il n'y a guère que deux ou trois journaux d'importance qui mentionnent le nom de leur rédacteur en chef; celui du directeur administratif ou du gérant suffit.

La vente au numéro est rare. A Amsterdam, à Rotterdam, à la Haye se trouvent, il est vrai, des kiosques, et il se fait aussi un certain trafic dans les gares, mais le tirage normal est réglé par le chiffre des abonnements. Même les journaux populaires à 4 *centimes* et 2 *centimes* (!) le numéro, qui se sont fondés à Amsterdam depuis une dizaine d'années, ont encore beaucoup d'abonnés.

Peu de littérature, pas du tout de chroniques, mais beaucoup d'informations, et de très sérieuses. Jamais de récits mondains. Même si la Cour donne une fête, les détails n'en sont pas fournis au public. En revanche, les finances, le commerce, la navigation, les nouvelles diplomatiques, sont traités avec beaucoup de soin. Tout le monde, dans ce petit pays, est plus ou moins polyglotte, et demander à un journaliste la connaissance de quatre ou cinq langues est la chose la plus naturelle du monde. Pour salaire, les rédacteurs des plus grands journaux ont de 6 à 8000 francs par an, et il n'est qu'un seul journal où le rédacteur en chef puisse compter sur 25 000 francs. Dans toute ville de 8 à 10 000 habitants on est sûr de trouver un café ou un hôtel où parviennent la *Gazette de Cologne*, l'*Indépendance belge*, le *Figaro*...; puis, l'*Illustration* et le *Journal amusant*. Autres journaux très lus en Hollande : les *Débats*, le *Temps*, etc....

Les deux plus grands journaux de Hollande sont le *Nieuwe Rotterdamsche Courant*, de Rotterdam, et le *Algemeen Handelsblad*, d'Amsterdam. Tous deux paraissent deux fois par jour, non pas avec des éditions plus ou moins *retapées*, mais avec deux numéros tout à fait distincts. De chacun de ces deux numéros on fait une édition de ville et une édition de province:

d'où quatre moutures différentes. Cela ne suffit pas au *Handelsblad*, qui publie en outre, à midi, une cinquième mouture, ou *édition de Bourse*, avec les dernières nouvelles financières, commerciales et de haute politique. L'édition du matin n'est tirée qu'à quatre heures pour la province, à six heures pour la ville, de sorte que toutes les nouvelles de la nuit y sont insérées. Quatre, huit, douze pages, selon les cas.

Ces deux journaux ont des correspondants spéciaux dans plusieurs capitales. A Paris, le journal de Rotterdam est représenté par M. Adrien Obreen, le *Handelsblad* par M. Jean de Meester. Tirage pour l'un et pour l'autre, une vingtaine de mille. Tous deux ont une équipe d'une centaine de typographes, travaillant par cinquante le jour et cinquante la nuit.

Aucune feuille hollandaise, parmi les plus populaires, ne dépasse 70 000 numéros.

L'éditeur du *Nieuwe Rotterdamsche Courant* publie une feuille satirique politique. C'est la seule en Hollande. Il y a aussi un certain nombre de feuilles hebdomadaires publiées comme primes des grands journaux. Puis une trentaine de revues, la plupart mensuelles, d'allure très puritaine. Même dans les cinq cents feuilles quotidiennes ou hebdomadaires, style plus que décent, un peu rigoriste : la juste mesure est toujours difficile à garder.

Du reste, sous le ciel des Indes, le diable reprend tous ses droits. A Java, à Curaçao, on aime les épices en toutes choses, même en littérature. Plus prime-sautière, cette presse est aussi plus passionnée. Il est arrivé souvent que le gouverneur général a banni un journaliste du territoire colonial. Un des meilleurs écrivains de la Hollande contemporaine, M. Édouard Douwes Dekker, dont les livres, publiés sous le pseudonyme de Multatuli, ont été traduits en anglais, en allemand et aussi en français, a dû sa fortune littéraire à une de ces proscriptions.

Il paraît à Java plusieurs feuilles chinoises et même quelques organes des indigènes.

Italie. — Par le chiffre des publications (de 15 à 1 800), tient le quatrième rang en Europe; 200 paraissent à Rome, 140 à Milan, 120 à Naples, 94 à Turin, 79 à Florence. 170 de ces feuilles sont quotidiennes. La plus ancienne est la *Gazette de Milan*, fondée en 1797.

Par ses caractères généraux, la presse italienne se rapproche beaucoup de la nôtre. Il y a comme chez nous des journaux fort bien renseignés, recevant beaucoup de dépêches, ayant aussi une belle page d'annonces, quelquefois deux, mais la plus grande place est prise par les commentaires, les discussions, les polémiques. On y trouve, cela va sans dire, l'éloquence, le goût et la finesse de l'esprit national.

A signaler particulièrement :

Rome. — Le *Diritto* (quot.), 40e année; « organe de la démocratie italienne »; *Fanfulla*, organe de la droite, qui publie le dimanche un supplément; l'*Italie*, rédigé en français, ainsi que l'*Art* (hebdomadaire) et la *Revue internationale*; le *Moniteur*, organe de la Curie romaine, également en français; le *Messagero* (petit format), qu'on a baptisé le *Petit Journal* de l'Italie; la *Riforma*, organe de M. Crispi; l'*Osservatore romano*, organe italien du Vatican, dont il a publié les Encycliques et tous les actes officiels; la *Tribuna*, etc....

Florence. — *Corriere italiano*, nuance gauche modérée; la *Nazione*, etc....

Milan. — *La Lombardia*, *il Monde artistico*, le *Secolo*, 27e année, tendances républicaines.

Etc., etc....

La presse italienne, par la façon même dont s'est constituée l'unité nationale, possède une grande décentralisation.

Il s'y publie de nombreuses feuilles satiriques: *Capitan Fracassa*, *Don Chischiotte*, *Bologna*..., souvent illustrées de *pupazetti* qui ont exercé ou ont encore une influence considérable et sont certainement, la France écartée, les plus pétillantes d'Europe.

Disons en terminant que depuis quelques années certains

journaux de province ont trouvé le moyen d'abaisser leur prix à 3 centimes, et même à 2 : c'est le dernier mot du bon marché.

Portugal. — Mêmes caractères généraux qu'en Espagne. — 80 journaux environ à Lisbonne. A citer : *Correio du Manha* (Courrier du Matin), *O Dia* (le Jour), *la Epoca*, tous trois quotidiens et paraissant à six heures ; *Illustraçao*, bi-mensuelle, fondée sur le modèle de l'*Illustration* de Paris. C'est la seule publication de ce genre qui existe en Portugal. Toute la partie artistique est exécutée à Paris.

Une particularité : les fonctionnaires portugais sont volontiers recrutés parmi les journalistes.

Roumanie. — A Galatz, à Braïla, à Jassy, et surtout à Bucarest, une soixantaine de journaux, presque tous très sympathiques à la France. *Romanulu*, *Monitorul official*, *Telegraful*, ... ; *l'Étoile roumaine*, *l'Indépendance*, *l'Économiste* se publient en français ; depuis quelques années, se publie aussi une feuille en allemand, le *Buckarester Tagblatt*, organe du parti autrichien.

Russie. — La presse russe, née une soixantaine d'années après les autres, c'est-à-dire seulement au xviiie siècle, n'a pas eu une croissance très rapide. Elle possède à l'heure actuelle 900 journaux environ, dont 200 à Saint-Pétersbourg et 75 à Moscou.

Notons principalement :

A Saint-Pétersbourg : *Gradjanine* (le Citoyen), quot., ultra-conservateur ; *Den* (la Journée), quot., libéral ; *Journal de Saint-Péterbourg*, publié en français, organe officiel du ministère des affaires étrangères ; les *Novosti*, libéral, journal de politique, de science et de littérature, qui tire à 60 000 exemplaires ; *Novoye Wremya* (le Nouveau Temps), etc... ;

A Moscou : *Moskovskia Wiedomosti* (la Gazette), conservateur national ; *Rousskaia misl* (la Pensée russe), revue mensuelle ; libérale.

En Pologne : la *Gazeta warsawska*, quotidienne, du soir ;

120ᵐᵉ année; son imprimerie a été fondée par un Français, Dufour, secrétaire privé du dernier roi de Pologne, Stanislas-Auguste. Elle est la continuation d'un journal politique qui, de 1770 à 1772, avait le privilège exclusif de donner des informations politiques en langue française.

Veut-on encore quelques chiffres? Il y a à Saint-Pétersbourg 6 kiosques pour la vente des journaux, 125 imprimeries, 126 instituts lithographiques, 4 établissements de phototypie, 59 cabinets de lecture, 136 boutiques pour la vente des journaux et des livres.

Une infinité de langues sont représentées dans la presse russe.

Suède et Norwège. — Presse remarquable, non par le nombre, mais par l'activité, le sérieux, la perfection de l'outillage.

A l'Exposition de 1889, le syndicat de la presse du grand-duché de Finlande avait exposé, en une série de trophées, une centaine de journaux groupés, dont chacun était la première page d'un journal suédois et finnois, imprimé sur satin blanc.

C'est à Stockholm que paraît un des plus vieux journaux d'Europe, *Post-och-inrikes tidningar*. Fondé en 1645, il est aujourd'hui la propriété de l'Académie suédoise, qui depuis 1786, — date de sa fondation par Gustave III, — en nomme le directeur. Quotidien et officiel. — Abonnement, 15 couronnes (21 francs).

A noter également : *Stockolms Dagblad* (69ᵐᵉ année); deux éditions par jour. — *Fœdernerlander* (la Patrie), tri-hebdomadaire, républicain. — A Christiania : *Aftenposten*, deux éditions par jour, conservateur, etc...

Suisse. — Petit pays, mais peuple modèle et dont le journalisme offre des particularités curieuses.

Les institutions politiques du pays, son régime fédératif, la différence de langues et de religion de ses 2 953 612 habitants[1],

---

[1]. Au point de vue de la langue maternelle, 2 092 479 parlent *allemand* ; 637 710 parlent *français*; 156 482 parlent *italien* ; 38 376 parlent

la diversité des occupations de ses citoyens, l'histoire, la tradition cantonale ont exercé une grande influence sur les origines de la presse suisse.

Ajoutez à cela que, politiquement, la Confédération helvétique est divisée en 22 cantons (dont 3 se subdivisent en demi-cantons) et que chacun de ces cantons a son pouvoir exécutif et son assemblée législative; que, dans chaque canton, il y a plusieurs partis politiques et religieux, et vous ne serez pas étonné si, proportionnellement à la population et au territoire, la Suisse est le pays du monde qui possède le plus de journaux. En voici un relevé tout récent et absolument officiel : nous le devons à l'obligeance de M. Louis Guillaume, chef du bureau fédéral de statistique, à Berne.

Nombre total des journaux publiés en Suisse en 1890 : 785, se décomposant ainsi :

En langue française.	211
En langue italienne.	18
En langue romanche	3
En langue allemande.	553

Au point de vue des matières traitées, les journaux se répartissent comme suit : Politiques, 350; officiels, 41; religieux, 65; de jurisprudence, 11; scolaires, 25; de commerce et d'industrie[1], 124; de sciences naturelles, 16; littéraires et scientifiques, 37; agricoles et forestiers, 28; militaires, 13; illustrés, 36; de modes, 8; feuilles d'avis, listes d'étrangers, 51.

Il y a eu en ces dernières années, particulièrement en 1888 et 1889, une augmentation considérable. « Tandis qu'en 1883, remarque M. Guillaume, nous avions en Suisse 576 journaux,

---

romanche; 8565 parlent *latin* ou d'autres idiomes. On compte en Suisse, 1 724 869 *protestants*, 1 189 062 *catholiques*, 8 384 *israélites* et 10 697 appartenant à d'autres confessions ou se déclarant sans confession (dernière statistique du 1ᵉʳ décembre 1888).

1. Ce chiffre comprend un certain nombre de bulletins financiers distribués gratuitement par les banques à leurs clients.

nous en comptons aujourd'hui 785 : cela fait 209 fondés en sept ans. »

Une petite ville comme Lausanne a plus de vingt journaux. Il n'est pas rare de voir des paysans, abonnés à trois ou quatre feuilles, dont une agricole, une politique, une confessionnelle.

Le Suisse, du reste, ne lit pas que des journaux ; il lit des livres, et beaucoup ; ses bibliothèques populaires sont riches et très fréquentées.

La langue influant sur l'esprit autant au moins que l'esprit sur la langue, il en résulte dans la presse helvétique une bigarrure particulièrement curieuse. Les journaux de la Suisse allemande ont absolument l'aspect des périodiques d'Allemagne ; ceux de la Suisse romande (sauf la *Tribune* et la *Gazette des étrangers*, de Genève, qui arborent des annonces en première page comme en Angleterre), ont la physionomie française ; ceux de la Suisse italienne ressemblent aux organes italiens. Les plus petites bourgades, les moindres régions ont plusieurs feuilles. Chose unique au monde : il se trouve même que le journal qui a le plus de lecteurs ne paraît ni dans la capitale fédérale (Berne), ni dans aucune des villes importantes, Genève, Zurich, Bâle, etc., mais à Signau, petite ville bernoise de 2 838 habitants. Il s'appelle l'*Emmenthaler Blatt*, paraît deux fois par semaine, tire à 18 000 exemplaires : c'est l'organe des bons paysans et vachers de cette fertile vallée de l'Emmenthal si connue des touristes par ses fameux fromages et ses pittoresques chalets. L'annonce locale fait la prospérité de l'*Emmenthaler Blatt* comme elle fait celle du *Tagblatt*, de Zurich, qui a une dizaine de pages d'annonces et une seule page de nouvelles politiques, nationales ou étrangères. A Berne, à Bâle, à Lausanne, Saint-Gall, etc., de petites feuilles d'annonces spéciales ou *feuilles d'avis* (Auzeiger) font le plus grand tort aux recettes que les journaux politiques pourraient tirer de leur publicité. Voici encore plus fort : le journal gratuit. Il existe à Berne, sous le titre de *Stadtanzeiger* (Indicateur de la ville), une feuille d'annonces qui est servie pour rien à toutes les familles : exploitée actuellement par un syndicat d'imprimeurs, elle se tire d'affaire par ses seules annonces.

Le second journal suisse, comme tirage, est *la Tribune* de Genève, qui doit ses premiers succès à un petit bulletin de Bourse. Aujourd'hui, c'est elle qui s'imprime sur le plus vaste format. Elle se vend 5 centimes et a, chaque jour, plusieurs éditions. Vise beaucoup plus à distraire ses 14 ou 15 000 lecteurs qu'à exercer une influence politique. C'est le *Figaro* de la petite bourgeoisie et des ouvriers aisés.

Dans la Suisse allemande, la vente au numéro est presque nulle : il n'y a un peu de débit que dans les gares ; tous les autres lecteurs sont abonnés. Dans la Suisse française, au contraire, et notamment à Genève, existent des kiosques comme à Paris. Non seulement on y débite les feuilles du cru, mais beaucoup de journaux lyonnais ou parisiens.

Les bureaux de rédaction des journaux suisses ne ressemblent en rien à ceux de nos feuilles parisiennes. C'est beaucoup plus démocratique, ou, si on l'aime mieux, plus provincial. Le rédacteur en chef n'y règne pas en souverain, avec son secrétaire de rédaction comme premier ministre. Souvent même, dans les journaux secondaires, il n'y a pas de rédacteur en chef bien attitré. Tout député, tout homme politique, tout médecin, tout professeur, tout étudiant, tout avocat, fait plus ou moins partie du comité de rédaction et fournit une collaboration ordinairement gratuite. L'abonné fait de même pour les informations locales. Presse modeste et honnête : presque partout on jetterait dehors, par les épaules, quiconque proposerait d'insérer, contre argent, une nouvelle politique, littéraire ou religieuse dans le corps du journal.

Quant au classement politique, même envisagé dans ses grandes lignes, il serait pour ainsi dire impossible. Tel organe radical, par exemple, est centralisateur ou fédéraliste, selon qu'il appartient à la presse allemande ou à la presse française. Tel organe conservateur est ultramontain ou catholique ou pro-

testant piétiste, catholique modéré ou protestant libéral....
Les nuances, les divisions, les subdivisions vont à l'infini.

Les principaux organes radicaux de la Suisse française (en général fédéralistes) sont le *National Suisse*, le *Genevois*, la *Revue de Lausanne*, le *Démocrate*. Le *Confédéré*, de Fribourg (qui appartient à la même nuance), est centralisateur pour certaines raisons d'ordre local.

Ceux de la Suisse allemande (d'ordinaire centralisateurs) sont la *Berner Zeitung*, les *Basler Nachrichten*, la *National Zeitung*, la *Zuricher Post*, etc.

Principaux organes conservateurs :

Dans la Suisse française, le *Journal de Genève* (protestant), la *Suisse libérale* (id.), la *Liberté* de Fribourg (catholique ultramontaine);

Dans la Suisse allemande, le *Berner Tagblatt*, le *Vaterland*, l'*Ostschweiz*, ces deux derniers catholiques;

Dans la Suisse italienne, le *Dovere* et la *Riforma* sont à la tête des organes radicaux luttant contre la *Libertà*, organe du parti catholique, et contre les autres feuilles de même nuance.

Citons encore à divers titres :

Le *Bund*, qui paraît à Berne depuis 1849, et qui est l'organe de l'Autorité fédérale, le plus répandu parmi les journaux suisses vivant à l'étranger ;

La *Berner Zeitung*, qui commence à lui faire une vive concurrence ;

La *Neue Zürcher Zeitung* (Nouvelle Gazette de Zurich);

Le *Nouvelliste Vaudois*, de Lausanne, ne se rattachant à aucun parti ;

La *Gazette des Étrangers*, de Genève, grand journal mondain sportique consacré plus spécialement aux stations alpestres et aux villes d'eaux fréquentées par les touristes, publie la liste de celles-ci, et se trouve dans tous les hôtels de Suisse, de Savoie, du Dauphiné ou du nord de l'Italie;

Enfin, la *Croix fédérale*, organe des colonies suisses de France, qui a ses bureaux à Berne et à Paris.

Il se publie aussi des organes exclusivement suisses à New-York, à San Francisco, à Buénos-Ayres, à Berlin et dans d'autres grandes villes.

En revanche, il y a en Suisse des journaux français, allemands ou italiens, tels que le *Franco-Suisse* et l'*Italiano all'Estero*, à Lausanne, etc., le *Swiss Times* (en anglais), à Genève.

Les principales revues littéraires suisses sont : la *Bibliothèque universelle*, le *Semeur*, la *Schweizer Rundschau*, l'*Écho littéraire*, le *Coin du feu*, la *Famille*, le *Foyer domestique*, etc.

Encore un détail curieux : on peut s'abonner à *tous les journaux suisses indistinctement* pour une somme de 3 000 francs par an, soit une moyenne d'un peu moins de 4 francs par titre.

C'est à Paris que les journaux suisses ont le plus grand nombre de correspondants spéciaux. Les plus importants à l'heure actuelle sont : M. Louis Macon, directeur de la *Correspondance helvétique*, qui habite Paris depuis vingt-six ans et qui est le doyen des correspondants suisses; MM. Félix Vogt, Seignobos, Renevier, E. Bovay, Schaeppi, Schüler, Morhardt et Blanc. D'autres journalistes suisses ont collaboré à nos journaux et se sont mis en évidence par des travaux littéraires : MM. Marc Monnier, Victor Tissot, A. Meylan, Charles Fuster, Élie Ducommun, Philippe Godet, etc.

Turquie. — Sous l'influence des colons français, anglais, italiens, grecs, arméniens, etc., la Turquie a fini par goûter au journalisme : elle édite maintenant près de trois cents journaux en toutes sortes de langues, même en turc.

Plusieurs de ces journaux sont officiels : *Djeridéi askerie*, journal militaire publié par le Ministère de la Guerre (bi-hebdomadaire), *Djeridéi mekahim*, « journal des Archives du Ministère de la Justice » (le turc, depuis Molière, dit beaucoup en peu de mots) ; plusieurs sont satiriques : parmi eux, le *Diogène français* ;

d'autres confessionnels, comme l'*Avendaper* (protestant), la *Mosbah* (catholique, Beyrouth) ou l'*Habazeleth* (israélite), publié à Jérusalem.

Au nombre des quotidiens de Constantinople, citons la *Turquie*, journal semi-officiel, abonnement 50 francs, qui a succédé au *Moniteur Ottoman*, fondé en 1831 par des Français, Alexandre Blocque et Charles Emmanuel; le *Miruwet*, le *Saadet*, etc.

La presse africaine.

Deux cents journaux en tout, dont une trentaine pour l'Égypte.

Au Caire, le *Bosphore Égyptien*, quotidien et ami de la France, l'*Ésope égyptien* (hebdom.); *Journal Officiel* (tri-hebdomadaire; etc.

A Alexandrie, *Egyptian Gazette*, quotidien; *Messagiere italiano* (idem); *El Aram* (en arabe); le *Phare d'Alexandrie* (quotidien); *Omonia*, journal grec quotidien, etc.

A Port-Saïd, le *Moniteur*, quotidien; le *Phare*, bi-hebdomadaire; etc....

L'Égypte écartée, la presse africaine est uniquement, jusqu'ici, une *presse coloniale*, et surtout une presse française. Ce sont nos possessions d'Algérie et de Tunisie qui y font le plus gros chiffre. Il en a été parlé au chapitre VIII. Ajoutons qu'un imprimeur d'Angers, M. Burdin, a fondé un journal arabe, destiné à tous les peuples qui lisent le Coran : Turquie, Arabie, Perse, Maroc, Égypte, Indes musulmanes.... Ce journal, dont il y a eu plusieurs exemplaires exposés au Champ de Mars (section de l'imprimerie), est tiré sur papier superbe et se propose, dit le programme, « de faire connaître la France aux populations mahométanes en leur montrant sa force intellectuelle, morale et matérielle, ses lois justes, ses institutions libérales, les bienfaits de sa civilisation ». Bonne chance à une œuvre aussi louable!

Asie.

L'Asie compte plus de 3 000 journaux, la plupart au Japon et dans les Indes anglaises.

Chine. — L'empire du Milieu, qui s'est servi de l'imprimerie et de la boussole bien avant l'Europe, a connu aussi, bien avant Renaudot ou Verhoeven, la première gazette.

« La Chine, dit quelque part Voltaire, possède depuis mille ans une de ces gazettes, imprimée sur papier de soie. »

A cent ans près, le fait est exact. Cette feuille (imprimée d'un seul côté comme tous les journaux chinois actuels, à cause de la transparence du papier), existe depuis 911[1]. Elle s'appelait autrefois *King-Tchao* (Copies de la Cour) et se nomme aujourd'hui *King-Pao* (les Informations impériales), ou plus couramment *Gazette de Pékin*. Trois éditions par jour, sur papiers de couleur différente. C'est là que paraissent tous les actes ayant le moindre caractère officiel; actes affichés du reste dans les cours du palais impérial et que tout le monde a le droit de copier.

Mais « Gazette », nous le savons déjà, ne dit pas forcément « journal » au sens moderne du mot. Il y a des journaux *anglais* ou *français* (surtout anglais) paraissant en Chine, mais il n'y a pas de journaux *chinois* rédigés par des Chinois. Comme nous l'expliquait un diplomate, il ne peut pas y en avoir. La constitution chinoise défend, en effet, de publier l'histoire de la dynastie régnante, et un journal, à bien prendre, n'est pas autre chose qu'une chronique au jour le jour. Cette histoire est rédigée par un corps spécial, le *Tribunal des historiens* ou *Académie*

---

1. Hebdomadaire à partir de 1351 ; quotidienne en 1804, et coûte depuis cette époque deux *cashs*, c'est-à-dire cinq centimes ! — La feuille du matin sur papier jaune est consacrée au commerce et livrée à 8 000 exemplaires ; celle de midi, actes officiels et nouvelles diverses, 3 000 exemplaires ; celle du soir, informations, articles de fond, extraits des deux autres éditions, même tirage que la précédente. — Le journal est fait par six membres de l'académie des sciences, appointés par l'État. — L'abonnement annuel est d'un leang et quart (9 à 10 fr.).

des Han-Lin, auquel les lois et une tradition plusieurs fois millénaire assurent une indépendance absolue. Leurs annales sont conservées soigneusement, mais ne peuvent voir le jour; l'empereur intéressé lui-même n'y peut jeter les yeux.

Quant au droit de critique, de contrôle représenté partout ailleurs par la presse, il est représenté en Chine par une autre institution antique : « la censure », ou, comme on dit là-bas, « *la Cour qui veille à tout* ».

« Un gouvernement, a dit un écrivain chinois dans la *Revue illustrée*, peut résister à la presse, la frapper, la supprimer. La Censure, au contraire, est inattaquable. Elle fait, à tel point, partie des habitudes chinoises, de nos conceptions nationales et de notre idéal gouvernemental, que nous ne saurions même nous figurer la Chine privée, fût-ce pour un seul instant, de cet organe de surveillance.... Les pouvoirs attribués à la censure sont, pour ainsi dire, illimités.... Et lorsque ses critiques ont porté leurs fruits, lorsque le gouvernement a décidé d'agir conformément aux indications fournies par ce surveillant impitoyable, la critique est publiée alors dans les journaux, et démontre au peuple que ses intérêts sont toujours bien défendus.... Plus d'une fois, sous le règne d'empereurs tyranniques, ces rigides tribuns du peuple ont été victimes de leur sincérité. Mais, grâce au sacrifice même de ces hommes dévoués, la censure l'a emporté. »

Si les journalistes chinois ne font pas de politique, ils savent faire du commerce. Témoin cet imprimeur auquel les libraires avaient marchandé ses annonces. Peu de jours après, quelle n'était pas leur surprise en voyant leurs listes d'ouvrages dans la feuille à l'index, mais avec un rabais de moitié sur tous les prix! Le chef de la corporation s'inquiète, il va trouver l'imprimeur. « Quel est, dit-il, le libraire, qui peut annoncer des livres à si vil taux? — Est-ce vous, répond l'autre, qui avez payé l'annonce? — Non. — Eh bien, je n'ai rien à vous dire. » Le syndic s'en va furieux; les listes à bon marché continuent de paraître, au grand préjudice des affaires de librairie, les ache-

Fragment d'un journal chinois.

teurs étant toujours en quête de la maison qui vendait au rabais. Quelques jours se passent encore. Nouvelle visite du syndic à l'imprimeur; mais, cette fois, c'est pour le supplier d'accepter leurs annonces à n'importe quel prix, à la condition, bien entendu, de supprimer les listes malencontreuses.

Le *Chen-pao*, de Shang-Haï, le *Hou-Pao*, et le *Tsin-Paó* (même ville), le *Tcheng-Kouan-Pao* (ou Circulaire d'informations), etc.... ont au moins une grande page d'annonces. Grande page est le mot : même hauteur que chez nous, mais largeur presque double. Un supplément obligé reproduit la *Gazette de Pékin*, et, s'il reste de la place, d'autres annonces encore. Les nouvelles, les articles, les dépêches sont en tête du texte ordinaire (sur la première page).

La fondation du *Hu-Pao* (en Corée) a donné lieu à une discussion grave. Il s'agissait de savoir en quel idiome il serait imprimé; on le rédigea d'abord en chinois, et il y eut des réclamations : il est composé aujourd'hui en chinois et en coréen.

Un journal chinois s'est créé depuis peu en Amérique.

Indes anglaises. — Nous avons déjà parlé des Indes Néerlandaises et de l'Indo-Chine française. Dans les possessions britanniques existent une cinquantaine de feuilles imprimées en anglais, et un nombre au moins égal de journaux indigènes. Ces derniers ont les titres les plus poétiques : *Réflecteur de la lumière*, *Montagnes lumineuses*, *Soleil brillant*, l'*Arbre merveilleux*, *Océan de la Sagesse*, *Mer des sciences médicales*, etc., etc.

Japon. — Il y a trente ans, quelqu'un qui eût fondé un journal dans ce pays aurait été un homme mort. Puis, le gouvernement, un beau matin, s'est mis en tête de refaire la nation à l'européenne, et il a fallu créer des journaux pour y préparer l'opinion. On en compte aujourd'hui plus de quinze cents : une vraie végétation tropicale.

Plusieurs de ces feuilles sont quotidiennes et imprimées sur des presses à réaction ou des rotatives. Comme exercice de mémoire, voici quatre titres à retenir : le *Hotschishimboun*, le *Nitchinitschisboun*, le *Tchoyashimboun*, le *Maïnitschishimboun*.... — En tout 495 journaux.

Perse. — Ici encore l'origine de la presse est gouvernementale. C'est le schah actuel, Nasser-Ed-din, qui est son créateur. Il fonda en 1850, avec le concours d'un Anglais, M. Burges, le premier des journaux officiels, l'*Iran* (aujourd'hui quotidien, 56 fr. par an) et, depuis, en a fait publier six autres : trois à Téhéran, dont un pour l'armée, un pour l'Instruction publique; un à Tauris; un à Ispahan, *Fahrang* (science et art).

A Constantinople, un groupe de Persans a créé l'*Aktar* (ou Étoile), journal de seize pages à trois colonnes, qui paraît chaque semaine.

Amérique.

États-Unis. — Le journal anglais, c'est Béhémoth; le journal américain, c'est Léviathan. Rien de stupéfiant, surtout dans les numéros du dimanche, comme cet entassement quotidien de petits signes noirs sur fond blanc. Ce n'est plus une débauche de papier et d'encre, c'est une orgie. Tel de ces numéros, avec ses trente-deux pages sur neuf colonnes, ses trente-deux pages de nouvelles, de dépêches, de faits divers, d'interviews, d'annonces, surtout d'annonces, équivaut, comme matière typographique, non plus à un volume in-8, mais à un in-folio, à une Bible, à un vocabulaire. Déplié, il couvrirait un parc, ou les murs d'un appartement. Et le tout pour 15 ou 10 centimes! Inutile de dire que personne ne le lit en entier, pas même le rédacteur en chef.

Quant aux informations, ce n'est plus de la vitesse, de la vélocité, c'est de la fantasmagorie. Y a-t-il eu à Paris une représentation théâtrale à grand orchestre? Le lendemain à sept heures, en même temps que le Parisien, trois heures plus tôt que le Rémois ou le Dijonnais, le New-Yorkais ou le Bostonien a lu sur elle deux ou trois colonnes d'analyse. Y a-t-il un crime à

Philadelphie ou à Washington, les journaux feront mieux que d'en conter les détails, ils se mettront sur la piste de l'assassin, ils arriveront quelquefois à le livrer à la justice.

Ce journalisme à toute vapeur, à toute rage, est bien ce qui convenait à ces lecteurs. Patrie du tout-puissant Dollar, patrie du tout-puissant Barnum. Tout est fièvre, improvisation, tourbillon. Les fortunes paraissent et disparaissent comme dans une salle de jeu. Les villes flambent comme une allumette ou poussent dans les forêts vierges comme un champignon, s'élèvent comme un décor de théâtre. Quand les anciens moines défrichaient un désert, ils y mettaient une chapelle. Quand le colon américain fonde un village, il y établit d'abord une imprimerie et un journal. Il y a des journaux dans les sables aurifères, à Melbourne; il y en a au Texas, au Kentucky, portant des titres terribles : le *Fulgurant*, le *Tonnerre*, et au besoin payables en nature : tant de boisseaux d'oignons ou de livres de porc par an; il y en a chez les Peaux-rouges, chez les Cherokees, chez les Choctaws. L'Américain est trop pressé pour beaucoup lire autre chose, mais il lit le journal avec frénésie. La lecture des journaux est tellement entrée dans les mœurs que, même dans de grandes bibliothèques publiques comme celle de Boston, il y a une salle spécialement affectée à cet usage.

Et lorsqu'il s'agit d'élire le Président ou les Chambres, quel redoublement de fièvre, de lecture, de passion, de polémiques !

Le premier journal fondé en Amérique fut publié en 1675, à Cambridge (Massachusetts), par un groupe d'émigrants anglais : il portait le titre de *May Flover* (Fleur de Mai). Aujourd'hui, il en existe plus de quinze mille, dont un millier au moins de quotidiens : la fleur a donné des fruits.

Sur ces 15 000 feuilles, 75 0/0 environ sont hebdomadaires, 11 0/0 mensuelles. — Plusieurs en allemand ou en français.

Une statistique publiée en 1872 montrait qu'à cette époque la circulation totale des journaux dans l'État de New-York était déjà de 402 770 868 exemplaires par an, soit deux fois plus que le nombre de ceux imprimés dans n'importe quel autre État de l'Union. Après New-York venait la Pensylvanie, où l'on imprimait 225 380 332 exemplaires. Le Massachusetts en imprimait 107 604 935, l'Illinois, 102 686 204, l'Ohio, 95 594 448. Venait ensuite la Californie avec 45 869 408 exemplaires.

L'année suivante, figurait à l'Exposition de Vienne une collection de 6 000 numéros de journaux et revues périodiques des États-Unis, collection reliée en 119 volumes : maintenant, il en faudrait le double.

A une des dernières assemblées de la société des papetiers américains, on a constaté que l'industrie papetière occupait le quatorzième rang dans les grandes industries américaines. Elle dispose de 80 millions de dollars et de 40 000 personnes environ, gagnant en tout 184 millions de dollars et fabriquant 1 200 000 tonnes. Si notre époque est bien, comme on l'a dit, l'âge du papier, c'est New-York ou Chicago qui est la métropole de la Civilisation.

C'est aussi le pays des bâtisses. Rédacteurs et compositeurs y sont splendidement installés, en plein air, en pleine lumière. Plus encore que l'*editor* anglais, le rédacteur en chef a besoin d'être secondé. Il l'est par trois ou quatre *subeditors*, ayant chacun un département sous sa dépendance et toute une escouade de reporters, d'interviewistes pour établir sa ligne d'opération. Politique, nouvelles étrangères, etc,... forment autant de ministères ayant des chefs et des sous-chefs de division.

Une revue américaine, *the Harpers weekly*, nous faisait récemment quelques révélations sur la situation des écrivains de second ordre. Elle n'est pas plus brillante qu'ailleurs. La copie ordinaire est payée en moyenne de 28 à 35 francs les mille mots. Cette moyenne n'a rien d'absolu : ainsi il y a des journaux qui donnent plus pour une rédaction envoyée par télégraphe que pour le même texte apporté par la poste. Les journaux à images dépensent trois fois plus pour les illustrations qui accompagnent un article que pour l'article lui-même. Il est des journaux quotidiens qui n'hésitent pas, pour des primeurs, à accepter le prix taxé par l'auteur lui-même[1]. Mais s'il y a beaucoup d'appelés, il est peu d'élus de ce dernier genre. « Le sort de la plupart des journalistes, ajoute la Revue, est la ruine de l'estomac, le dépérissement du corps, et une mort prématurée. Bien peu atteignent à la richesse, ou même à la réputation. »

Un trait particulier des mœurs américaines : il y a beaucoup de journalistes *dames*. Le directeur de *Harpers*, précisément, est Mlle Mary Booth, qui y gagne une quarantaine de mille francs. Une dame de Washington a, paraît-il, ouvert pour le beau sexe une école de journalisme où se donnera l'éducation nécessaire à former des rédacteurs et des reporters : ce sera une institution particulière à l'Amérique.

Instruits ou non, il faut que les journalistes aient de l'entrain, du diable au corps. Le lecteur américain veut être amusé. Il est vivant, pétulant, on doit l'être avec lui. Il a un goût prononcé pour tout ce qui est vif, reluisant, éclatant. Faits divers, interviews, bruits de villes, mariages, naissances, décès, tout doit être à l'emporte-pièce, au gros sel, *sensasional*; les titres, les réclames doivent tirer l'œil à quinze pas. Tantôt on annonce qu'un assassin « est allé rejoindre Jésus » (a été pendu), tantôt, la mort de **Notre Fritz** (l'empereur Frédéric)… etc. etc… Puérilités ! dites-vous. Songez que ce peuple, qui a déjà accompli de si prodigieuses choses, date d'hier. Il a fait ses dents avec l'invention des chemins de fer; il se sert de l'électricité, des téléphones, comme un adolescent se servirait d'échasses ou de vélocipèdes pour courir les aventures. C'est une enfance, si vous voulez, mais l'enfance de Gargantua.

L'Amérique, si vous voulez encore, est comme l'Angleterre, plus que l'Angleterre, la terre promise des excentricités. Outre le journal des voleurs, déjà nommé, on y avait un journal rédigé

---

[1]. Le prix de certains articles peut aller jusqu'à 250 dollars. Il est vrai que le dollar, en Amérique, ne fait pas beaucoup plus d'usage que notre modeste franc.

dans une maison d'aliénés, et qui, au dire des mauvaises langues, ressemble aux autres à s'y méprendre. On y avait 120 journaux exclusivement rédigés par des nègres, et dont les rédacteurs se sont formés en syndicat qui crie raca à tout journaliste blanc. On y avait une centaine de journaux spirites. On vient d'y créer le journal *mangeable*. Oui! un pâtissier est parvenu, avec une pâte de sa composition, à fabriquer des feuilles d'une couleur jaunâtre, tout à fait semblables à notre papier et, c'est le cas de le dire, beaucoup plus appétissantes. Sur ce papier nouveau modèle, il imprime, non avec de l'encre, mais avec du chocolat liquéfié.

Quelques mots rapides, pour finir, sur des feuilles un peu plus massives.

New-York Herald. — Né dans une cave; a rapporté aujourd'hui, au fils de son fondateur, 150 millions; le plus connu en Europe; a une édition spéciale à Paris, avec une foule de portraits et de croquis; trains, navires spéciaux; élève des observatoires, fonde des établissements d'utilité publique.

Même ville : le *New-York World*, au moins aussi colossal que le précédent; le *New-York Times*, le *New-York Tribune*, etc.

Presse formidable aussi à Philadelphie : *Evening Telegraph*, etc...

Presse formidable à Chicago : *The inter Ocean*; abonnement 10 francs, etc.

Presse formidable à Boston : *The Boston Herald*, etc.... C'est même à Boston que se publie le géant des journaux géants, *the Evening Gazette*, hebdomadaire, 90 centimètres sur 70!

Presse formidable à Washington (siège du Congrès); presse formidable, enfin, dans toutes les capitales des trente-huit républiques qui forment la grande république américaine.

Canada. — Pays qui fut nôtre et qui, extraordinairement accru sous la domination anglaise, a gardé de nous un souvenir touchant.

700 journaux environ, la plupart en français. Articles de

doctrine et de discussion comme chez nous; extension plus grande des annonces, comme en Angleterre.

La première imprimerie française établie au Canada fut fondée à Montréal, par Fleury Mesplet, le 19 avril 1776. Deux ans après, le 3 juin, il publiait la *Gazette littéraire*, le premier en date des journaux canadiens.

A Prince-Albert, petite ville du Canada, paraît un journal, *the Critic*, fort curieux en ce qu'il ne possède ni imprimerie ni caractères métalliques. Le rédacteur écrit sur papier spécial, à l'aide d'une plume électrique, quatre pages de 4 colonnes chacune, et il tire sur ce papier plusieurs centaines d'exemplaires; le journal est devenu l'organe officiel de la ville, en même temps qu'une source considérable de profit.

Mexique. — Une cinquantaine de journaux, dont plusieurs en français.

Si la plus grande feuille du monde se publie à Boston, la plus petite paraît à Mexico. Elle s'appelle le *Télégramme* et est hebdomadaire; elle se compose en tout de 4 pages de 15 centimètres sur 7, ce qui est à peu près le format d'une enveloppe de papier à lettres. Modeste, elle ne l'est que par le format. Elle a pris pour devise : « Peu de paille; beaucoup de grain ». Il y a beaucoup d'auteurs de livres qui voudraient pouvoir en dire autant.

Amérique du Sud. — Presse sérieuse au Brésil : une centaine de journaux, presque tous sympathiques à la France; un certain nombre en français, et parmi eux le *Brésil*, qui a des bureaux à Paris.

Presse sérieuse au Chili : une centaine de feuilles également, presque toutes sympathiques à la France; quelques-unes en français.

Le rédacteur en chef d'un journal espagnol s'est suicidé récemment en rédigeant ainsi, paraît-il, les motifs de sa détermination :

« Rien de plus difficile que d'être à la tête d'un journal. Faites-vous beaucoup d'articles politiques? les lecteurs se plaignent. En faites-vous peu? on trouve votre journal insignifiant....

« Le rédacteur, croyant bien faire, ne s'occupe-t-il que de questions élevées...? on le traite tout de suite de pédant et de moraliste. Fait-il des articles originaux? les malins trouvent qu'il ferait mieux de copier de bonnes choses dans les journaux des autres. Copie-t-il? on lui reproche de ne se servir que des ciseaux.... Est-il indépendant? on le regarde comme dangereux. Conservateur? on le dit réactionnaire.

« C'est pour être délivré de ces outrages incessants et de ces éternelles médisances que je me donne la mort. »

Pauvre martyr! la terre te soit légère!

Presse sérieuse encore à Buenos-Ayres : 100 journaux environ; dont plusieurs, quotidiens ou hebdomadaires, en français.

Le plus ancien des journaux de Buenos-Ayres date du 1er avril 1801.

N'est-ce pas dans la République Argentine qu'un grand journal, la *Prenza,* a installé en son vaste hôtel, quoi? un cabinet de médecine gratuite à l'usage de ses abonnés, et un cabinet d'avocat!

Et puis?.... Journaux aussi à Vera-Cruz; journaux à Caracas; journaux à Bogota; journaux à Valparaiso.

Et puis?.... et puis il faut s'arrêter. Il y aurait encore bien des choses à indiquer, bien des anecdotes à conter, bien des curiosités à faire connaître. Mais voici déjà trop de place employée. C'est surtout lorsqu'il s'agit du journalisme qu'on n'a jamais fini de tout dire.

CHAPITRE X

L'INFLUENCE SOCIALE

Un procès toujours ouvert. — Dépositions diverses. — Ce que pourrait dire l'accusé. — Le mot d'Ésope. — Puissance formidable appliquée au mal comme au bien, à propager l'erreur comme la vérité. — Le journalisme idéal.

Il y aurait un gros livre à faire rien qu'à enregister le bien et le mal qu'on a dit du journalisme ; ce que les journalistes ont dit les uns des autres demanderait une bibliothèque.

Dès l'apparition des gazettes commence un procès qui ne prendra jamais fin. Le père des gazetiers, Renaudot, est déjà tout ensemble un monstre et une idole. On le chante et on le chansonne.

« La Gazette, écrira peu après l'auteur d'un dictionnaire, la Gazette, que la plupart des gens regardent comme peu de chose, est un des plus difficiles ouvrages qu'on ait entrepris de nos jours. Il demande une connaissance fort étendue de notre langue et de tous ses termes, une grande facilité d'écrire et de narrer nettement et en peu de mots. Il faut, pour bien faire la Gazette, savoir parler de la guerre sur mer et sur terre, et ne rien ignorer de ce qui regarde la géographie, l'histoire du temps.... la politique.... les mœurs et les coutumes de toutes les nations du monde. Il n'y a point d'ouvrage qui puisse servir davantage à instruire les jeunes gens qu'une gazette bien faite et bien écrite. »

Voilà un enthousiaste. Voici un sceptique :

> Je m'entends à crier nouvelles et gazettes,

fait dire à un colporteur le chevalier d'Accily,

> A moi chacun accourt, de moi chacun achette.
> Quand le bruit de ma voix s'épand de tous côtez,
> Je tire un bon denier de quelques flatteries,
> De quelques véritéz,
> De quelques menteries.

Et voici un détracteur :

« Le journaliste, pour l'Anglais Cleveland, a autant de droit de s'intituler écrivain qu'un colporteur de prendre le titre de commerçant. Quant à l'appeler historien, c'est le voir à travers un verre grossissant ; et autant vaudrait qu'on appelât ingénieur un faiseur de souricières. »

Autre enthousiaste :

« Tuer un homme, c'est détruire une créature raisonnable, mais étouffer un bon livre, c'est tuer la raison elle-même. » (Milton, Plaidoyer pour la liberté de la presse.)

Autre détracteur :

Delisle de Sales définissait le journalisme : « le besoin de déraisonner réuni au besoin de nuire »; et les journalistes : « gens qui, n'ayant souvent aucune existence, ni politique ni littéraire, sont possédés de la manie du détrônement. »

Écoutez une enfilade de louanges :

« Point de liberté publique et individuelle sans la liberté de la presse. » (Sieyès.)

« La loi ne fait que protéger la liberté de la presse, elle ne la donne pas. » (Mirabeau.) « Voilà le vrai drapeau, le point de ralliement de toute la nation. » (Id.)

« Il faut laisser à la presse le soin de se corriger elle-même. » (Pitt.)

« La presse est une nécessité sociale plus encore qu'une institution politique. » (Royer-Collard.)

« La presse est la tribune agrandie. » (Benjamin Constant.)

« La presse, machine qu'on ne peut plus briser, continuera à détruire l'ancien monde, jusqu'à ce qu'elle en ait formé un nouveau. » (Chateaubriand.) — « La liberté de la presse a été presque l'unique affaire de ma vie;....j'y ai sacrifié tout ce que je pouvais y sacrifier : temps, travail et repos. » (Le même.)

« La presse est le clairon vivant qui sonne la diane des peuples. » (Victor Hugo.)

« La presse est pour les intelligences ce que les chemins de fer sont pour le sol; elle abrège les distances entre les esprits. » (Anonyme.)

« La liberté du monde est l'œuvre de la presse. » (Viennet.)

« Laissez dire, laissez-vous blâmer, condamner, laissez-vous pendre, mais publiez votre pensée. Ce n'est pas un droit, c'est un devoir.... car si votre pensée est bonne, on en profite; mauvaise, on la corrige, et l'on profite encore! » (Paul-Louis Courier.)

« En présence des libelles ineptes et des feuilles ordurières, des pamphlets sans valeur, il faut mettre en regard les nobles inspirations d'une presse libre; le crédit dont elle jouit dans les consciences honnêtes, le poids dont elle pèse dans notre histoire, à l'heure des grandes résolutions à prendre, et l'appui solide qu'elle peut prêter dans les crises. » (Dictionnaire Larousse.)

« Qu'est-ce que Bayle? un journaliste. La Mennais, Chateaubriand..... Le journalisme, c'est la raison ornée de toutes les grâces et de toutes les foudres de l'esprit. » (Jules Simon.)

Écoutez une suite de boutades :

> « Moins écrivains que libellistes,
> Nos Aristarques de greniers
> Pour vivre se font journalistes....
> Que ne se font-ils journaliers? »
>
> LEBRUN.

« On est déjà à la décadence et au Bas-Empire des journaux. » (Sainte-Beuve.)

« Si le Journal n'existait pas, il ne faudrait pas l'inventer. » (Balzac.)

« Si l'extension du roman-feuilleton propageait dans toutes les classes et dans tous les esprits un besoin de lire qui devra, en fin de compte, tourner au profit de la littérature, son effet immédiat avait été de réduire les maîtres au silence et de ruiner la librairie. » (Eugène Hatin.)

« La presse déconsidère les gouvernements sans avantage pour les peuples, et aigrit les peuples qu'elle rend impossibles à gouverner. » (De Bonald.)

« Comme cette fille que Circé avait maudite, la liberté de la presse a enfanté des chiens qui dévorent leur mère. » (Louis Veuillot.)

« Un journal.... résulte ordinairement d'une réunion d'intérêts ou d'ambitions, parfois d'une coalition de rancunes. Sous Louis-Philippe, il n'était pas rare qu'un journal fût fondé simplement pour renverser un cabinet. » (Larousse.)

Tout cela est-il contradictoire? Pas tant qu'il peut sembler : cela dépend du point de vue où l'on se place, des journaux et des journalistes que l'on considère.

Ce qui est contradictoire, c'est la Presse elle-même. Pas de monde plus complexe, plus bariolé. C'est le composé de tous les contraires, l'amalgame de toutes les antithèses, le perpétuel contact de tous les extrêmes.

On ne songe pas à compter les aspects de l'océan : on ne compte pas ceux du journalisme.

Si les philosophes hésitent sur les vertus et les vices du journal, les légistes et les hommes d'État ne sont pas plus fixés. Tantôt ils protègent la presse, tantôt ils la persécutent. Rappelez-vous ses origines : partout, lorsqu'elle aspire à être autre chose qu'un recueil de nouvelles, de commérages, une bavarde de salons et de ruelles, dès qu'elle pense à s'emparer de son vrai domaine, des discussions politiques, des intérêts sociaux, on lui met des fers aux pieds, un bâillon sur la bouche. Peine perdue ! Amendes, confiscations, prisons, tout lui devient un marchepied. Elle rend difficile le rôle de ceux qui la laissent libre : elle rend intolérable le rôle de ceux qui la persécutent.

Un journaliste qui a contribué à faire trois ou quatre révolutions, Émile de Girardin, a aussi passé sa vie à prêcher l'impuissance de la presse, à montrer en elle une mineure qui doit rester irresponsable. Paradoxe brillant, mais paradoxe. La presse n'est pas seulement une puissance, elle les résume toutes. C'est une enclume qui a usé tous les marteaux, c'est un marteau qui a brisé bien des enclumes. Elle a eu raison de toutes les tyrannies, de toutes les taquineries. Selon les temps et les lieux, elle s'est servie de toutes les tactiques, de tous les stratagèmes, de toutes les audaces, de toutes les prudences. Elle a été insinuante ou elle s'est faite terrible. Elle a dissous lentement, goutte par goutte, filon par filon, érosement par érosement, et elle a arraché comme un déluge. Elle a été flèche ou massue, termite ou catapulte. Elle s'est tapie dans les trous ou élevée jusqu'aux astres.

Qui que tu sois, enthousiaste ou sceptique, bon ou méchant, roi ou manœuvre, homme politique ou rat de bibliothèque, le mot du poète t'est devenu applicable :

> Qui que tu sois, voici ton maître,
> Il l'est, le fut ou le doit être.

Maître de tous, il ne reste plus au journal qu'à se maîtriser soi-même.

La toute-puissance sans responsabilité est le pire despotisme : ce serait le sien.

Non seulement, n'en déplaise à Girardin, la presse est une puissance ; mais on a pu l'appeler, sans exagération, l'agent prépondérant du monde civilisé. Non seulement elle a bravé ou éludé les lois, mais par la passion des nouvelles, une des plus inhérentes à notre nature, elle s'est emparée des mœurs. Elle règne sur toutes les nations, elle a fixé même le plus mobile, le plus volage de tous les esprits, l'esprit français. Elle s'est démocratisée avec le siècle. Politiquement et socialement, c'est plus que le quatrième pouvoir de l'État : c'est, par le Suffrage universel, la source de tout pouvoir. Elle embrasse tout, elle connaît de tout, elle absorbe tout. Si, d'après Sainte-Beuve, « tout homme de plus qui sait lire est un lecteur de plus pour Molière », à plus forte raison tout homme sachant lire, si peu que ce soit, est-il un lecteur de plus pour la presse.

Le journal est un des premiers instincts de l'adolescent, une des dernières curiosités du vieillard. Il popularise les découvertes, il propage les connaissances utiles, il fait de chacun de nous un véritable fils du siècle. Par les images, il s'empare de l'enfant; par le roman, de la femme; par la philosophie, le souci des affaires publiques, de l'homme. S'il n'agit pas par les dissertations, il agit par les faits-divers. Il prophétise ou il amuse. Son action est troublante ou réparatrice, impulsive de petites ou grandes idées, mais continue, de chaque heure, de chaque minute. C'est, pour les trois quarts des Français, un guide, un instructeur, un éducateur, un Mentor de tous les instants, un directeur de conscience : c'est, pour l'autre quart, une distraction qui s'impose, un superflu plus nécessaire à la vie que le chemin de fer ou le télégraphe, aussi indispensable que le pain quotidien.

On a posé depuis longtemps ce problème : Sans houille, que deviendrait l'industrie? et la science commence à le regarder en face. Posez cette hypothèse : Sans journalisme, que deviendrait la civilisation? et il semblerait à la multitude que vous parlez de la fin du monde, ou tout au moins que le monde va être un corps sans âme, une machine privée d'un merveilleux ressort.

Merveilleux, le journalisme l'est comme instrument. Mais comme tant d'autres instruments, il peut servir aux fins les plus diverses, au mal comme au bien, aux progrès ou aux catastrophes. C'est un outil de propagande sans pareil, mais il propage l'erreur comme la vérité, l'indignité comme la bonne foi, le vice comme la vertu; il fait des révolutions et il les apaise; il souffle le calme ou la tempête; il peut être une arme pour les coquins aussi bien que pour les braves gens. Y a-t-il plus de braves gens que de coquins? la vérité est-elle plus active que l'erreur? l'esprit a-t-il plus de force que la sottise? Alors l'équation finale du journalisme est une somme d'utilité.

Le levier est capable de soulever le monde. Aux gens de bien d'en accaparer l'impulsion et le point d'appui : « La liberté de la presse, leur déclarait déjà en 1688 un décret du Parlement d'Angleterre, est la seule ressource prompte et certaine contre es méchants. »

Traduit au tribunal de la raison, le journalisme pourrait plaider sa cause en quelques mots.

Il n'aurait qu'à dire :

« Si je vous déplais, ô lecteurs de toutes nations, regardez-vous bien. Je suis votre portrait, je suis l'opinion.

« Ésope vous l'a déjà appris : la meilleure et la pire des choses, c'est la langue de l'homme. Ne cherchez plus à me qualifier : je suis votre langue faite esprit.

« N'ayez que des choses sublimes et délicates à me confier, je parlerai un autre langage.

« Je ne représente plus une aritocratie intellectuelle, je représente la foule. Que la foule ait une âme, je serai une âme aussi.

« Je suis le Forum antique transporté à domicile : n'ayez que des orateurs dominés par l'idée de la Cité.

« Je suis la Bible éparse de l'Humanité : faites-moi des révélations dignes du génie de l'homme.

« Réformez-vous, je me réformerai avec vous. Nos efforts et nos conquêtes s'entr'aideront. A moi de manœuvrer, à vous de prendre le gouvernail. Êtes-vous décidés à répudier les vils égoïsmes, à penser davantage aux choses de la patrie et du progrès général, à séparer le bon grain de l'ivraie, à labourer le champ où sont tant de trésors, à bien cultiver la Vigne légendaire? appelez-moi alors, et vive la besogne ! Je suis un bon ouvrier : je me lève tôt et sais me coucher tard. »

Quels sont, pour préciser davantage, les principaux griefs articulés contre le journalisme ?

On se plaint du caractère mensonger de certaines nouvelles, et surtout des annonces ;

On se plaint de la légèreté de certains reporters, de l'abondance des mots, de la stérilité des idées ;

On se plaint du mercantilisme et des licences d'une littérature malsaine.

Pour les annonces, nous avons dit ailleurs tout ce qu'il y a à en dire. En théorie, les journaux en déclinent la responsabilité. En pratique, le public pourrait détruire l'effet des réclames charlatanesques en s'y montrant moins crédule. — Rappelons en outre, à l'honneur de la presse, que l'argent de ces réclames, elle l'emploie souvent à perfectionner ses moyens d'information, à recruter un personnel plus distingué, à avoir de plus belles machines, à répandre le goût des arts, à organiser des fêtes de bienfaisance, à servir d'intermédiaire entre ceux qui ont trop et ceux qui n'ont pas assez.

Pour le reportage il faut s'entendre. Si quelques-uns de ses fidèles accomplissent des actions d'éclat, déploient une énergie exceptionnelle, bravent les dangers, montrent de la présence d'esprit, ont l'héroïsme de la curiosité, le genre tombe trop souvent dans la futilité, la chronique scandaleuse, le vide encombrant. Mais à qui la faute, sinon au Public ? Pourquoi a-t-il pris tant de goût aux commérages ?

« Reportage » et « interview », aujourd'hui, ne sont pas moins nécessaires que le journalisme lui-même.

Supposez qu'un brillant élève de l'école de médecine, un esprit curieux, au courant des nouveautés scientifiques, aille causer avec M. Pasteur ou M. Berthelot : il leur posera les questions les plus suggestives ; il sera en état de comprendre leurs réponses, et les rapportera avec exactitude, avec clarté : ne sera-ce pas intéressant ?

Supposez un Janin allant voir un Lamartine et le faisant causer, un About questionnant Renan sur son prochain ouvrage : ne sera-ce pas charmant?

Supposez un ingénieur ayant à son compas une plume alerte, et allant visiter les travaux du Pont-sur-la-Manche, ou accompagnant un aérostier dans une excursion au Pôle Nord : ne sera-ce pas palpitant?

Tout cela, pourtant, serait du reportage; mais quel reportage! Ce n'est pas le reportage ou l'interview du présent; ce sera peut-être l'interview et le reportage de l'avenir.

Les journalistes ont des syndicats pour la défense de leurs intérêts matériels. Ne seront-ils pas amenés à s'en servir pour défendre leurs intérêts moraux et intellectuels? Certes, par le fait même que le journalisme est une profession ouverte, où l'on entre sans diplôme, sans formalités, chacun n'y répond que de soi, n'a d'autre contrôle que sa conscience : il n'existe aucune corporation officielle; mais, là comme ailleurs, l'esprit de libre association produira ses effets bienfaisants.

Voici, à quelques retouches près, les portraits également vrais ou du moins vraisemblables de deux journalistes. Ce sont deux extrêmes sans doute : mais, en peignant l'excès du mal comme l'excès du bien, il faut montrer aux débutants que tenterait cette carrière accidentée jusqu'où peuvent mener les deux voies ouvertes devant eux.

L'un de ces journalistes, c'est le gazetier cuirassé de Hollande, celui qui a été décrit par Beaumarchais, « les bras retroussés, retroussés jusqu'aux coudes et pêchant le mal en eau trouble.... Censures, gazettes étrangères, nouvelles à la main, à la bouche, à la presse; journaux, petites feuilles, lettres courantes, fabriquées, supposées, etc., etc., tout est à son usage. » Il spécule sur la vanité. Il monnaye le scandale. Il est en quête d'histoires louches. « Attention, écrira-t-il alors, mon journal sait tout ! » et il offrira de se taire, moyennant finances. Son silence est d'or; sa parole aussi.

Voyez cet autre : quel contraste! Il s'est fait journaliste comme il se serait fait apôtre. Il a embrassé une cause, et il lui a tout donné, à toujours. Ni or ni argent ne l'en détourneraient. Il se bat et il catéchise. Son rêve, c'est l'éducation politique, économique, artistique, morale de ceux qui lisent. Rien de ce qui est humain ne lui reste étranger; tout ce qui est injuste le regarde personnellement. Contre préjugés ou abus, il est toujours prêt à partir en guerre. Les paladins d'autrefois se tenaient dans un carrefour, l'épée nue, à la disposition des opprimés : il est visible à toute heure, la plume en main, dans son cabinet. Si l'esprit de justice était banni du reste du monde, c'est dans son cœur que vous le retrouveriez. Il est, si cela vous sourit, le dernier des don Quichotte.

Le gazetier de Hollande.
(D'après une vieille estampe.)

Et, maintenant, quel sera le journal digne de ce journaliste?

Ce sera celui :

Qui aime son parti, mais plus encore l'impartialité;

Qui a pour consigne : « la vérité, rien que la vérité ». qui la dit même à ses amis, surtout à ses amis;

Qui s'applique à être vite renseigné, et plus encore à contrôler ses renseignements;

Qui, instruit de tout par les voies les plus rapides, ne dit que ce que peuvent entendre les honnêtes gens et surtout les honnêtes femmes;

Qui met son honneur à ce qu'on puisse toujours le laisser sur la table de famille ;

Qui, prélevant bonne dîme sur les industriels en quête de réclame, se donne gratuitement aux inventeurs en gestation d'idées ;

Qui est sérieux et piquant, instructif et récréatif ;

Qui, rédigé par de vrais savants, fuit le pédantisme comme la peste ;

Qui a de l'esprit, mais jamais en dépit du bon sens ;

Qui parle plus volontiers aux hommes de ce qui les unit que de ce qui les divise ;

Qui est tout ensemble le chroniqueur de l'univers et l'ami du foyer, l'encyclopédie du jour, la préface du lendemain.

Il y a déjà, en France et ailleurs, beaucoup de feuilles connues qui ont avec ce portrait de grands airs de ressemblance. Souhaitons qu'en 1991 le journal idéal soit le seul qui se lise en Orient et en Occident, à Pékin et à New-York, dans la plus grande des capitales et dans le dernier des hameaux. Et, en attendant, journalistes mes frères, reprenons notre plume, et servons de notre mieux la vérité et la justice.

FIN

TABLE DES MATIÈRES

LE JOURNAL AUTREFOIS

		Pages
I.	— Les journalistes d'avant le journalisme...	1
II.	— Premiers bégaiements du journalisme.	10
III.	— Le journal se développe et s'affranchit.	24
IV.	— Le journal devient une puissance.	55

LE JOURNAL AUJOURD'HUI

I.	— Moyens d'informations.	69
II.	— Le personnel.	87
III.	— L'impression. — I. La composition.	110
IV.	— L'impression. — II. Les machines.	143
V.	— La question d'argent. — I. Les dépenses.	174
VI.	— La question d'argent. — II. Les recettes.	193
VII.	— Les journaux et l'art.	221
VIII.	— Les grands journaux des deux mondes (la presse française)	239
IX.	— Les grands journaux des deux mondes (la presse étrangère)	265
X.	— L'influence sociale	303

22 949. — Imprimerie Lahure, rue de Fleurus, 9, à Paris.

www.ingramcontent.com/pod-product-compliance
Lightning Source LLC
Chambersburg PA
CBHW071300160426
43196CB00009B/1367